KB023206

E. H. 카

러시아 혁명

E. H. 카
러시아 혁명
1917-1929

유강은 옮김

E. H. CARR
THE RUSSIAN REVOLUTION
1917 - 1929

이데아

일러두기

1. 이 책은 E. H. Carr, *The Russian Revolution from Lenin to Stalin, 1917-1929*, Palgrave, 2004를 번역한 것이다.

2. 인명과 지명 등의 외래어는 최대한 외래어 표기법에 맞춰 표기했다.

3. 《 》는 단행본과 정기간행물을 나타내고, 〈 〉는 논문과 신문기사, 선언문, 결의 안을 나타낸다.

4. 본문에서 [ ]는 옮긴이와 편집자가 독자의 이해를 돕고 문맥을 매끄럽게 하려 고 덧붙인 것이다. 지은이가 인용문에 덧붙인 것은 [- 카]로 표기했다.

5. 원문에서 이탤릭체나 대문자 등으로 강조한 부분은 고딕체로 나타냈다.

머리말

　지난 30년 동안 연구와 집필에 몰두해서 이제 막《볼셰비키 혁명
: 1917~1923The Bolshevik Revolution, 1917-1923》,《공위 기간 : 1923~1924
The Interregnum, 1923-1924》,《일국사회주의 ： 1924~1926Socialism in One
Country, 1924-1926》,《계획경제의 기반 : 1926~1929Foundations of a Planned
Economy, 1926-1929》라는 4부작으로 두툼하게 완성한《소비에트 러시
아의 역사History of Soviet Russia》는 매우 상세한 연구에 바탕을 두고 전
문가들을 위해 쓴 책이다. 그래서 참고문헌이나 각주 같은 학문적
정밀성을 생략해, 이 연구를 아주 다른 종류의 간략한 책으로 압축
하면 일반 독자나 이 주제를 처음 접하는 이들에게 도움이 될 수 있
으리라는 생각이 들었다. 그 결과가 지금 내놓는 이 짧은 역사책이
다. 규모와 목적이 다르기 때문에 이 책은 실질적으로 새로운 구성
을 갖추었다. 원래의 저술에 담긴 문장을 조금도 고치지 않고 그대
로 옮겨온 경우는 거의 없다.
　《러시아 혁명 : 레닌부터 스탈린까지, 1917~1929The Russian Revolu-
tion: from Lenin to Stalin, 1917-1929》는 두툼한《소비에트 러시아의 역사》

와 같은 시기를 다룬다. 이 시기는 (이후의 시기와 대조적으로) 당시의 소비에트 자료들을 풍부하게 이용해서 서술할 수 있다. 또한 이 시기에는 이후 전개되는 소련 역사의 많은 부분이 맹아로 담겨 있으며, 당시에 벌어진 일들을 이해해야만 그 뒤에 벌어지는 일들을 설명할 수 있다. 1920년대를 레닌의 러시아 혁명에서 스탈린의 러시아 혁명으로 넘어간 과정이라고 설명한다면 분명 지나친 단순화일 것이다. 하지만 이런 설명은 중요한 역사적 과정, 아직 그 결말은 예측할 수 없는 미래에 속하는 하나의 과정을 의인화할 수 있다.

두툼한 《소비에트 러시아의 역사》 각권의 머리말에서 언급한 많은 친구와 동료들은 이 책에도 간접적으로 기여한 사람들로서 감사드린다. 《계획경제의 기반 : 1926~1929》 1권에서 공동 작업을 한 R. W. 데이비스R. W. Davies 교수는 산업화와 계획화를 다룬 여러 장을 전문가의 시각에서 비평해 주어 특히 더 감사드린다. 그리고 알렉 노브Alec Nove 교수가 쓴 간결한 《소련 경제의 역사Economic History of the USSR》에서도 도움을 받았다. 이 책을 준비하는 데 무한한 도움을 준 타마라 도이처Tamara Deutscher에게 다시 한 번 진심으로 감사의 말을 전한다.

1977년 11월 7일

E. H. 카

연대표

1861년 농노 해방.

1891~1892년 기근.

1890년대 1차 산업화 정책.

1905년 1차 러시아 혁명.

1914년 7월 제1차 세계대전 발발.

1917년

    2월(구력)/3월 자유민주주의 혁명으로 차르 전복. 임시 정부 수립.

    10월 25일(구력)/11월 7일 볼셰비키 혁명('10월 혁명').

1918~1920년 내전과 '전시공산주의'.

1918년

    1월 피착취 근로 인민의 권리 선언. 제헌의회 소집과 해산.

    2월 23일 붉은 군대 창설.

    3월 3일 브레스트−리토프스크 조약 체결.

    6~12월 빈농위원회.

    6월 28일 대규모 산업 국유화 법령.

    7월 10일 러시아공화국 헌법 반포.

    11월 11일 독일과 연합국 휴전.

1919년

    3월 8차 공산당 당대회에서 정치국 창설. 1차 공산주의인터내셔널(코민
       테른) 대회.

5월 '공산주의자 토요일' 개시.

1920년

7월 2차 코민테른 대회.

10월 12일 폴란드와 휴전.

1921~1929년 신경제정책

1921년

2월 22일 국가계획위원회 창설.

3월 8~16일 10차 당대회에서 곡물 징발 중단. 당내 '분파주의' 금지.

3월 16일 영국-소비에트 무역협정과 터키-소비에트 조약 승인.

3월 크론슈타트 반란.

1921~1922년 중부 러시아와 볼가 강 유역에서 기근 발생.

1922년

4~5월 제노바 회의.

4월 16일 독일과 소비에트 러시아가 라팔로 조약 체결.

12월 25일(과 1923년 1월 4일) 레닌의 '유언장'(과 추신).

12월 30일 소비에트사회주의공화국연방 창설.

1923년

가을 가위 모양 가격 위기.

10월 15일 46인 강령.

1924년

1월 21일 레닌 사망.

1월 노동자들을 공산당에 가입시키는 '레닌입당' 운동 시작.

1월 31일 소련 헌법 비준.

3월 화폐개혁 완료.

10월 '농촌으로 관심을 돌리자' 캠페인 개시.

1925년

4월 27~9일 14차 당 협의회에서 '일국사회주의' 승인.

12월 18~31일 14차 당대회에서 지노비예프-카메네프 반대파 거부.

1926~1928년 전쟁 이전의 농업·산업 생산량 회복.

1926년

> **3월** 1차 소련 계획화 대회
>
> **7월** 트로츠키, 지노비예프, 카메네프가 '연합반대파' 결성.
>
> **12월 3일** 드네프로스트로이 수력발전소와 투르크시브 철도 건설 결정.

1927년

> **5월 24일** 영국, 소련과 외교 관계 단절.
>
> **12월 2~19일** 15차 당대회에서 연합반대파 비난.
>
> **12월** 장제스, 광둥 공산주의자 봉기 진압.

1928년

> **1~3월** 곡물 위기에 대처하기 위한 '비상조치'.
>
> **9월 30일** 부하린, 〈어느 경제학자의 노트〉 발표.

1929년

> **4~5월** 5개년 계획 승인.
>
> **7~12월** 동청철도를 둘러싸고 중국과 소련 충돌.
>
> **11월 7일** 스탈린, 〈대약진의 해〉 발표.
>
> **11월 10~17일** 중앙위원회 전체회의가 부하린 그룹을 비난.
>
> **12월 21일** 스탈린 50세 생일.
>
> **12월 27일** 스탈린, '하나의 계급으로서 쿨락의 청산' 호소.

1930년

> **1월 5일** 당 중앙위원회, 농업 집단화 결의.

1933년 1월 히틀러, 제3제국 총리로 임명됨.

1933~1937년 2차 5개년 계획.

1936~1938년 '대숙청' : 지노비예프, 카메네프, 부하린, 리코프 처형.

1941년 6월 22일 나치 독일, 소련 침공.

1945년 5월 9일 소련, 독일에 승리.

1953년 3월 5일 스탈린 사망.

1991년 소련 해체.

차례

01 1917년 10월

October 1917

1917년 러시아 혁명은 역사의 전환점이었으며, 후대의 역사학자들에게 20세기 최대의 사건으로 평가받는 것도 당연한 일일 것이다. 프랑스 혁명이 그렇듯이, 러시아 혁명도 한쪽에서는 인류를 과거의 억압에서 해방시킨 이정표로 찬양받고, 다른 쪽에서는 범죄이자 재앙으로 비난받는 식으로 오랫동안 계속해서 양 극단의 평가를 받을 것이다. 이 혁명은 19세기 말 유럽에서 정점에 달한 자본주의 체제에 대한 최초의 공공연한 도전을 나타냈다. 제1차 세계대전이 한창일 때, 그리고 어느 정도는 이 전쟁의 한 결과로 혁명이 일어난 사실은 우연의 일치라고만 보기는 힘들다. 전쟁은 1914년 이전에 존재했던 국제 자본주의 질서에 치명타를 날렸고, 이 질서에 고유한 불안정성을 드러냈다. 혁명은 자본주의의 쇠퇴가 낳은 결과인 동시에 쇠퇴를 야기한 원인으로 볼 수도 있다.

그러나 1917년 혁명이 세계적 의미를 갖는 한편으로, 그것은 러시아의 특수한 여러 조건에 뿌리를 둔 사건이기도 했다. 차르 전제는 으리으리한 겉모습과 달리 그 이면에는 농노 해방 이후 사실상 거의 발전하지 못한 채 정체된 농촌 경제와 굶주리고 반항적인 농민이 숨겨져 있었다. 테러리스트 집단은 1860년대 이래 폭력 사태와 탄압을 되풀이해 야기하며 활동하고 있었다. 이 시기에 시작되어 훗날 사회혁명당[20세기 초 제정 러시아의 사회주의 농민 정당]으로 계승되는 나로드니키 운동은 농민들에게 호소력이 있었다. 1890년 이후에는 산업화가 원시적인 러시아 경제를 중대하게 잠식하기 시작했다. 그리고 외국 자본에 크게 의존하는 가운데 점차 영향력을 확대한 부유한 산업가·금융가 계급이 일부 자유주의 사상의 침투를 조장했다. 이런 사상은 입헌민주당(카데트Kadet)에서 전모를 드러냈다. 하지만 이 과정과 나란히, 공장 노동자 프롤레타리아트의 성장과 이 집단이 일으키는 소요의 초기 징후가 나타났다. 최초의 파업은 1890년대에 일어났다. 이런 상황 전개를 반영해 1898년에 레닌과 마르토프와 플레하노프의 당인 '마르크스주의적 러시아 사회민주주의노동자당'이 창립됐다. 러일전쟁에 따른 좌절감과 굴욕은 들끓는 사회 불안을 표면에 드러냈다.

1905년 1차 러시아 혁명은 혼합된 성격을 띠었다. 이 혁명은 독단적이고 낡아빠진 전제정에 맞선 부르주아 자유주의자와 입헌주의자의 반란이었다. 그것은 '피의 일요일'이라는 잔혹한 학살에 의해 점화되어 최초의 페테르스부르크 노동자대표소비에트(노동자대표평의회) 선출로 이어진 노동자의 반란이었다. 그리고 자연발생적이고 조정되지 않은, 종종 대단히 가혹하고 폭력적인 광범한 농민 반란이었다. 이 세 개의 실은 결코 하나로 엮이지 않았고, 혁명은 몇 가지 비현실적인 헌법상의 양보를 얻은 채 쉽게 진압됐다. 1917년 2월 혁명에서도 동일한 요인들이 작용했지만, 이번에는 전쟁에 따른 피로와 전쟁 수행에 대한 광범한 불만 때문에 이 요인들이 더욱 강화되고 두드러졌다. 차르가 물러나지 않는 한, 반란의 물결을 막을 길은 없었다. 전제정은 의회 두마Duma의 권위에 바탕을 두는 민주적 임시정부 선포로 대체됐다. 하지만 혁명의 혼합된 성격은 곧바로 다시 한 번 분명하게 드러났다. 임시정부와 나란히 페트로그라드 소비에트 — 수도는 1914년에 페테르스부르크에서 페트로그라드로 이름이 바뀌었다 — 가 1905년의 선례에 따라 재건됐다.

1917년 2월 혁명으로 추방됐던 혁명가들이 시베리아와 해외 망명지에서 페트로그라드로 돌아왔다. 그들 대부분은 사회민주주의노동자당의 두 진영 — 볼셰비키와 멘셰비키 — 중 하나이거나 사회혁명당 소속이었는데, 이미 페트로그라드 소비에트라는 활동 근거가 만들어져 있음을 발견했다. 이 소비에트는 어떤 의미에서 옛 의회의 입헌 정당들이 세운 임시정부의 경쟁자였다. 모호한 상황을 설명하기 위해 '이중 권력'이라는 말이 만들어졌다. 그러나 초기에 소비에트가 보인 태도는 분명하지 않았다. 마르크스가 설정한 역사적 기획은 구별되면서도 연속되는 두 개의 혁명 — 부르주아 혁명과 사회주의 혁명 — 을 가정했다. 극소수의 예외가 있기는 했지만, 소비에트 성원들은 2월의 사태를 서구식 부르주아 민주주의 체제를 확립하는 러시아 부르주아 혁명으로 인식하는 데 만족하면서 사회주의 혁명은 아직 확실하지 않은 먼 미래의 일로 밀어두었다. 임시정부와의 협력은 이런 견해에서 나온 당연한 결론이었고, 맨 먼저 페트로그라드로 돌아온 볼셰비키 지도자 두 명 — 카메네프와 스탈린 — 도 같은 생각이었다.

4월 초에 레닌이 극적으로 페트로그라드에 도착하자 이런 불안정한 타협은 산산조각이 났다. 처음에는 볼셰비키 사이에서도 거의 고립무원이었던 레닌은 러시아에서 현재 벌어지는 격변은 부르주아 혁명일 뿐 절대 그 이상은 아니라는 가정을 공격했다. 2월 혁명 이후 진행된 상황은 혁명을 부르주아의 한계에 묶어두어서는 안 된다는 레닌의 견해를 확인해 주었다. 전제정이 붕괴한 뒤 나타난 것은 권력의 양분('이중 권력')이라기보다는 권력의 완전한 분산이었다. 인구의 절대 다수를 차지하는 노동자와 농민의 분위기는 극악무도한 악몽에서 해방됐다는 지극한 안도감이었고, 그와 더불어 자신들 일을 자신들 나름의 방식으로 처리하고 싶다는 뿌리 깊은 욕망과 이런 일이 어쨌든 실행 가능하고 필수 불가결하다는 확신이 있었다. 그것은 끝없는 열정의 물결에 의해, 그리고 멀리 떨어진 전제 권력의 속박에서 인류를 해방시킨다는 유토피아적 전망에 의해 고무된 대중 운동이었다. 그것은 임시정부가 선포한 의회민주주의나 입헌 정부 같은 서구의 원칙이 필요하지 않았다. 권한의 집중이라는 개념은 암암리에 거부됐다. 러시아 전역에서 노동자나 농민의 지방 소비에트가

우후죽순처럼 생겨났다. 일부 도시와 군郡은 스스로 소비에트공화
국을 선포했다. 노동자 공장위원회는 자기 구역 안에서 배타적인 권
한을 행사하겠다고 주장하고 나섰다. 농민들은 토지를 탈취하고 자
기들끼리 분배했다. 그리고 평화에 대한 요구, 즉 분별없는 유혈 전
쟁의 참사를 끝장내라는 요구가 다른 모든 요구를 압도했다. 군대에
서는 여단에서 중대에 이르기까지 크고 작은 단위에서 병사위원회
가 선출되어, 종종 사병들이 직접 장교를 선출할 것을 요구하며 장
교의 권위에 도전했다. 전선에 있던 군대는 군사 규율이라는 가혹한
속박을 벗어던지면서 서서히 와해되기 시작했다. 권력에 맞서서 모
든 것을 집어삼키는 이런 반란의 움직임은 대다수 볼셰비키에게 새
로운 사회 질서라는 오랜 꿈을 실현하는 전주곡처럼 보였다. 그들은
이런 움직임을 억제할 의지도 없었고 그럴 수단도 없었다.

  이런 상황에서 레닌이 유명한 '4월 테제April theses'[1917년 4월 망명지
에서 귀국한 레닌이 발표한 혁명 전술. "모든 권력을 소비에트로"가 핵심 슬
로건이다.]에서 혁명의 성격을 재정의하는 일에 착수했을 때, 그가 내
린 진단은 통찰력과 선견지명이 있었다. 레닌은 이제까지 벌어진 사
태를 이행 중인 혁명, 즉 부르주아지에게 권력을 안겨준 1단계에서
노동자와 가난한 농민에게 권력을 양도하는 2단계로 이행하는 혁명
이라고 설명했다. 임시정부와 소비에트는 같은 편이 아니라 서로 다
른 계급을 대표하는 적대자였다. 지향해야 하는 목표는 의회제 공
화국이 아니라 "전국 각지에서 아래로부터 성장하고 있는 노동자·
빈농·농민 대표 소비에트들로 이루어진 공화국"이었다. 사실 사회

주의를 곧바로 도입할 수는 없었다. 그러나 첫째 단계로서 각 소비에트가 "사회적 생산과 분배"를 통제해야 했다. 1917년 여름에 상황이 격동하는 동안 레닌은 이 계획에 찬성하는 당내 추종자들의 지지를 서서히 확보했다. 각 소비에트 내의 진전은 상대적으로 더뎠다. 6월에 전러시아소비에트대회 — 상설 집행위원회를 두는 중앙 소비에트 조직을 창설하려는 첫 번째 시도 — 가 열렸을 때, 800명이 넘는 대의원 가운데 사회혁명당이 285명, 멘셰비키가 248명이었고, 볼셰비키는 105명에 불과했다. 바로 이 자리에서 레닌은 누군가의 이의제기에 대해 소비에트 내에는 정부 권력을 틀어쥘 준비가 되어 있는 하나의 정당이 있다, 그 당은 볼셰비키다라고 단언해서 큰 비웃음을 샀다. 임시정부의 위신과 권위가 약해지면서 공장과 군대에서 볼셰비키의 영향력이 급속히 커졌다. 그러자 7월에 임시정부는 군대 내에서 정부 전복 선전을 벌이고 독일의 간첩 행위를 했다는 혐의로 볼셰비키를 고발하기로 결정했다. 몇몇 지도자가 체포됐다. 레닌은 핀란드로 피신해 페트로그라드에서 지하로 숨어든 당 중앙위원회와 계속 정기적으로 연락했다.

　행동의 현장에서 강제로 쫓겨난 이 시기에 레닌은 마르크스의 국가 이론에 관한 연구서이자 가장 유명하고 가장 유토피아적인 저작으로 손꼽히는 《국가와 혁명》을 썼다. 마르크스는 프롤레타리아 혁명으로 부르주아 국가를 파괴하자고 설파했을 뿐 아니라, 혁명이 승리하고 프롤레타리아 독재라는 이행기를 거친 뒤 국가가 쇠퇴하다가 결국 소멸할 것이라고 내다봤다. 레닌은 프롤레타리아트에게 승리의 순간에 필요한 것은 "오직 사멸하는 과정인 국가, 즉 곧바로 사멸하기 시작하고 사멸할 수밖에 없게끔 만들어진 국가일 뿐"이라고 말했다. 국가는 언제나 계급 지배와 억압의 도구였다. 계급 없는 공산주의 사회와 국가의 존재는 양립할 수 없었다. 레닌은 직접 만든 경구에서 이렇게 요약했다. "국가가 존재하는 한 자유란 없다. 자유가 존재하게 된다면 국가란 없을 것이다." 레닌은 마르크스를 깊이 연구했을 뿐 아니라, 어디에나 존재하는 강력한 국가의 속박에서 벗어날 수 있다는 희망으로 열정에 불타는 노동자와 농민의 혁명적 분위기를 예리하게 포착했다. 《국가와 혁명》은 마르크스의 가르침과 제대로 배우지 못한 대중의 열망을 종합한 놀라운 저서였다. 이 책에서 당은 거의 언급되지 않았다.

우익인 코르닐로프 장군이 권력을 장악하려다가 실패한 9월에 이르면, 볼셰비키는 페트로그라드와 모스크바 소비에트에서 다수를 차지한 상태였다. 레닌은 잠시 주저하다가 다시 "모든 권력을 소비에트로"라는 구호를 내걸었다. 임시정부에 대한 직접적인 도전이었다. 10월에 레닌은 당 중앙위원회 회의에 참석하기 위해 변장한 채 페트로그라드로 돌아왔다. 레닌의 설득으로 중앙위원회는 즉시 권력을 장악할 준비를 하기로 결정했다. 지노비예프와 카메네프만 반대했다. 페트로그라드 소비에트 집행위원회가 만들었고 현재는 볼셰비키가 확고하게 장악하고 있는 혁명군사위원회가 권력 장악 준비를 주로 맡았다. 여름에 페트로그라드로 돌아온 뒤 볼셰비키에 가담한 트로츠키가 작전 계획을 짜는 데 지도적인 역할을 했다. 10월 25

일(구력. 몇 달 뒤 도입된 양력으로는 11월 7일에 해당), 주로 공장 노동자로 구성된 적위대가 도시의 주요 지점을 점거하고 겨울궁전으로 진격했다. 무혈 쿠데타였다. 임시정부는 저항도 못하고 붕괴했다. 장관 몇 명이 체포됐다. 총리인 케렌스키는 해외로 도피했다.

이 쿠데타는 다음날 저녁 열린 전러시아노동자병사대표소비에트 2차 대회와 동시에 계획된 것이었다. 이제 다수파 — 전체 대의원 649명 중 399명 — 가 된 볼셰비키가 의사 진행을 맡았다. 대회는 임시정부를 해산하고 권력을 소비에트로 이전한다고 선언하고, 주요 포고를 만장일치로 채택했다. 첫째와 둘째 포고는 레닌이 제출한 것이었다. 첫째 포고는 '노동자농민정부'의 이름으로 교전 중인 모든 나라의 국민과 정부에게 영토 병합이나 전쟁 배상이 없는 "정의롭고 민주적인 평화"를 이루기 위해 협상할 것을 제안하는 한편, 특히 "인류 가운데 가장 선진적인 세 국가"(영국, 프랑스, 독일)의 "계급 의식적인 노동자들"에게 전쟁 종식에 힘써 달라고 호소하는 내용이었다. 둘째 포고는 사회혁명당이 작성한 문서가 포함된 토지 관련 법령으로, 농업 사회화라는 볼셰비키의 장기적 계획보다 농민의 프티부르주아적 열망에 부응하는 내용이었다. 지주의 토지 소유는 무상으로 폐지됐다. "평범한 농민과 평범한 카자크kazak[15세기 후반에서 16세기 전반에 걸쳐 러시아 중앙부에서 남방 변경지대로 이주해 자치 군사공동체를 형성한 농민집단]"가 소유한 토지만 몰수를 면했다. 사적인 토지 소유는 영원히 폐지됐다. 토지 이용권은 "자기 노동으로 토지를 경작할 의사가 있는 러시아 국가의 모든 시민(성별 불문)"에게 주어졌다. 광산업과 기타 보조적인 권리는 국가의 몫이 됐다. 토지의 매매나 임대차, 노동력 고용은 금지됐다. 이것은 자신과 가족의 노동으로 자기 땅을 경작해서 주로 자급자족하는 독립 소농민의 헌장이었다. 토지 문제의 최종 결정은 향후에 구성될 제헌의회의 몫으로 남겨두었다. 대회 의장을 맡은 카메네프가 제안한 셋째 포고는 제헌의회가 열릴 때까지 전러시아소비에트대회와 그 집행위원회의 권한 아래 나라를 다스리는 노동자·농민의 임시정부로서 인민위원회의를 설립한다는 내용이었다.

이 선언들은 몇 가지 독특한 특징이 있었다. 레닌은 몇 시간 전에 페트로그라드 소비에트에서 대담한 발언으로 연설을 마쳤다. "러시아에서 우리는 프롤레타리아 사회주의 국가를 건설하는 데 관심을 기울여야 합니다." 소비에트대회의 더 공식적인 결정문에서 '국가'와 '사회주의'라는 개념은 표면에 드러나 있지 않았다. 낡은 국가와 그에 수반된 여러 폐단을 일소하며 승리에 들떠 있는 가운데, 아무도 새로운 국가 건설의 문제를 직시하려고 하지 않았다. 혁명은 국제적인 것이었고, 아무도 국경선에 개의치 않았다. 노동자농민정부에는 영토에 관한 정의나 명칭이 전혀 없었다. 정부의 권한을 결국 어디까지 확장할 것인지 아무도 예상하지 못했다. 사회주의는 미래의 이상이었다. 레닌은 평화에 관한 법령을 소개하면서 노동자들이 이룬 승리는 "평화와 사회주의로 가는 길을 닦게 될" 것이라고 말했다. 그러나 어떤 법령에서도 사회주의를 혁명의 목표나 목적으로 언급하지 않았다. 사회주의의 내용은 그 범위와 마찬가지로 미래에 결정해야 할 일로 남겨졌다.

　마지막으로 지금 와서 보면 기묘한 일인데, 제헌의회의 궁극적 권위를 존중하는 태도가 아무 반대 없이 받아들여졌다. 2월에서 10월 사이에 임시정부와 소비에트 둘 다 제헌의회를 요구했다. 이는 새로운 헌법을 기초하는 데 필요한 전통적인 민주 절차였기 때문이다. 그리하여 11월 12일이 제헌의회 선거일로 정해졌다. 레닌은 이 선거를 취소할 생각이 없었거나 그만큼 볼셰비키가 강하다고 생각하지 않았다. 농민 유권자가 압도적으로 많은 상황에서 예상한 것처럼, 사회혁명당이 절대 다수표를 얻었다. 520석 중 사회혁명당이 267석, 볼셰비키가 161석을 얻었고, 나머지는 다수의 분파 그룹들에게 돌아갔다. 1918년 1월에 의원들이 모였을 때, 노동자농민정부는 페트로그라드에서 확고하게 자리를 잡고 있었고, 두 달 전 농촌의 혼란스러운 분위기를 대변하는 제헌의회에 권력을 넘겨줄 생각이 없어 보였다. 부하린은 "현재 제헌의회는 사회주의 원칙에 찬성하는 진영과 반대하는 진영이 화해의 여지없이 갈라선 가운데 …… 분수령에 서 있다."고 말했다. 제헌의회 의원들은 결론을 내리지 못하는 연설만 무수히 늘어놓았다. 회의는 밤늦게 휴회에 들어갔다. 이후 정부는 의원들이 다시 모이는 것을 실력으로 저지했다. 결정적인 순간이었다. 혁명은 이미 부르주아 민주주의의 관례에 등을 돌린 상태였다.

　혁명이 서구 세계와 충돌하고 공포와 분노를 불러일으킨 첫 번째 사건은 독일과의 필사적인 싸움이 정점에 달했을 때 전쟁에서 철수해 연합군을 저버린 일이었다. 용서할 수 없는 이런 배신에 이어 곧바로 옛 러시아 정부의 채무 상환을 거부하고 토지와 공장을 몰수하는 사태가 벌어지고, 러시아 혁명은 유럽과 세계를 휩쓸 거대한 혁명의 1단계에 불과하다고 러시아 스스로 선언하자, 이 혁명은 서구 자본주의 사회 전체에 대한 근본적인 공격이라는 사실이 드러났다. 그렇지만 이런 위협은 심각하게 받아들여지지 않았다. 처음에 서구에서 러시아의 혁명 정부가 며칠이나 몇 주일 이상 버틸 것이라고 예상한 사람이 거의 없었다. 볼셰비키 지도자들 자신도 자본주의 국가의 노동자들이 자국 정부에 대항하는 반란을 일으켜 도움을 주지 않는다면 무한정 버틸 수 없다고 생각했다.

이런 회의론에는 그럴 만한 근거가 있었다. 노동자농민정부가 내놓은 문서는 페트로그라드를 비롯한 몇몇 대도시 이외에는 거의 확산되지 않았다. 소비에트 안에서도 볼셰비키는 만장일치의 지지를 받지 못했다. 그리고 전국 각지에서 우후죽순처럼 생겨난 지방 소비에트, 공장에서 '노동자 통제'를 행사하는 공장위원회, 전선에서 고향으로 무리지어 돌아오는 수백만 농민들이 전러시아소비에트대회 — 중앙의 유일한 주권 권력 — 를 어느 정도나 인정할 것인지도 무척 불확실했다. 관료와 경영자, 기술 전문가들은 지위고하를 막론하고 파업을 벌이면서 새로운 자칭 정부에 봉사하기를 거부했다. 정부가 수중에 거느린 군대는 핵심 부대인 몇 천 명의 적위대와 전쟁에 나갔던 제국 군대가 해체된 뒤 남아 있는 충성스러운 레트인[Lett人[발트 해 연안의 주민] 대대 몇 개였다. 혁명이 일어나고 몇 주 만에 돈 강과 쿠반 강, 우랄 산맥 등의 지역에서 혁명을 전복하겠다고 공언한 카자크 군대가 조직되고 있었다. 얼마 전에 볼셰비키는 약해 빠진 임시정부를 쉽게 무너뜨렸다. 그러나 스스로 임시정부를 대신하고, 소멸한 러시아제국의 광대한 영토를 헤집어 놓은 혼돈을 효과적으로 통제하고, 볼셰비키를 구원자와 해방자로 본 노동자와 농민 대중의 열망에 부합하는 새로운 사회 질서를 세우는 일은 훨씬 더 만만찮고 복잡한 과제였다.

02 두 세계

The Two Worlds

노동자농민정부에 영토 명칭을 부여한 최초의 입헌 행위는 1918년 1월 3차 전러시아소비에트대회에서 발표한 〈피착취 근로 인민의 권리 선언〉이었다. 프랑스 혁명에서 선포된 〈인간과 시민의 권리 선언〉의 볼셰비키 판이라 할 수 있다. 이 문서는 러시아가 노동자·병사·농민 대표 소비에트공화국임을 선언하면서 "러시아 소비에트공화국은 소비에트 민족 공화국들의 연방으로서 자유로운 민족들의 자유로운 연합에 기초해 창설된다."고 덧붙였다. 이런 표현에는 혁명정부의 국제적인 의도가 담겨 있었다. 혁명은 본질적으로 국제적이었다. 혁명에는 경쟁하는 강대국이 벌이는 전쟁을 계급 전쟁으로 대체해야 한다는 함축이 담겨 있었다. 그러나 세계 혁명의 증진은 분투하는 소비에트 정부에게도 으뜸가는 필요조건이었다. 세계 혁명의 장려는 볼셰비키가 전쟁에 휘말린 제국주의 강대국들과 대결할 때들이댈 수 있는 유일한 무기였다. 그리고 어쨌든 주요 교전국들에서 혁명이 일어나지 않는 한, 소비에트 정부가 살아남을 가망은 거의 없었다. 또한 두 교전 진영 사이에 어떤 구별도 찾기 어려웠고, 양쪽 다 혁명이 파괴하고자 하는 자본주의 질서의 기수였다. 따라서 처음에 볼셰비키로서는 혁명을 선전하는 것 말고는 다른 어떤 대외정책도 구상하기 어려웠다. 초대 외무인민위원(외무장관)인 트로츠키는 의미심장한 경구를 남겼다. "나는 세계의 여러 민족에게 몇 가지 혁명 포고문을 반포하고 일을 접을 생각이다."

그러나 이런 전망은 외적 현실 때문에 금세 사라져 버렸고, 분투하는 소비에트공화국 역시 민족국가들로 이루어진 세계에서 하나의 민족국가 역할을 떠맡을 수밖에 없었다. 교전국들에게 평화 교섭을 하라는 호소는 쇠귀에 경 읽기였다. 러시아 영토 깊숙이 침입해서 전쟁 행위를 계속하고 있는 독일과의 관계와 관련해 무슨 일이든 해야 했다. 새로운 정부가 처음 한 행동은 독일제국 정부와 휴전 협정을 체결하고 평화를 요구하는 것이었다. 1918년 2월, 브레스트-리토프스크에서 평화 교섭이 개시됐다. 소비에트 대표단을 인솔한 트로츠키는 보란 듯이 전통적인 외교 관행을 포기하면서 교전국 정부 대표들을 제쳐두고 각국 국민들에게 호소했으며, 독일군 내에서 공공연히 반전 선전을 수행하고, "영토 병합이나 전쟁 배상이 없는 평화"에 대한 요구를 재촉함으로써 독일 대표단을 당혹스럽게 만들었다. 독일은 이미 서구 연합국과 교섭하는 과정에서 이런 요구를 받아들이겠다고 공언한 적이 있었기 때문이다.

그러나 독일의 비타협적 태도와 독일군의 압도적 우위 때문에 피할 수 없는 딜레마가 생겨났다. 트로츠키는 제국주의 강대국과 굴욕적인 조약을 체결하는 것 — 레닌은 이 조약이 불가피하다고 판단하게 된다 — 은 자신의 혁명적 원칙에 어긋난다고 보았다. 다른 한편, 트로츠키는 현실 감각이 있었기 때문에 '혁명 전쟁'을 재개해야 한다는 부하린을 비롯한 '좌익 공산주의자들'의 요구를 지지할 수 없었다. 트로츠키는 "평화도 없고, 전쟁도 없다."는 정식을 고안했다. 하지만 독일인들이 외교 관례에 어긋나는 이런 기행에 아랑곳하지 않고 진격을 재개하자 똑같은 딜레마가 전보다 더 극명한 형태로 다시 나타났다. 마지못해 트로츠키는 레닌 자신이 "수치스러운" 평화라고 부른 방안을 수용하는 것에 레닌과 함께 표를 던졌다. 우크라이나를 비롯해 옛 러시아 영토의 많은 지역을 포기하는 내용이었다. 그 직후에 트로츠키는 외무인민위원을 사임했다. 조약은 1918년 3월 3일에 체결됐고, 독일은 진격을 멈추었다. 브레스트-리토프스크 교섭과 동시에 영국, 프랑스, 미국 대표를 상대로 비공식적인 의사 타진이 있었다. 독일에 대항해 서구의 지원을 얻으려는 시도였지만 아무 소득도 얻지 못했다. 자본주의 정부에 대한 이런 제안은 브레스트-리토프스크 조약 못지않게 격렬한 분노를 불러일으켰다. 부하린이 이끄는 당 중앙위원회의 탄탄한 소수파는 혁명의 국제적 원칙을 훼손했다며 분개했다. 조약을 승인받기 위해서는 레닌의 모든 영향력을 이용해야 했다.

군사적 무기력함이 안겨준 교훈은 이제 볼셰비키 지도자들의 마음속에 깊이 새겨졌다. 브레스트-리토프스크 조약이 체결되기 전인 1918년 2월 23일, 붉은 군대Red Army가 창설됐다. 원래 이름은 '노동자·농민의 붉은 군대'였다. 그 후로 매년 이 날짜를 붉은 군대 창설일로 기념하고 있다. 붉은 군대라는 이름은 국제 혁명의 성격과 취지를 가리키기 위해 붙인 것이었다. 하지만 군대 창설을 발표하는 선언문에는 〈위험에 처한 사회주의 조국〉이라는 제목이 붙었다. 국제적인 의식만이 아니라 일국적인 의식도 군대 창설에 드리워져 있었던 셈이다. 트로츠키가 군대를 조직하는 임무를 맡았고 더불어 전쟁인민위원으로 임명됐다. 트로츠키는 워낙 현실주의자였던지라 제대로 훈련도 받지 않은 징집병을 가지고 군대를 구축할 수 있다고 생각하지 않았다. 비상사태에 대해 그가 가장 먼저 보인 반응은 새로운 군대를 훈련하기 위해 직업 군인, 즉 공식적으로 '군사 전문가'라고 불리던 차르 군대 장교를 발탁한 것이었다. 이런 임기응변은 대단한 성공작으로 밝혀졌다. 1919년 초에 이르자 이런 장교 3만 명이 입대했다. 겨우 1만 명의 훈련된 병사를 소집한 1917년의 적위대는 내전이 정점에 달했을 때 500만 명에 달하는 붉은 군대로 성장했다. 트로츠키 본인은 보기 드문 군사적 재능을 보여주었다. 하지만 그는 무자비하게 무조건적인 복종을 요구하고 군기 위반자를 처벌한 것으로도 유명했다. 게다가 트로츠키는 일찍이 혁명이 파괴하고자 했던 군사 규율의 덕목을 칭찬해야 했다. 필사적인 상황에서는 필사적인 처방이 필요했다.

이렇게 임기응변을 해도 이제 페트로그라드에서 모스크바로 수도를 옮긴 정부를 에워싼 위험을 끝내지는 못했다. 새 정부에 적대적인 러시아 '백군白軍'이 나라 곳곳에서 소집되기 시작했다. 독일군은 우크라이나의 괴뢰 정부와 체결한 협정에 따라 우크라이나를 계속 점령하고 있었다. 혁명에 분노하고, 또 지원의 손길이 절실한 때에 러시아가 연합국을 저버린 데 분개한 서방 정부들은 행동에 나서기로 결정했다. 1918년 3월, 영국 군대가 무르만스크 북부 항구를 점령했고, 프랑스와 미국 군대도 뒤를 이었다. 표면상으로는 독일의 추가 침입에 맞서 그곳에 쌓아 놓은 군사 비축물을 보호한다는 명분을 내세웠다. 한편 주로 오스트리아 군대 탈영병으로 이루어진, 러시아에 있던 체코 포로 수천 명이 직접 체코군단을 결성했고, 소비에트 정부와의 합의에 따라 블라디보스토크를 향해 출발했다. 그곳에서 서쪽으로 출항하기 위해서였다. 그런데 도중에 시베리아에서, 잘 조직된 이 체코군단 병사들이 비효율적이며 산재해 있던 소비에트 당국과 충돌했고 — 아마 처음에는 의도하지 않았을 테지만 — 이후 반反볼셰비키 군대의 집결지가 되어 버렸다.[독일 정부는 러시아와의 휴전 협정에서 체코군단이 전쟁포로라는 이유로 즉각 송환을 요구했다. 볼셰비키 정부는 이들을 시베리아 횡단철도를 이용해 블라디보스토크까지 보낸 뒤 배로 돌려보내기로 한다. 그 과정에서 반혁명 세력이 모여 있는 시베리아를 체코군단이 지나가게 되자, 반혁명 세력과 합류할 것을 우려한 러시아가 이들을 강제로 무장해제를 시키려 하자 충돌이 벌어졌다.] 1918년 4월, 연합국의 행동에서 뒤처지고 싶지 않은 일본 정부가 블라디보스토크에 군대를 상륙시켰고, 두 달 뒤에는 영국과 미국 파견군이 그 뒤를 이었다. 7월에는 영국과 프랑스, 미국 군대가 아르한겔스크를 점령했다. 1918년 여름과 가을에 모스크바의 노동자농민정부가 살아남을 수 있었던 것은 자체적으로 힘이 있었기 때문이라기보다는 각국이 서부전선에서 생사를 건 싸움을 벌이느라 다른 곳에서 벌어지는 일에 신경을 쓰지 못했기 때문인 것 같았다.

독일이 붕괴하고 1918년 11월 11일에 휴전이 이루어지면서 상황이 새롭게 바뀌었다. 휴전 뒤 2개월 동안 베를린에서 초기의 혁명적 상황이 벌어지고, 몇 달 뒤 바이에른과 헝가리에서 혁명적 쿠데타가 성공하고, 영국과 프랑스와 이탈리아에서 산발적으로 소요가 일어나면서, 볼셰비키 지도자들은 바야흐로 오랫동안 기다리던 유럽 혁명이 무르익고 있다고 믿게 됐다. 그러나 서구 각국 정부는 모스크바에 희망과 위안을 안겨준 사건들을 보면서 혁명 정부에 대한 공포와 증오를 키우는 한편, 이 정부를 몰아내겠다는 결심을 굳혔다. 러시아에서 벌이는 군사 행동이 독일을 상대로 한 전쟁의 보완물이라는 명분은 이제 벗어던질 수밖에 없었다. 아르한겔스크와 시베리아, 러시아 남부에서 볼셰비키에 맞선 십자군에 헌신하는 러시아 군대들에 대한 지원이 공공연히 확대됐다. 그러나 이제 또 다른 복잡한 사태가 발생했다. 연합군 각급 부대가 전쟁에 지치기도 하고 모스크바의 노동자 정부에 다소간 공공연히 동조하기도 하면서, 전투를 계속하는 것을 노골적으로 꺼린 것이다. 1919년 4월, 오데사에 있던 프랑스 해군 함정들에서 폭동이 일어나자 군대는 항구에서 철수할 수밖에 없었다. 아르한겔스크와 무르만스크에서는 연합군 군대가 점진적으로 철수함으로써 똑같은 모험적 행동을 미연에 방지할 수 있었다. 1919년 가을에 이르자 (블라디보스토크에 있는 일본과 미국의 파견군을 제외하고는) 모든 연합군이 러시아 땅에서 철수하고 없었다.

이렇게 차질이 생기긴 했지만 서구 연합군의 적대적인 의사는 조금도 줄어들지 않았다. 연합군은 군대를 철수하는 대신, 볼셰비키에 맞서 포진한 수많은 자칭 러시아 '정부'에 점점 더 많은 군수품과 군사 사절단을 보내고 구두 약속도 남발했다. 이 가운데 가장 유망한 것은 차르 시절의 제독인 콜차크가 지휘해서 세운 정부였다. 콜차크는 시베리아의 대부분을 장악하는 일종의 권력을 확립하고 유럽 러시아[유럽에 속해 있는 러시아의 지역]로 움직이기 시작했다. 그리고 1919년 여름에 연합국 정치인들이 파리 강화회의에 모여서 콜차크 정부를 유일한 정통 러시아 정부로 인정하기 위한 교섭에 들어갔는데, 결론을 내지 못했다. 차르 시절 장군으로 연합국의 강력한 지지를 누리면서 남부 러시아를 통제하고 우크라이나를 침략한 데니킨은 1919년 가을에 모스크바 남쪽 200마일[약 322킬로미터] 지점에 도달했다. 또 다른 장군인 유데니치는 페트로그라드를 공격하기 위해 발트 지방에서 백군을 소집했다. 그러나 이 무렵이면 이미 붉은 군대가 장비는 형편없어도 유능한 전투부대로 변신한 상태였다. 다양한 백군은 서로 공격을 조정할 능력도 없었고, 자신들이 활동하는 영토에서 주민들의 지지를 얻지도 못했다. 그해 말에 이르자, 백군은 허둥지둥 퇴각하는 신세가 됐다. 1920년 1월, 콜차크가 볼셰비키에 체포되어 처형됐다. 그해 봄에는 백군이 몇 군데 고립된 저항 지역을 제외하고는 도처에서 패주하고 괴멸됐다.

　내전을 거치면서 1917년 10월 이래 서구와 소비에트 양쪽의 사고에서 형성되고 있던 고정관념, 즉 자본주의 세계와 그 세계를 전복하려는 혁명의 세계 양쪽이 서로 화해할 수 없는 모순 속에 대결하고 있다는 생각이 더욱 굳어졌다. 1918년 11월 독일 권력이 붕괴한 뒤, 중부 유럽은 잠시 두 세계가 싸움을 벌이는 원인이 됐다. 1919년 1월 베를린에서 혁명의 조짐이 보이자 볼셰비키는 이미 자본주의의 조종이 울렸고, 혁명의 물결이 모스크바에서 서쪽으로 퍼져 나가는 중이라는 확신을 더욱 굳혔다. 바로 이런 분위기에서 레닌은 1914년 가을 이래 마음속에 품고 있던 야심을 실현하는 일에 착수했다. 즉, 전쟁이 발발하자 마르크스주의와 국제주의의 원칙을 저버림으로써 스스로 분열해서 자멸해 버린 제2인터내셔널, 일명 사회민주주의 인터내셔널 대신 진정으로 혁명적인 제3인터내셔널, 즉 공산주의인터내셔널을 창설하고자 했다. 이것은 1918년 3월 열린 당대회에서 독일 사회민주당과 멘셰비키를 연상시키면서 의미가 훼손된 러시아 사회민주주의노동자당이라는 오랜 이름을 러시아 공산당(볼셰비키)이라는 이름으로 바꾸기로 한 결정의 논리적 귀결이었다.

　1919년 3월 초, 50여 명의 공산주의자와 공산주의 동조자가 모스크바에 모였다. 그중 35명은 19개 나라의 공산당이나 공산당에 가까운 정당과 그룹에서 작성한 위임장을 갖고 있었다. 대부분은 한

때 러시아제국의 일부를 형성했고 지금은 소비에트공화국으로 인정 받는 작은 나라들, 즉 우크라이나, 벨라루스, 발트 3국, 아르메니아, 그루지야[현재의 조지아] 등이었다. 새로 창설된 독일 공산당은 원칙 에 대해서는 반대하지 않지만 좀 더 적당한 시기까지 인터내셔널 창 설을 연기하는 방도를 모색하라는 지침을 받은 대표자를 보냈다. 서 구에서 모스크바까지 직접 가기란 사실상 불가능했다. 미국, 프랑 스, 스위스, 네덜란드, 스웨덴, 헝가리의 그룹은 모스크바에 거주하 는 자국민에게 위임장을 주었다. 영국의 대표자는 위임장이 아예 없 었다. 독일 대표의 경고는 열광적인 분위기에 압도됐다. 혁명적 입장 의 오스트리아 대표가 도착해서 균형의 추가 기울었다고 한다. 공산 주의인터내셔널(코민테른) 1차 대회가 된 이 대회는 트로츠키가 초안 을 작성한 선언을 표결로 채택했다. 1848년 《공산당 선언》 이래 자 본주의가 쇠퇴하고 공산주의가 진전한 과정을 추적하는 내용이었 다. 레닌이 준비한 테제, 즉 부르주아 민주주의를 비난하고, 프롤레 타리아 독재를 선언하며, 신임을 잃은 제2인터내셔널을 되살리려는 시도를 조롱하는 테제도 채택했다. 그리고 마지막으로 전 세계 노동 자들에게 러시아 정부에 대한 군사 개입을 중단하고 소비에트 정부 를 인정하도록 압력을 가할 것을 재촉하는 총론 격의 호소문을 채 택했다. 신생 인터내셔널에 조직 기구를 부여하는 방편으로, 대회는 집행위원회를 선출하고 지노비예프를 의장으로, 당시 베를린의 감 옥에 있던 라데크를 서기로 지명했다. 대회가 끝나고 며칠 뒤, 부다 페스트에서 헝가리 소비에트공화국이 선포됐지만 단명에 그치고 말았다.

공산주의인터내셔널을 창건한 사실 자체가 1차 대회에서 이루어진 그 어떤 일보다도 중요한 것이었다. 그것은 두 세계의 분열, 특히 국제 노동자 운동 안에서 자기 존재를 밝힌 분열의 선언이었다. 코민테른 창건자들은 골육상잔의 전쟁을 직접 겪은 서구 국가의 노동자들 — 그리고 특히 마르크스주의 교육을 충실하게 받은 독일 노동자들 — 이 자신들을 홀로코스트에 휘말리게 만든 자국의 사회민주당과 노동당을 재빨리 저버리고 코민테른이 선언한 전 세계 노동자의 국제적 단결이라는 대의로 결집할 것이라고 굳게 믿었다. 이런 일이 일어나지 않고, 또 심지어 제2인터내셔널이 부활할 조짐을 보이자, 추종자들을 오도하고 배신한 부패하고 믿기 힘든 지도자들 때문에 차질이 생겼다고 비난했다. 하지만 서구 나라들에서 소수의 헌신적인 공산주의자들과, '개혁주의적' 지도자들에게 계속 충성을 다하는 다수 노동자들 사이의 분열은 영원히 지속됐고, 시간이 갈수록 심화됐다.

이런 불화는 코민테른 자체 내부에서 예상치 못한 상황이 전개되면서 더욱 악화됐다. 코민테른 창건자들이 품은 전망은 진정으로 국제적이었다. 그들은 코민테른 본부가 베를린이나 파리로 옮겨갈 날을 꿈꾸었다. 하지만 1919년 3월 모스크바에서 있었던 일은 각국 공산당을 하나의 국제적 조직으로 융합시켰다기보다는 허약하고 미성숙한 각국의 그룹을 사실상의 러시아 조직에 연결시킨 것이었다. 이 조직의 자원과 주된 원동력은 필연적이고 불가피하게 러시아 당과 소비에트 정부에서 나왔다. 이런 사실 역시 논리에 어긋나는 결과는 아니었다. 국제 혁명의 증진에는 두 가지 측면이 있었는데, 양자는 서로를 강화했다. 그것은 모든 마르크스주의자의 의무였지만, 또한 극심한 압박을 받는 소비에트 정부의 무기고에 보관된 중요한 방어 무기이기도 했다. 다른 나라에서 자본주의 지배를 전복하는 일이 러시아의 혁명 정부가 살아남기 위한 조건으로 여겨지는 한, 두 요소가 양립 불가능한 경우는 있을 수 없었다. 두 요소는 일관되고 통합된 한 가지 목표의 서로 다른 면이었다. 그러나 이것은 외국 공산당들의 코민테른에 대한 충성이 모스크바에서 의무적으로 여겨지는 충성보다 토대가 강하지 않음을 뜻했다.

1919년의 나머지 기간은 내전과 연합국 개입, 소비에트 고립의 시기였다. 1919~1920년 겨울에 백군이 붕괴한 뒤 잠시 숨 돌릴 틈이 생겼다. 바로 이 휴지기에, 그러니까 1920년 4월에 레닌은 큰 영향을 미친 유명한 책 《공산주의에서의 '좌익' 소아병》을 썼다. 공격 대상은 '원칙'의 이름 아래 '타협'에 저항하는 공산당 내의 이른바 '좌익 반대파'였다. 레닌은 특히 브레스트-리토프스크 조약에 대한 반대파를 상기했다. 서구 각국의 공산당은 의회와 노동조합에 적극적으로 참여해야 하며, 이런 참여에 당연히 따르는 타협을 꺼리지 말아야 했다. 영국이 내전에 적대적으로 개입한 사실을 잊지 않았던 레닌은 영국 공산주의자들에게 "헨더슨파와 스노든파[아서 헨더슨과 필립 스노든 모두 노동당 정치인]를 도와 로이드 조지와 처칠을 물리치기" 위해 노동당과 "선거 협정"을 체결할 것을 촉구했다. 그러나 이런 조언은 초기에 혁명의 전망을 확신한 가운데 나온 것이었다. 이 책에 담긴 전술적 처방에는 노동자 정당의 기층 당원들에게 지도부의 본성을 일깨우고 지도자들에 맞서 당을 분열시킬 필요성이 깊이 배어 있었다. 헨더슨에 대한 지지support는 "교수형 당하는 사람을 지탱하는support 밧줄"과도 같은 것이었다. 국제 혁명이 일어나지 않는 가운데 이와 같은 타협과 책략의 전술이 몇 년, 아니 몇 십 년 동안 계속될 수도 있다는 점은 레닌의 계산에 들어 있지 않았다.

1920년 4월 말 폴란드의 피우수츠키 장군이 우크라이나 침공을 개시해 5월 초에 키예프를 점령했다. 소비에트공화국은 다시 한 번 내전만큼이나 엄중한 위기 상황으로 곤두박질쳤다. 하지만 이번에는 내전 당시에 비해 더 신속하고 강하게 저항했다. 6월에 붉은 군대가 반격에 나섰다. 무리하게 넓은 지역에 진출한 폴란드군은 오합지졸로 전락했고, 8월 초에 붉은 군대는 폴란드 영토에 진입했다. 이런 극적인 사태와 동시에 코민테른 2차 대회가 열렸다. 200명이 넘는 대표가 참석한 가운데 1920년 7월 19일에 개회했다. 대표단 중에는 소규모 독일 공산당 외에도 전시에 독일 사회민주당에서 떨어져 나온 독일 독립사회민주당, 프랑스 사회당, 이탈리아 사회당도 있었다. 이 세 당은 코민테른 참가 문제를 놓고 당내의 의견이 나뉘었는데, 정확한 이해를 얻기 위해 대회에 참석한 것이었다. 영국의 몇몇 극좌파 그룹에서도 대표단을 보냈는데, 이 그룹들은 영국 공산당으로 통합하기로 결정했다. 붉은 군대의 승전보가 들리는 가운데 벌어진 토론은 확신과 흥분으로 가득했다. 레닌이 책에서 내놓은 처방을 잊은 사람은 없었다. 공산주의자들에게 노동조합과 부르주아 의회에서 활동할 것을 촉구하는 각종 결의안이 통과됐고, 영국 공산당은 — 다수결에 따라 — 노동당에 가입하라는 지침을 받았다. 그러나 이제 전반적인 분위기는 확연히 달랐다. 대회는 전 세계 노동자에게 "백색 폴란드에 대한 어떤 형태의 원조나 소비에트 러시아에 대항하는 어떤 개입"도 용인하지 말라고 호소했다. 세계 혁명의 전망은 여전히 밝게 빛났다.

공산주의인터내셔널은 소비에트 러시아의 대의를 자신의 대의로 선포한다[고 대회 선언문은 발표했다 — 카]. 국제 프롤레타리아트는 소비에트 러시아가 세계 소비에트공화국 연방의 일원이 되는 날까지 칼을 거두지 않으리라.

대회에서 작성된 코민테른 가입 '21개 조건'은 동요하는 세력을 배제하는 한편, 코민테른을 (제2인터내셔널처럼) 성격이 크게 다른 당들의 느슨한 협회가 아니라 국제 프롤레타리아트의 균일하고 규율 잡힌 단일 정당으로 만들려는 시도였다. 일찍이 세계 혁명의 전망이 이때처럼 밝고 가깝게 보인 적은 없었다.

대회에서 토론이 벌어지는 동안 소비에트 지도자들은 중대한 결정을 내려야 했다. 붉은 군대가 폴란드 국경에 머물면서 피우수츠키에게 강화 조건을 제시해야 하나? 아니면 바르샤바를 비롯한 폴란드 산업 중심지까지 거침없이 진군해야 하나? 레닌은 폴란드 노동자들이 붉은 군대를 자본주의의 굴레를 벗겨주는 해방자로서 환영하고 폴란드 혁명이 독일과 서유럽으로 나가는 길을 열어 주리라는 기대에 들떠 진군을 지지했다. 트로츠키와 라데크는 레닌의 의견에 반대했다. 스탈린 역시 두 사람처럼 의심을 품은 듯했지만, 중요한 결정의 시기에는 전면에 나서지 않았다. 반격을 지휘한 탁월한 사령관인 투하체프스키는 진격을 전폭적으로 찬성했고, 붉은 군대를 코민테른 군대로 만들고 싶어 했다. 대담함과 열정이 성공을 거두었다. 8월 중순 무렵 붉은 군대는 바르샤바 앞에 진용을 차렸다. 그런데 여기서 이 행동의 중대한 오산이 금세 드러났다. 폴란드 노동자들은 움직이지 않았고, 피우수츠키는 러시아 침략자에 대한 민족적 저항에 호소하는 데 성공했다. 그 뒤 몇 주 동안 붉은 군대는 얼마 전에 적에게 강요했던 것과 똑같은 후퇴를 서두르는 굴욕을 겪었다. 군대는 마침내 연합국 각국 정부뿐 아니라 소비에트 정부도 폴란드의 동쪽 국경으로 인정한 선인 이른바 '커즌 라인Curzon line'보다 동쪽으로 더 먼 지점에서 멈춰 섰다. 이곳에서 1920년 10월 12일에 휴전이 조인됐다. 소비에트공화국으로서는 혁명적 낙관주의 때문에 커다란 대가를 치른 셈이다.

붉은 군대의 위신은 1920년 가을 러시아 남부에서 마지막 남은 백군 장군인 브랑겔의 공격을 손쉽게 격퇴함으로써 어느 정도 회복됐다. 하지만 폴란드에서 당한 패배는 서구 세계와 소비에트의 관계에 지속적으로 반향을 일으켰다. 이 군사 행동은 폴란드 노동자들이 자국의 지배자에 맞서 반란을 일으키고 더 나아가 러시아군과 협력해서 바르샤바에 혁명 정부를 수립할 것이라는 확신에 근거했다. 이런 기대가 좌절된 사실은 폴란드 노동자들이 서유럽 노동자들과 마찬가지로 여전히 민족적 충성심에 깊이 물들어 있어서 국제 프롤레타리아 혁명의 대의를 끌어안지 못했음을 보여주었다. 유럽 다른 곳에서는 노동자들이 계속해서 러시아 혁명에 공감과 열의를 보이기는 했지만, 자국에서 주저 없이 혁명의 깃발을 치켜들지는 못했다. 10월에 독일 독립사회민주당은 근소한 표차로 공산당과 통합하기로 결정했고, 결국 남은 당원들과 독일 최대의 노동자 당인 사회민주당은 공산당과 코민테른에 대해 씁쓸한 분노의 감정을 키우게 됐다. 얼마 뒤 프랑스 사회당은 프랑스 공산당으로 변신하면서 상당한 규모의 소수 반대파를 남겼다. 이탈리아 사회당에서도 분열이 생겨서 결국 소규모 이탈리아 공산당이 창설됐다. 이처럼 코민테른에 가입하는 당이 늘어나자 모스크바는 대성공이라며 환영했다. 그러나 이 당들은 서구 노동자 운동의 많은 부문에서 확대되던 코민테른에 대한 불신을 더욱 굳히게 만들었다. 1921년 3월 독일에서 일어난 혁명적 쿠데타 시도(74쪽을 보라)는 불길한 실패였다. 전후 유럽의 혁명적 물결은 눈에 띄게 후퇴하고 있었다.

폴란드에서 당한 군사적 패배에서 또 다른 교훈을 끌어낼 수 있었다. 붉은 군대에 인력을 공급한 러시아 농민은 고국에서는 혁명의 대의를 단호하게 옹호했지만 다른 나라에 혁명을 수출하기 위해 싸울 의욕은 없었다. 내전의 여파인 비참과 황폐에 이제 막 반감을 품기 시작한 농민은 국제 혁명이라는 이름 아래 가해지는 곤경을 순순히 받아들이지 않았다. 1920~1921년의 혹독한 겨울에 러시아 중부에서 농민 소요가 일어나자 지도자들은 불안한 시선으로 국내 문제에 관심을 집중했고, 서구 세계에 관한 소비에트의 사고도 서서히 바뀌기 시작했다. 내전의 쓰라린 경험은 국제 혁명의 전망을 — 거의 강요하다시피 — 부추겼다. 그런데 일단 내전을 극복하자 국제 혁명의 목표는, 철회되지는 않았지만, 먼 미래의 일로 조용히 물러났다. 무엇보다도 이 시기에는 안전과 안정이 필요했기 때문이다. 이런 분위기에서 신경제정책New Economic Policy이 도입됐고, 동시에 비非소비에트 세계와의 관계를 공식화하기 위한 조치들이 취해졌다.

03 전시공산주의

War Communism

외부 세계의 적대는 볼셰비키가 권력을 장악한 뒤 직면한 여러 위험 가운데 하나에 불과했다. 페트로그라드의 혁명은 무혈이었지만, 모스크바에서는 볼셰비키 부대와 임시정부에 충성하는 사관생도들 사이에 격렬한 전투가 벌어졌다. 쫓겨난 여러 정당이 소비에트의 권력에 대항해 조직되기 시작했다. 멘셰비키가 노동조합을 장악한 철도 노동자들이 파업을 벌여 교통이 두절됐다. 행정서비스가 중단됐고, 불량배들이 무정부 상태를 틈타 폭동과 약탈을 일삼았다. 혁명 6주 뒤 정부는 법령으로 "반혁명과 사보타지에 맞서 싸우기" 위한 전러시아비상위원회(체카Cheka)를 설치했다. 지방 소비에트들에도 비슷한 위원회를 설치하라고 권유했다. 며칠 뒤 "노동자농민정부에 대항하는 봉기를 조직하는 자, 정부에 적극적으로 반대하거나 복종하지 않는 자, 다른 사람에게 정부 반대나 불복종을 선동하는 자"를 재판하기 위해 혁명 재판소가 설치됐다. 1918년 6월에 혁명 재판소는 처음으로 사형 선고를 내렸다. 그러나 전국 곳곳에서 볼셰비키와 적대 세력 양쪽에 의한 무차별 살상이 벌어졌다. 체카는 적극적인 체제 반대파를 체포하느라 점점 분주해졌다. 1918년 4월, 무정부주의자 수백 명이 모스크바에서 체포됐다. 6월에는 독일 대사를 암살한 사회혁명당의 쿠데타 시도를 진압하라는 긴급 요청이 체카에 전달됐다. 이 암살은 브레스트-리토프스크 조약에 대한 항의의 표시가 분명했다. 1918년 여름 동안 페트로그라드에서 저명한 볼셰비키 지도자 두 명이 암살됐고, 모스크바에서는 레닌이 저격을 당했다. 잔인하게 벌어진 내전은 긴장을 더욱 고조시켰다. 한쪽이 잔학 행위를 하면 똑같은 보복이 가해졌다. '적색 테러'와 '백색 테러'라는 말이 정치 용어 사전에 등재됐다.

　이런 절망적인 상황은 경제의 총체적인 혼란에 반영됐다. 전쟁 중에는 군사적 요구 때문에, 그리고 농업과 산업 노동자들이 전선에 나간 탓에 생산이 파행되고 왜곡됐다. 혁명 자체와 내전의 참화는 경제·사회·금융의 해체를 끝까지 밀어붙였고, 굶주림과 추위가 주민 대다수를 엄습했다. 처음에 볼셰비키가 경제의 병폐에 대해 내놓은 처방은 평등한 분배, 산업과 토지의 국유화, 노동자 통제 같은 일반적인 원칙의 선포를 넘어서지 못했다. 혁명 초기 몇 달 동안 많은 생산 기업을 때로는 국가경제최고회의Vesenkha를 책임지는 국가기관이, 때로는 노동자들이 직접 접수했다. 농촌에서 여전히 거의 권력이 없던 볼셰비키는 농업에 관해 사회혁명당의 강령을 채택해서 토지의 '사회화'와 경작자에 대한 평등한 분배를 선언했다. 그런데 실제로 벌어진 일은 농민들이 스스로 나서서 지주 귀족의 크고 작은 영지와, 스톨리핀 개혁[1906년 11월 농민공동체를 해체해 농민이 공동체 내의 토지 일부를 사유화할 수 있도록 만든 정책]으로 토지를 축적할 수 있었던, 흔히 쿨락kulak이라 불리는 부유한 농민의 소유지를 몰수해서 분배한 것이었다. 이런 조치들 가운데 어느 것으로도 생산의 쇠퇴를 막지 못했다. 금융 분야에서는 은행을 국유화하고 외채 상환을 거부했다. 하지만 통상적인 세금을 징수하거나 국가 예산을 짜는 일은 불가능했고, 필요한 통화량은 인쇄기에 의지해야 했다.

6개월 동안 체제는 하루살이처럼 연명했다. 뒤이어 점점 확대되는 내전과 경제 붕괴의 폭풍우 때문에 1918년 여름에 정부는 훗날 '전시공산주의'라는 모호한 이름으로 알려진 더욱 과격한 정책에 의지해야 했다. 식량이 최우선 과제였다. 도시와 공장의 노동자들이 굶주리고 있었다. 5월에 '식량 파견대'를 조직하라는 지시가 나왔다. 농촌에 찾아가 식량을 사재기하고 있다고 보이는 쿨락과 투기업자 ― '농촌 부르주아지' ― 에게서 곡물을 거둬 오라는 내용이었다. 1918년 6월 11일 발표된 법령은 마을에 '빈농위원회'를 설치하도록 규정했다. "식량인민위원부Narkomprod의 전반적인 지휘에 따라" 곡물을 비롯한 농산물을 도시로 징수·분배·발송하는 작업을 감독하는 조직이었다. 레닌은 빈농위원회 구성을 농촌의 "10월 혁명, 즉 프롤레타리아 혁명"이라고 치켜세웠으며, 이것은 부르주아 혁명에서 사회주의 혁명으로 이행을 알리는 신호라고 생각했다. 하지만 이 실험은 단명에 그쳤다. 이 시기의 다른 법령들과 마찬가지로 이 법령 역시 작성하기는 쉬웠지만 집행하기는 어려웠다. 혁명 첫해에 농민들이 자발적으로 벌인 행동은 생계유지 수준에서 겨우겨우 생활하는 수많은 소규모 경작자들이 토지를 나눠 갖는 결과로 이어졌다. 경작 단위의 수는 늘고 규모는 줄었지만 농업의 효율성이나 도시의 식량 공급에는 전혀 기여하지 못했다. 소생산자는 생산물을 직접 소비하는 경향이 강했기 때문이다. 가난한 농민들은 쉽게 조직되지 않았고, 빈농위원회와 마을 소비에트 사이에 경쟁 관계가 생겨났다. 농촌 마을은 이미 충분히 계급 분화가 된 상태였다. 그러나 농민을 쿨락·중농·빈농으로 분류하는 기준은 불확실하고 유동적이었으며, 그때그때의 정치적 요구에 영향을 받기도 했다. 특히 곡물 인도 요구에 순순히 응하지 않아서 당국의 분노를 산 농민들을 겨냥한 당선전에서 쿨락은 툭하면 남발되는 용어가 됐다. 빈농 역시 모스크바의 당 지도자들이 기대한 바와 달리 쿨락에 맞서는 정부의 동맹자로 행동할 만큼 믿음직하지 않았다. 빈농은 쿨락에게 당한 억압을 의식하고 있었다. 하지만 국가와 그 앞잡이들에 대한 두려움이 보통은 더 컸다. 게다가 빈농은 멀리 떨어진 권력의 위협보다는 이미 익숙한 악폐를 선호하기 쉬웠다.

1918년 12월 빈농위원회가 폐지됐고, 이제 당국은 '빈농'의 곤궁한 수준은 벗어났지만 '부농', 즉 '쿨락'의 딱지를 붙일 만한 자격은 되지 않는 이른바 '중농'에게 호소하기 시작했다. 하지만 내전의 혼란 속에서 어떤 임기응변으로도 농업 생산을 자극할 수 없었다. 당국은 이따금 대규모 집단 경작이라는 소중한 사회주의의 목표에 호소했다. 일부 외국인을 비롯한 공산주의 이상주의자들이 공동 노동과 생활에 근거하는 농업 코뮌이나 '집단농장(콜호즈Kolkhoz)'을 여럿 설립했다. 그러나 이런 것들은 도시에 식량을 공급하는 문제에는 거의 기여하지 못했다. 소비에트 정부, 주나 지방의 소비에트, 때로는 국가경제최고회의가 통제하는 생산기업이 굶주리는 도시와 공장의 노동자들에게 식량을 공급하려는 특별한 목적을 위해 '소비에트농장(소브호즈Sovkhoz)'을 설립했다. 이 농장은 임노동자를 고용했으며, 때로는 '사회주의 곡물 공장'이라고 불렸다. 그러나 소브호즈는 농민의 저항에 부딪혀 진척이 거의 없었다. 농민들은 소브호즈를 혁명으로 해체된 대토지 농장으로 복귀하는 것으로 보았다. 특히, 흔히 그렇듯이 몰수된 사유지에 소브호즈가 세워지고 구체제에서 인계 받은 관리인이 고용될 때는 더 의심의 눈길을 보냈다. 레닌은 언젠가 농민들 사이에서 유행하고 있다는 말을 언급했다. "우리는 볼셰비키지만 공산주의자는 아니다. 우리는 볼셰비키가 지주를 몰아냈기 때문에 지지하지만, 공산주의자는 개인 소유에 반대하기 때문에 지지하지 않는다."

산업에서는 1918년 6월 28일에 모든 중요한 산업 부문을 국유화하는 법령으로 전시공산주의가 시작됐다고 말할 수 있다. 이 법령을 고무한 계기는 하나는 고조되는 내전의 위협이었고, 또 하나는 국가경제최고회의가 알지도 못하고 승인하지도 않은 채 노동자들이 자생적으로 공장을 장악하는 사태를 방지하려는 의도였다. 이 시기의 어느 작가는 이런 현상을 "소박하고 혼란스러운, 아래로부터의 프롤레타리아 국유화"라고 지칭했다. 하지만 형식적인 국유화는 중요한 것이 아니었다. 중요한 것은 접수한 시설을 조직하고 관리하는 문제였다. 이미 노동자 통제로는 이런 기능을 수행할 수 없음이 드러난 상태였다. 이 일을 맡은 국가경제최고회의는 전체 산업을 관리하기 위해 다수의 '센터', 일명 '총위원회glavki'를 설립했고, 일부 생산 기업은 지방 당국이 관리를 맡았다. 상황이 혼란스러운 탓에 중앙 집권적 통제가 시급히 필요했는데, 이런 통제는 때로 혼란을 더 악화시켰다. 새로운 체제는 산업 생산에 필요한 자격과 기술을 갖춘 인력을 거의 구할 수 없었다. 모든 단위의 생산은 실제로 혁명 전에 시설에서 일을 했고 이제 '센터'와 '총위원회'에 배치된 사람들에 의해 계속 운영됐다. 때로는 당원이 고위직에 임명되기도 했지만, 경험이 부족하기 때문에 효과적으로 직무를 수행하지 못했다. 공장 운영에 필수적이라고 금세 인정을 받은 고위 지휘자, 관리자, 기사는 '전문가'라는 이름을 얻고 더 높은 급여와 특전을 받았다. 그러나 점차 내전의 긴급한 요구가 산업 생산을 지배하게 됐다. 붉은 군대의 수요가 무엇보다도 중요했다. 몇 가지 필수 산업에 집중하기 위해 나머지는 포기해야 했다. 소수의 노동자만을 고용하는 소규모 기업과 도시와 농촌의 숙련 수공업은 통제를 받지 않았지만, 물자 부족 때문에 종종 어려움을 겪었다. 인적 자원은 전선에 동원됐다. 운수는 두절됐다. 원료 공급이 고갈됐는데, 다시 보충할 수도 없었다. 재앙에 가까운 산업 쇠퇴를 여실히 보여주는 많은 통계 가운데 가장 두드러진 것은 대도시 인구의 감소를 기록한 통계였다. 혁명 후 3개월 만에 모스크바는 인구의 44.5퍼센트를 잃었고, 산업이 가장 집중된 페트로그라드는 57.5퍼센트를 잃었다. 붉은 군대는 신체 건강한 사람들을 앗아갔고, 수많은 사람들이 그나마 식량을 찾을 수 있는 농촌으로 빠져나갔다.

분배 문제도 만만치 않게 심각했다. 사적 매매를 "전국가적 규모의 계획적인 상품 분배 체계"로 대체한다고 당 강령에서 공언했던 목표는 머나먼 이상이었다. 농민이 비축해 둔 곡물과 교환하기 위해 비축 소비재를 확보할 권한을 식량인민위원부에 부여한 1918년 4월의 법령은 사문서가 되고 말았다. 도시에서 생필품 배급과 고정 가격을 시행하려 한 계획은 물자 공급이 부족하고 효율적인 행정이 전무한 가운데 좌절됐다. 거래가 있다 할지라도 대개 암거래였다. '보따리장수'라는 별명이 익숙할 정도로 수가 많았던 상인들은 간단한 소비재를 짊어지고 농촌을 돌면서 농민이 생산한 식량과 바꿔 도시에서 터무니없이 비싼 가격에 팔았다. 당국은 걸핏하면 '보따리장수'를 비난하면서 체포하거나 발포하겠다고 엄포를 놓았지만, 보따리장수는 계속 번성했다. 기존의 협동조합 기구를 활용하려는 시도도 일부 있었고, 중앙 협동조합 기관에 대해서는 마찰이 없지는 않았지만 통제가 확립됐다. 통화 가치가 급속도로 떨어지고 있었기 때문에 도시와 농촌 사이에 물물교환을 시행하는 계획이 마련됐다. 그렇지만 농민이 원하는 상품 역시 공급이 부족했다. 체제의 생존이 바람 앞의 촛불처럼 위태로워 보이고, 정부가 명목상으로라도 통제하는 영토가 백군의 침입에 끊임없이 오그라들던 내전의 위급한 해에 붉은 군대와 전시 생산에 분주한 공장, 도시 인구의 필수 수요를 충족하는 방법은 징발과 지시, 군사적 필요에 의한 정당화라는 노골적인 방법뿐이었다. 붉은 군대에 물자를 공급하는 일이 경제 정책의 최우선 과제였고, 민간의 수요나 민간의 취약성에 관심을 기울일 여력이 없었다. 일단 백군의 위험이 사라지자 농민들이 가혹한 전시공산주의에 맞서 반란을 일으키게 만든 요인은 무엇보다도 광범하게 이루어진 잉여 곡물 징발이었다.

전시공산주의는 노동 조직화에 중요한 영향을 미쳤다. 애초의 기대, 즉 지주와 부르주아지 구성원에게는 강제를 적용해야 할 테지만 노동자의 노동은 자발적인 자기규율을 통해 규제될 것이라는 기대는 얼마 지나지 않아 허물어졌다. 모든 공장에서 선출된 공장위원회가 생산을 관리하는 '노동자 통제'는 혁명이 처음 분출할 때는 장려됐고 또 권력을 장악하는 데 톡톡히 역할을 했지만, 얼마 지나지 않아 무정부 상태를 낳는 수단이 됐다. 1918년 1월 위기의 분위기가 급속하게 짙어지는 가운데 레닌은 "일하지 않는 자는 먹지도 말라."는 익숙한 경구를 "사회주의의 **현실적** 신조"로 의미심장하게 인용했다. 노동인민위원은 '사보타지'와 필수적인 강제 조치를 들먹였다. 레닌은 성과급과 '테일러주의'에 호의적인 발언을 했다. 미국에서 유행하는 노동 효율 개선 방식인 테일러주의는 한때 레닌 자신이 "인간을 기계에 예속시키는 방식"이라고 비난한 적이 있었다. 나중에 레닌은 산업에서 이른바 '1인 관리'를 도입하는 캠페인을 지지했다. '노동자 통제'와는 정반대되는 방식이었다. 1918년 3월 브레스트-리토프스크 조약을 비준한 당대회는 "자기규율과 노동자와 농민의 규율을 높이기 위한 엄중한 조치"도 요구했다. 이 제안은 브레스트-리토프스크 조약과 마찬가지로 부하린과 라데크가 지도적인 역할을 하는 좌익 반대파의 분노를 유발했다.

혁명을 거치면서 노동자 국가 안에서 노동조합의 모호한 역할이 부각된 바 있었다. 양쪽 다 노동자의 이익을 대변한다고 주장하는 노동자대표소비에트와 노동조합의 관계는 유력한 여러 노동조합을 멘셰비키가 지배하던 혁명 초기부터 어려운 문제였다. 1918년 1월에 제1차 전러시아노동조합대회가 열렸을 때 볼셰비키가 다수를 확보한 상태였지만, 멘셰비키를 비롯한 다른 당도 상당한 대표를 갖고 있었다. 대회는 소규모 노동자 집단의 특수 이익은 전체 프롤레타리아트의 일반 이익에 종속되어야 한다는 이유로, 공장위원회들에 쉽게 질서를 강요할 수 있었다. 소수의 무정부주의자 대표만이 공장위원회를 노동조합 기관으로 전환하는 결정에 반대했다. 여기서도 혁명에 의해 확산된 권한의 중앙집중 원칙이 이미 작동하고 있었다.

노동조합과 국가의 관계는 훨씬 더 집요하게 논의됐다. 노동조합은 다른 소비에트 제도와 같이 노동자 국가 기구의 통합적인 한 부분이어야 하는가? 아니면 노동자 국가의 다른 요소들과 독립적으로 노동자의 특수 이익을 옹호하는 기능을 계속 유지할 것인가? 멘셰비키와 일부 볼셰비키는 혁명이 아직 부르주아 민주주의 단계를 벗어나지 못했기 때문에 노동조합은 전통적인 역할을 해야 한다고 주장하면서, 노동조합이 국가로부터 완전히 독립할 것을 역설했다. 그러나 대회 의장인 지노비예프는 볼셰비키의 공식 견해, 즉 혁명의 과정에서 노동조합은 "불가피하게 사회주의 국가의 기관으로 변형"되어야 하며 이런 자격으로 "생산을 조직하는 주된 부담을 떠맡아야" 한다는 견해를 쉽게 다수결로 통과시킬 수 있었다. 생산이 감소하는 가운데 절망적인 상황의 요구 때문에 이런 지시가 절대적으로 필요했다. 노동생산성을 높이고 노동 규율을 향상시키며, 임금을 규제하고 파업을 방지하는 것, 이제 노동조합은 국가경제최고회의를 비롯한 국가 기관들과 협력해 이런 책임을 떠맡아야 했다. 노동조합의 기능과 노동인민위원부Narkomtrud의 기능의 구별은 이제 거의 형식적인 것이 됐고, 따라서 이제 노동인민위원부의 주요 관리들 대부분이 노동조합에서 지명한 사람들이었다.

내전이라는 비상 상황은 혁명 자체로 생겨난 열광의 분위기를 재연하고 활력을 유지시켰으며, 엄격한 규율 조치가 수용되는 상황을 조성했다. 1919년 4월, 내전이 최고조에 달한 가운데 국민 징병령이 떨어졌다. 조만간 이 명령은 사실상 필수 작업에 대한 노동자 징집도 포함하게 됐다. 같은 무렵에 체카나 일반 법원에서 강제노동형을 선고받은 범죄자를 수용하기 위해 노동수용소가 창설됐다. 이 사람들은 소비에트 기관의 지시에 따라 노동 현장에 배치됐다. 이런 수용소 가운데 '강제수용소'라고 알려진 가장 가혹한 부류는 내전에서 반혁명 활동에 가담한 이들과 특히 힘든 노동이 부과된 이들을 가둬두는 곳이었다. 하지만 자발적인 자기규율에 호소하는 경우도 있었다. 1919년 5월 레닌은 노동자들에게 이른바 '공산주의자 토요일

Communist Saturdays'을 실천해 달라고 호소했다. 토요일마다 모스크바와 페트로그라드에서 수천 명의 노동자가 전선에 병력과 물자를 신속히 보내기 위해 급여도 받지 않고 자발적으로 특근을 했다. 이런 선례는 1년 뒤에도 되풀이됐다. 특히 중요한 작업을 빠른 속도로 수행하는 우다르니크udarnik, 즉 돌격노동자 제도가 생긴 것도 이때였다. 이렇게 가혹한 강제와 자발적인 열광이 결합되지 않았다면 내전에서 승리하는 일은 없었을 것이다.

1920년 초, 데니킨과 콜차크를 물리침으로써 군사적 비상 상황에서 벗어났다. 하지만 거의 전면적인 경제 붕괴라는 똑같이 엄중한 문제가 기다리고 있었다. 이 문제도 전장에서 승리를 가져온 것과 같은 형태의 규율로 해결해야 한다는 논리적인 결론이 나왔다. 전쟁인민위원인 트로츠키는 경제 부흥을 향한 길을 닦기 위한 노동 징집과 '군사화'의 주창자가 됐다. 전시공산주의 시기 동안 노동조합은 푸대접을 받았다. 전시에 노동자들은 전선 배후에서 작업을 하기 위해 징집됐고, 전투가 중단되자 군부대는 재건에 필요한 작업을 위한 '노동대대'로 전환됐다. 최초의 '노동자 혁명군'은 1920년 1월 우랄 산맥에서 형성됐다. 하지만 이제 내전이 끝나자 분위기가 달라졌다. 처음부터 노동자들에 대한 강제 조치를 의혹의 눈으로 보던 이들과 노동조합의 독립성을 주장한 이들, 다른 이유 때문에 트로츠키가 당에서 우위를 차지한 데 분노하던 이들이 합세해서 그의 오만한 일 처리를 비난했다. 트로츠키는 1920년 3월 당대회에서 반대론이 고조되는 가운데서도 자신의 정책을 옹호했고, 레닌의 지지를 확보했다. 폴란드 전쟁의 발발은 반대파의 목소리를 가라앉게 만들었다. 그러나 1920년 가을 전쟁이 끝나고 남부에서 가느다랗게 피어오르던 내전의 잔불이 완전히 꺼지자, 당내에서 계속되는 노동자 징집과 노동조합을 사실상 무시하는 행태에 대한 격렬한 반대가 일었다. 경제 재건이라는 거대하고 시급한 문제에 몰두하면서 자신의 계획에 대한 노동조합의 저항에 분개한 트로츠키는 노동조합의 "대대적인 재편"을 요구함으로써 불에 기름을 부었다. 레닌은 이 문제를 놓고 트로츠키와 결별했고, 겨울 내내 전례 없는 차원의 격렬한 논쟁이 끊이지 않았다. 이 논쟁은 마침내 1921년 3월 당대회에서 전시공산주의 정책을 포기한 뒤에야 해소됐다.

전시공산주의에 대한 당의 태도는 의견이 갈리고 모호했다. 전시공산주의라는 이름으로 뭉뚱그려진 실제 정책의 혼합물은 소수만이 반대하는 가운데 필요하고 적절한 것으로 승인받았다. 하지만 그 성격에 대한 해석은 크게 갈라졌다. 아마 지금 와서 보면 당시에 비해 해석의 폭이 더 넓을 것이다. 소비에트 통치의 처음 8개월 동안 지주와 부르주아지의 권력이 허물어졌지만, 아직 사회주의 경제 질서는 만들어지지 않았다. 1918년 5월 레닌은 여전히 "사회주의로의 이행을 실현하려는 …… 의도"를 거론했다. 여름에 많은 볼셰비키의 눈에 미래 사회주의 경제의 전조로 여겨지는 조치들이 전시공산주의라는 이름으로 갑자기 도입되자, 신중한 당원들은 비상 상황에 의해 강제된 하나의 대응이자 이제까지 조심스럽게 추구해 온 진전의 포기이며 미지의 바다로 뛰어드는 행동 — 물론 필요하지만 경솔하고 위험으로 가득한 행동 — 으로 보았다. 내전이 끝나고 전시공산주의의 부담이 이제 더는 참을 수 없는 것처럼 보이자 이런 견해가 인기를 얻었다. 농민 반란으로 마침내 전시공산주의를 포기하고 신경제정책으로 전환하는 결정을 내릴 수밖에 없게 되자 이 견해가 일반적인 노선이 됐다.

한편 다른 공산주의자들은 전시공산주의의 성과를 경제적 승리이자, 이제까지 가능하다고 생각한 것보다 한층 더 신속하면서도 인상적인, 사회주의와 공산주의로 나아가는 진전이라고 찬양했다. 산업은 포괄적으로 국유화됐고, 산업 생산이 여전히 감소한다 할지라도 부하린은 "산업의 혁명적 해체"는 "역사적으로 필요한 단계"라고 득의양양하게 쓸 수 있었다. 루블화의 점진적인 가치 절하는 부르주아 자본가들에 가하는 일격이자, 모든 것을 필요에 따라 공유하는 미래의 화폐 없는 공산주의 사회의 전주곡으로 설명할 수 있었다. 분배 매개체로서의 시장은 이미 대부분 소멸됐다고 주장됐다. 잉여곡물은 농민들로부터 징발됐고, 주요 식품은 원칙적으로 도시 인구에게 배급됐다. 산업은 주로 정부 지시에 따라 움직였다. 노동은 시장의 지시가 아니라 사회적·군사적 필요에 따라 조직되고 할당됐다. 내전 이후 절망적인 경제 상황의 현실은 이런 유토피아적 전망과 너무도 명백하게 달랐기 때문에, 이 전망을 진지하게 주장하기는 어려웠다. 하지만 당의 많은 양심적 인물들은 전망을 포기하는 과정에서 번민을 겪었다. 그리고 전시공산주의의 성격에 관한 견해차는 신경제정책의 성격과 영속성에 관한 차이로 다시 드러났다.

04 신경제정책의 휴식기
The Breathing-Space of NEP

전시공산주의는 두 개의 주요 요소로 이루어져 있었다. 한편에는 중앙집중적인 통제와 관리, 소규모 생산 단위의 대규모 단위로의 대체, 통일된 계획 조처 등 경제적 권한과 권력의 집중이 있었다. 다른 한편에는 상업적·금전적 형태의 분배로부터 이탈, 무상이나 고정 가격의 기본 재화와 서비스 공급 도입, 배급, 현물 지불, 가정된 시장이 아닌 직접 사용을 위한 생산 등이 있었다. 그러나 이 두 요소 사이에 아주 뚜렷한 구분선을 그을 수 있었다. 집적과 집중 과정은 비록 전시공산주의라는 속성 재배 온실에서 지나치게 번성했지만, 혁명의 첫 번째 시기와 유럽 전쟁 중에 이미 작동하고 있었던 과정의 연속이었다. 이렇게 볼 때 전시공산주의는 이미 전부터 존재한 기초 위에서 세워지고 있었고, 그 성과의 대다수는 시험을 견뎌냈다. 단지 그 정책을 세부적으로 적용하는 측면만이 나중에 거부되고 뒤집어진 것이다. 그런데 전시공산주의의 둘째 요소, 즉 '시장' 경제를 '자연' 경제로 대체한 것은 그런 기초가 전혀 없었다. 이것은 혁명 초기의 정책에서 논리적으로 발전한 것과는 거리가 멀고, 오히려 그 정책을 직접적으로 포기한 것이었다. 즉, 아무런 준비도 없이 미지의 세계로 돌진한 것이다. 전시공산주의의 이런 측면은 신경제정책에 의해 결정적으로 거부됐고, 그 비판자들이 무엇보다도 불신의 눈으로 바라본 것 역시 이런 측면이었다.

게다가 전시공산주의의 두 주요 요소 사이에는 또 다른 구별점이 있었다. 집적과 집중 정책은 산업에 거의 배타적으로 적용됐고, 이 정책을 농업에도 적용하려는 시도는 아무 성과도 내지 못했다. 혁명이 주된 사회적 지지 기반을 갖고 있고, 발전된 자본주의의 특징을 일부 보여준 것이 바로 이 분야였다. 화폐에서 이탈하고 '자연' 경제로 대체하는 정책은 사전에 구상된 어떤 계획에서 나온 것이 아니라, 인구의 80퍼센트 이상을 차지하는 농민의 후진적인 농업 문제를 해결할 수 없었기에 나온 정책이다. 이 정책은 프티부르주아의 열망을 품은 농민의 반봉건주의 혁명과 공장 프롤레타리아트의 반부르주아·반자본주의 혁명을 결합하려는 시도, 그리고 이 과정에서 필연적으로 따르는 도시와 농촌의 갈등에 대처하려는 시도가 갖는 근본적인 난점의 표현이었다. 이 정책은 결국 전시공산주의에 대한 반란을 일으켜 그것을 파괴한 모순이었다.

1920년 가을에 이르러 전투가 끝났을 때 경제 전체가 서서히 멈추고 있었다. 전시공산주의의 이론과 실제 중 어느 것도 정지 상태에 다다른 생산과 교환 과정을 재개할 수 있는 실마리를 주지 못했다. 러시아 경제에서 항상 그랬던 것처럼, 결정적인 문제는 곡물이었다. 내전 중에 얼마간 작동했던 징발 정책은 힘을 잃었다. 농민들은 자급 경제로 후퇴했고, 어차피 당국에서 몰수해 갈 것이 뻔한 잉여 생산물을 경작할 의욕이 없었다. 1920~1921년 겨울에 러시아 중부에서 농민 소요가 광범하게 일어났다. 동원 해제된 군인들은 무리를 이루어 식량을 찾아 농촌을 돌아다니면서 도적질로 생계를 이었다. 다른 지역까지 굶주리지 않으려면 필연적으로 농민에게 징발 체제에서 줄 수 없었던 유인을 제공해야 했다. 당내에서도 모든 것이 순조롭지는 않았다. 금속 노동자 출신으로 초대 소비에트 정부에서 노동인민위원을 지낸 실랴프니코프와 혁명 초창기에 명성을 떨친 알렉산드라 콜론타이의 지도 아래 '노동자반대파Worker's Opposition'를 자처하는 소수 의견 그룹이 형성됐다. 이 그룹의 강령은 주로 경제적·정치적 통제의 확산과 당과 국가 기구의 권력 증대를 겨냥하는 내용이었다. 그들은 혁명이 처음에 추구한 이상의 순수성을 지지할 것을 주장하고, 브레스트-리토프스크 굴복에 대한 1918년의 반대를 상기시켰다. 그룹 지도부는 크게 인상적이지는 않았다. 그렇지만 그룹은 일반 당원들 사이에서 폭넓은 공감과 지지를 얻었다.

이제 시급히 전선을 바꿀 필요가 있었다. 1920~1921년 겨울에 작성된 새로운 정책의 본질은 농민이 생산물의 일정 비율을 국가 기관에 인도('현물세')한 뒤 나머지를 시장에 내다팔 수 있도록 허용하는 것이었다. 이 방식이 가능하려면 농민이 사고 싶어 하는 상품을 생산하도록 산업, 특히 소규모 수공업을 장려해야 했다. 전시공산주의에서 대규모 중공업을 강조한 것과는 정반대였다. 사적 상업이 부활하도록 허용해야 했고, 이를 위해 협동조합에 많이 의존했다. 몇 안 되는 혁명 전 제도 가운데 어느 정도의 활력과 인기를 유지하는 조직이었기 때문이다. 마지막으로 이 모든 것을 실행하려면 — 다소 시간이 흐른 뒤에야 제대로 파악됐지만 — 루블화 급락을 억제하고 안정된 통화를 확립할 필요가 있었다. 신경제정책이라고 알려진, 특히 농민에 대한 양보를 강조한 일련의 정책을 1921년 3월 역사적인 10차 당대회에 레닌이 제출하도록 중앙위원회가 승인했다.

대회 직전에 불길하고 수상쩍은 참사가 일어나 대회 진행에 그림자가 드리워졌다. 크론슈타트 요새에 주둔해 있던 붉은 군대 함대의 수병들이 반란을 일으켜 노동자와 농민을 위한 양보와 소비에트 자유선거를 요구한 것이다. 이 폭동은 노동자반대파와 직접적인 연관이 없었지만, 그들만큼 당 정책의 추세에 대해 깊은 불만이 있음을 반영하고 있었다. 반란 지도부는 무정부주의자들이었던 듯하다. 백색 망명자 집단이 반란을 계획하거나 고무했다는 볼셰비키의 의심은 근거가 없었다. 물론 나중에 망명자 집단이 이 사건을 톡톡히 이용하긴 했지만 말이다. 담판과 항복 호소는 무위로 돌아갔다. 3월 17일, 당대회에서 레닌이 내놓은 제안을 토론하는 동안 붉은 군대가 빙판을 건너 요새로 진격했다. 양쪽이 집요하게 맞붙은 유혈 전투 끝에 반란군이 진압되고 요새가 장악됐다. 하지만 이제까지 혁명의 영웅으로 치켜세워진 병사들이 대규모 반란을 일으킨 사건은 당의 위신과 신뢰를 뒤흔드는 일격이었다. 아마 이 사건을 계기로 당 대회가 신경제정책뿐 아니라 당 규율을 강화하고 당 안팎의 소수 반대파에 대한 방어 장치를 굳건히 하는 여러 제안을 기꺼이 받아 들이게 됐다고 보아도 무방할 것이다.

레닌이 신경제정책 제안을 구체화하는 결의안을 대회에 제출했 을 때 형식적인 토의만 벌어졌다. 전시공산주의에 대한 환멸이 널리 퍼져 있고, 위기가 너무 심각해서 조금도 지체할 수 없었다. 산업의 '관제 고지commanding heights'를 국가가 계속해서 굳게 틀어쥘 것이며 해외무역 독점 역시 그대로 유지될 것이라는 레닌의 장담은 회의론 자들을 안심시켰다. 열광적인 분위기는 아니었지만 흔쾌히 의례적인 만장일치로 결의안이 통과됐다. 대회에서 가장 극명하게 견해차가 드러난 것은 겨울 내내 격렬하게 벌어진 노동조합 문제에 관한 열띤 논쟁이었다. 내전의 경험으로 고무된 트로츠키는 노동조합을 "생산 조합"으로 바꾸고 "노동자 국가의 기구"에 편입시키자는 계획을 다 시 한 번 제출했고, 부하린도 잠시 주저하다가 이 계획을 지지했다. 트로츠키와 반대쪽 극단에 선 노동자반대파는 생산 조직과 통제를 노동조합으로 대표되는 노동자들의 수중에 두기를 원했다. 생디칼 리슴에 가까운 견해였다. 레닌은 대결하는 두 파벌 사이에서 교묘하 게 움직이면서 마침내 하나의 결의안을 중심으로 당의 중도파를 결 집시키는 데 성공했다. 중대한 쟁점을 해결하지 않은 채 회피하는 결의안이었다. '군사화'라는 오명은 피했다. 노동조합은 설득해야 하 는 "비당파적 대중 조직"으로 인정됐다. 노동조합을 국가 기구에 통합한다면 오류일 것이다. 강제가 아니라 설득이 적절한 수단이겠지만 "프롤레타리아적 강요"가 배제되지는 않았다. 노동조합은 전부터 줄곧 생산에 관심을 표명했다. 일찍이 1920년에 노동조합 중앙평의회는 노동자들의 생산을 향상시키기 위한 방법과 기술을 연구하고 훈련하기 위해 중앙노동연구소를 설립했다. 결의안에는 노동조합의 이런 책임이 강조됐다. 노동 규율을 유지하고 계획적 결근에 맞서 싸우는 것이 노동조합의 기능이었지만, 이것은 국가 기관이 아니라 "동지적 재판소"를 통해 이루어져야 했다. 결의안은 큰 표차로 통과됐지만, 소수 반대 안 2개도 어느 정도 표를 받았다.

이 과정에서 격렬하게 벌어진 논쟁은 당에 충격을 주었고, 당대회에도 흔적을 남겼다. 레닌은 당을 뒤흔든 "열병"과 당이 감당하기 힘든 "사치스러운 논의"와 "논쟁"에 관해 이야기했다. 당대회는 노동자반대파의 강령을 유포하는 행위는 당원 자격과 양립할 수 없다고 선언하는 내용의 〈우리 당내의 생디칼리슴과 무정부주의 편향에 관하여〉라는 제목이 붙은 특별 결의안뿐 아니라 〈당의 통일에 관하여〉라는 일반 결의안도 채택했다. 일반 결의안은 "모든 분파주의의 완전한 철폐"를 요구했다. 논쟁이 되는 문제는 모든 당원이 토론할 수 있지만, 독자적인 '강령'을 가진 그룹을 결성하는 행동은 금지됐다. 일단 결정이 내려지자 결정에 무조건 복종하는 것이 의무가 됐다. 이 규정을 위반하면 결국 당에서 제명될 수도 있었다. 비밀에 붙여졌다가 3년 뒤에야 공개된 마지막 조항은 당 중앙위원회의 성원이라도 위원회의 3분의 2 이상이 의결하면 이런 이유로 제명될 수 있다는 내용이었다. 당내에서 충성과 의견의 통일성을 확보하기 위해 고안된 이 규정은 당시에는 필요하고 타당한 것으로 여겨졌다. 레닌이 말했듯이, "퇴각 기간에는 규율이 100배 더 필요하기" 때문이었다. 그러나 당의 중앙 조직에 사실상 권력 독점을 부여하는 것은 지대한 영향을 미칠 결과를 낳았다. 내전이 절정에 달했을 때 레닌은 "당의 독재"에 환호를 보내면서 "노동계급의 독재가 당에 의해 실행된다."고 주장했다. 10차 당대회에서 논리적으로 나온 결론은 당의 중앙 기관에 권한을 집중하는 것이었다. 대회는 노동조합에 노동자 국가의 기관에 대한 일정한 자율성을 인정했다. 하지만 노동조합이 해야 하는 역할은 당 조직에 부여된 권력 독점에 의해 결정됐다.

당내 반대파에 대한 엄격한 금지는 신경제정책 도입에 따른 위기 상황의 소산이었다. 따라서 혁명에서 살아남은 두 좌파 야당 — 사회혁명당과 멘셰비키 — 도 이와 동일한 과정을 갑작스레 겪을 수밖에 없었다. 1918년 1월 제헌의회 해산은 볼셰비키가 최고 권력을 행사하겠다는 결단의 선언으로서 일당 국가의 기초를 닦았다. 하지만 그 뒤 3년 — 내전으로 뒤덮인 시기 — 동안 소비에트 정부와 두 좌파 정당 사이의 상호 관계는 모호하고 유동적이었으며, 양당에 대해 취해진 조치도 확정적이지 않았다. 혁명이 일어나고 몇 주 뒤에 사회혁명당 좌파 그룹이 당에서 떨어져 나와 볼셰비키와 연합을 형성했고, 사회혁명당 좌파 세 명이 인민위원에 임명됐다. 1918년 3월 사회혁명당과 멘셰비키가 모두 격렬하게 비난하는 가운데 브레스트-리토프스크 조약이 체결되자 결국 세 명은 사임했다. 사회혁명당 우파는 이제 공공연히 체제에 반기를 들었고, 1918년 여름에 모스크바에서 벌어진 소요 사태뿐 아니라 페트로그라드에서 일어난 독일 대사와 볼셰비키 지도자 두 명 암살, 레닌 암살 시도(42쪽을 보라)에 대해서도 책임 추궁을 받았다. 1918년 6월 14일, 사회혁명당 우파와 멘셰비키가 "악명 높은 반혁명분자"와 제휴했다는 이유로 법으로 금지됐다. 두 당이 발행하는 신문은 간혹 발간 금지 조치를 받았지만, 종종 이름을 바꿔서 발간됐다. 혁명 이후 몇 달 동안은 카데트 신문도 발행됐다. 전면적인 금지를 집행하기보다 간헐적인 방해를 택한 것은 당국의 모호하고 주저하는 입장이 반영된 결과였다.

체제를 더욱 절망적인 곤경에 처하게 만든 내전 때문에 처음에는 두 당의 지위가 어느 정도 향상됐다. 멘셰비키는 단호하게, 사회혁명당은 다소 일관성이 없는 태도로, 백군의 행동과 백군을 원조하고 부추기는 연합국 정부들의 행동을 비난함으로써 암묵적으로 체제를 지원한 한편, 국내 정책에 대한 공격도 계속했다. 멘셰비키에 대한 금지 조치는 1918년 11월에, 사회혁명당에 대한 조치는 1919년 2월에 철회됐고, 멘셰비키와 사회혁명당의 대의원은 1919년과 1920년에 전러시아소비에트대회에서 의결권은 분명히 없었지만 발언은 했다. 내전 기간 중에 많은 멘셰비키와 일부 사회혁명당원이 볼셰비키당에 합류했고, 많은 이들이 정부에 공무원으로 들어가고 소비에트 기관에서 일했다. 두 당을 따르는 대중은 당국이 지속적으로 괴롭히는 가운데 분산되기 시작했다. 내전이 끝나자 이제 더는 연합이나 타협을 할 이유가 없었다. 멘셰비키당 중앙위원회 전체를 비롯한 멘셰비키 2000명이 신경제정책이 도입되기 직전에 체포됐다고 한다. 이렇게 멘셰비키라는 야당을 절멸시킨 일은 집권 볼셰비키 당내의 소수 반대파에 대한 탄압과 동시에 벌어졌다. 체포된 이들은 대부분 나중에 석방됐고, 멘셰비키 지도자들은 국외로 나가는 것이 허용됐다. 하지만 사회혁명당의 강경파 지도부는 1922년에 반혁명 활동으로 재판에 회부되어 사형(실제로 집행되지는 않았다)이나 장기 징역형을 선고받았다.

신경제정책이 농민에게 제공하는 혜택은, 어쨌든 1921년 파종에 영향을 미치기에는 시기가 너무 늦었지만, 자연재해 때문에 지체됐다. 극심한 가뭄 때문에 광범한 지역, 특히 러시아 중부와 볼가 강 유역에서 수확이 형편없었다. 기근은 지난 1891년의 러시아 대기근 때보다 더 넓게 퍼졌고, 시련을 견디면서 약해진 많은 주민에게 가혹한 피해를 안겨주었다. 그해 겨울 수백만이 굶어죽은 참사는 외국의 구호사절단, 특히 미국구호청이 물자를 제공해서 그나마 완화됐다. 1922년에는 파종이 확대됐다. 그해와 1923년에는 수확이 풍부해서 소비에트 농업 부활의 신호탄처럼 보였고, 실제로 많지 않은 양이지만 곡물을 수출하기도 했다. 신경제정책은 농촌에 시장 과정을 다시 도입함으로써 전시공산주의의 평준화 정책을 역전시키고 부농, 즉 쿨락이 농촌 경제의 핵심 인물로 재등장하도록 장려했다. 가난한 농민은 자신과 가족의 생계를 위해 생산했다. 빈농은 자신의 생산물을 소비했고, 시장에 가더라도 판매자보다는 구매자로 가는 일이 더 많았다. 쿨락은 시장을 위해 생산했으며 소자본가가 됐다. 이것이 신경제정책의 본질이었다. 토지를 임대하고 노동자를 고용할 권리는 이론적으로는 체제 초창기 이래 금지됐지만, 1922년 새로운 농지법에서 몇 가지 형식적 제한이 붙은 채로 인정됐다. 그러나 농민들이 먹을 것이 충분히 있고 도시를 먹여 살리기에 충분한 잉여를 제공하는 한, 아무리 헌신적인 당원이라 할지라도 이런 다행스러운 결과를 낳은, 혁명의 원칙과 이상의 실추에 성급하게 이의를 제기할 사람은 없었다. 신경제정책이 산업이나 산업 노동자를 돕는 일을 거의 또는 전혀 하지 못하고 계획경제의 대의를 장려하는 데 전혀 이바지하지 못했다 할지라도, 이런 문제는 안심하고 미래에 맡길 수 있었다.

전시공산주의의 성격을 둘러싸고 당의 밑바탕에 도사리고 있던 차이가 신경제정책의 실제적 함의와 결과에 관한 차이에 반영된 것은 바로 이 시점이었다. 1921년 3월 위기감이 팽배한 분위기 속에서 전시공산주의의 극단적 정책을 신경제정책으로 대체하는 안이 환영할 만하고 필요한 구제책으로 만장일치로 받아들여졌을 때, 이런 견해차는 묵살됐지만 완전히 화해된 것은 아니었다. 전시공산주의가 사회주의로 향하는 전진이 아니라 군사적 필요성 때문에 어쩔 수 없이 생겨난 편향이자 내전의 비상 상황에 의해 강제된 대응으로 간주되는 한, 신경제정책은 분명 강요된 것이기는 하나 유감스러웠던 탈선에서 복귀하는 조치이자 1918년 6월 전에 따르고 있던 더 안전하고 신중한 길로 돌아가는 행동이었다. 반대로 전시공산주의가 사회주의의 더 높은 지점으로 지나치게 경솔하고 열정적으로 돌진한 시도이자 분명 시기상조의 조치였지만 그래도 다른 면에서는 올바른 구상이었던 것으로 여겨지는 한, 신경제정책은 당장에는 고수하는 것이 불가능하지만 조만간 되찾아야 할 지점에서 잠시 철수하는 조치였다. 바로 이런 의미에서 레닌은, 비록 일관된 입장은 아니었지만, 신경제정책을 "패배"이자 "새로운 공격을 위한 일보 후퇴"라고 지칭했다. 레닌이 10차 당대회에서 신경제정책이 "진지하게, 그리고 장기적으로" 의도된 것이라고 말했을 때(그렇지만 누군가의 질문에 답변하면서 25년이라는 예상은 "너무 비관적"이라고 덧붙였다), 전시공산주의의 오류에 대한 바람직하고 필요한 정정이라는 견해와 신경제정책 역시 장래에 정정되고 지양되어야 할 것이라는 견해 둘 다에 손을 들어준 셈이었다. 첫째 견해에 담긴 무언의 전제는 후진적인 농민 경제와 농민의 심리 상태를 고려해야 한다는 현실적 필요성이었다. 둘째 견해에 담긴 무언의 전제는 산업을 증강하고 혁명의 주요한 보루를 형성하는 산업 노동자의 지위를 더는 약화시키지 않아야 한다는 필요였다. 1920~1921년 겨울에 당의 극심한 위기를 성공적으로 극복한 데 대한 고마운 마음 때문에 당장에는 표면화되지 않았지만, 이런 차이는 2년 뒤에 경제와 당에 또 다른 위기가 발생하면서 다시 등장하게 된다.

05 새로운 소비에트 질서

The New Soviet Order

당의 중심적 권한의 강화라는 예상치 못한 결과를 초래한 신경제 정책의 도래는 소비에트 국가의 형성 과정에서 이미 작동하고 있던 중앙집권화 요인 또한 부추겼다. 1917년 국가 권력 파괴에 대해 대중이 보인 열광은 실현되지 않은 꿈의 세계로 서서히 사라졌다. 이런 꿈은 많은 당원들의 기억 속에 계속 떠올랐다. 그러나 브레스트-리토프스크 이래, 그리고 내전 이래 비상 상황에 대처할 수 있는 강력한 국가 권력을 창조해야 할 필요성이 불가피하게 수용될 수밖에 없었다. 그리고 이제 황폐하게 파괴된 국가 경제를 재건할 필요성이 국가 권력 강화를 더욱 부추겼다. 신경제정책 시기에 소비에트사회주의공화국연방(소련USSR)의 영구적인 입헌 구조가 될 형태가 만들어졌고, 외국과의 관계에서 오랫동안 따르게 될 노선도 결정됐다.

당시는 소비에트 체제의 유동적인 입헌 질서를 안정화하는 시기였다. 러시아사회주의연방소비에트공화국(러시아공화국RSFSR) 헌법은 앞서 1918년 7월에 반포됐다. 헌법은 6개월 전 전러시아소비에트대회에서 발표된 〈피착취 근로 인민의 권리 선언〉(25쪽을 보라)으로 시작됐다. 헌법은 도시와 각 주 소비에트에서 선출된 대의원으로 구성된 전러시아소비에트대회에 최고 권력을 부여했다. 이 대회의 대표 비중은 노동자의 본거지인 도시에 대단히 유리하게 주어졌다. 선거권은 "생산이나 사회적으로 유용한 노동으로 생계를 유지하는" 이들과 더불어 군인과 장애인에게만 국한됐다. 대회가 열리지 않는 기간 동안 대회를 대신해서 권력을 행사하는 전러시아중앙집행위원회VTsIK를 선출했고, 이 위원회는 다시 인민위원회의Sovnarkom를 임명했다. 인민위원회의의 주요 기능은 행정적인 것이었지만 행정명령과 법령을 공포할 권한도 있었기 때문에 인민위원회의와 중앙집행위원회 양자의 권한에는 분명한 경계선이 없었다. 그리고 헌법은 교회와 국가의 분리, 노동자를 위한 언론·표현·결사의 자유, "일하지 않는 자는 먹지도 말라."는 원칙에 따라 모든 시민이 일할 의무, 공화국 방어를 위한 병역 의무, 인종이나 민족에 따른 모든 차별 철폐 같은 일반 원칙을 선언했다. 내전의 혼란 때문에 공화국은 자신의 영토를 명확히 정할 수 없었다. 공화국 이름에 붙은 '연방'이라는 용어는 정확한 의미가 없었다. 이 용어는 주로 비러시아계 주민이 사는 '자치' 공화국과 주를 러시아공화국으로 편입한다는 의미와, 러시아공화국과 옛 러시아제국의 다른 지역에서 선포됐거나 선포될 예정인 소비에트공화국들 사이에 연계를 확립한다는 의미로 사용됐다. 이런 연계는 처음에는 연방보다는 동맹이라는 형태를 띠었다. 러시아공화국은 1920년 9월과 12월에 아제르바이잔과 우크라이나의 소비에트공화국들과, 그리고 1921년에는 벨라루스, 아르메니아, 그루지야의 공화국들과 동맹 조약을 체결했다. 내전 중에 민족적인 반소비에트 정부가 러시아와 권력을 놓고 다툰 적이 있는 우크라이나와, 멘셰비키 정부가 수립된 그루지야에서는 통합 과정에서 저항이 있었다. 체제 반대파를 몰아내고 확실한 볼셰비키 정부를 수립하기 위해 군사력이 사용됐다. 내전에 깊숙이 관여한데다가 여러 군대가 서로 싸우는 바람에 나라의 대부분이 무정부 상태로 전락한 우크라이나와, 소비에트공화국 연방에서 오랫동안 다루기 힘들고 반항하는 나라였던 그루지야에서는 무력 사용을 정당화하기가 더 쉬웠다.

나라 전체가 경제 회복으로 나아가고 외부 세계와 접촉을 재개하려고 하면서, 이런 목적을 위해 국가가 단일한 단위로 기능하는 것이 자연스러우면서도 필요해 보였다. 형식상, 그리고 어느 정도는 실질적으로 지방자치가 조심스럽게 추구됐지만, 지역 정당들이 소속된 러시아 공산당은 통일된 규율을 유지했고, 경제·대외 정책의 주요한 결정은 모스크바에서 이루어졌다. 첫째 단계는 트랜스캅카스(남캅카스)의 세 공화국 — 아르메니아, 그루지야, 아제르바이잔 — 을 설득해서 트랜스캅카스사회주의연방공화국으로 통일시키는 일이었다. 뒤이어 1922년 12월에 네 공화국 — 러시아, 우크라이나, 벨라루스, 트랜스캅카스의 세 공화국 — 에서 각각 대회가 열려 소비에트사회주의공화국연방을 결성하는 표결이 진행됐다. 마지막으로 네 공화국의 대의원이 한자리에 모여서 소비에트사회주의공화국연방의 1차 소비에트 대회를 구성하고 헌법 초안 작성을 수행할 위원회를 선출했다. 이 헌법은 1923년 7월 이 위원회에서 승인되고, 1924년 1월 2차 소련 소비에트 대회에서 공식적으로 비준됐다.

이 소련 헌법은 러시아공화국의 원래 헌법을 본보기로 삼아 작성됐다. 최고 권력을 가진 소비에트연방대회는 연방을 구성하는 각 공화국의 소비에트 대회에서 뽑힌 대의원으로 구성됐는데, 각 공화국은 인구 비례에 따라 대의원을 차지했다. 대회는 중앙집행위원회TsIK를 선출했으며, 이 위원회가 소련 인민위원회의를 임명했다. 각 인민위원부 조직은 복잡했다. 외무, 대외무역, 군사, 이제 '통합국가정치부'로 명칭이 바뀐 체카의 '반혁명 대항 투쟁 지휘' 등은 연방 당국의 배타적인 소관이 됐다. 그렇지만 각 공화국에는 통합국가정치부에 직접 종속된 국가정치부GPU가 있었다. 경제 문제는 대부분 '통합' 인민위원부 체계에 속했고, 연방 인민위원부와 공화국 인민위원부가 있었는데 후자는 일정한 독립성을 누렸다. 농업, 내무, 보건, 교육 등의 다른 행정 분야에서는 연방이 아닌 각 공화국에만 인민위원부가 있었다. 소련은 형식적으로 공화국 연방이었다. 하지만 국가명에 '연방federal'이라는 단어가 빠진 것은 의미심장한 일이었다.[흔히 소비에트사회주의공화국연방으로 번역되는 명칭에 사용되는 'union'은 'federation'보다 하나로 통합하는 의미가 강하다.] 처음부터 통합의 경향이 분명했기 때문이다. 러시아공화국이 연방 인구의 75퍼센트 이상과 영토의 90퍼센트를 차지했다. 다른 공화국들로서는 소련이 엄연히 러시아공화국이나 마찬가지이고 모스크바의 중앙 권력이 자국까지 확대되는 것이라는 의심을 할 만한 이유가 있었다. 새로운 헌법을 작성한 위원회에서는 특히 우크라이나와 벨라루스 대의원들에게서 반대의 목소리가 나왔다.

이런 반대에 대응하는 하나의 시도로서 모든 공화국의 형식적인 평등을 인정하기 위해 고안된, 주목할 만한 혁신이 있었다. 소련 중앙집행위원회는 양원으로 나뉘었다. 규모가 훨씬 큰 첫째 의원議院인 연방평의회는 각 공화국의 인구 비례에 따라 선출된 대의원으로 구성됐다. 이런 구성은 러시아공화국의 압도적 우위를 인정하는 셈이었다. 둘째 의원인 민족평의회의 대의원은 민족 집단의 동등성을 기초로 선출됐다. 주요 공화국 4개와 자치 공화국들에서 각 공화국마다 5명씩, 그리고 각 자치 지역에서 1명씩 선출됐다. 하지만 양원 모두 보통은 공식 정책의 성명을 듣고 우호적인 논평만 하기 위해 개회됐다.(때로는 중요한 연설을 듣기 위해 공동으로 개회되기도 했다.) 또 논쟁적인 문제가 제기되는 경우가 거의 없고 표결도 전혀 없었기 때문에 이런 복잡한 조정은 정책 결정 과정에서 현실적인 의미가 전혀 없었다. 대회와 중앙집행위원회의 정기 회의는 시간이 지나면서 점점 성원이 확대됐기 때문에 어떤 결정도 내리지 못했다. 그러나 이 기구들은 연방의 외진 지역, 종종 원시적인 지역의 대표들과 접촉하고, 모스크바에서 결정된 주요 정책을 연방 전역에 보급하고 알리는 중요한 수단을 제공했다. 이 기구들의 주된 기능은 토론하는 것이 아니라 지시하고 설득하고 권고하는 것이었다. 소비에트사회주의공화국연방과 그 구성 단위들의 헌법은 서구 각국의 헌법과 아주 다른 목적에 사용됐고, 양자는 매우 피상적으로만 유사성이 있었다.

중앙아시아는 종족 구조가 복잡하고 이슬람 세계에 속했기 때문에 특별히 문제가 됐다. 중앙아시아의 부하라공화국과 호레즘공화국은 러시아공화국과 동맹 조약을 맺으면서 모스크바의 세력권에 편입됐지만, 아직 사회주의 공화국이 아니라는 이유로 이런 헌법적인 조정에서 배제됐다. 1925년이 되어서야 중앙아시아는 민족적 경계선에 따라 재편됐고, 우즈베크사회주의소비에트공화국과 투르크멘사회주의소비에트공화국은 각각에 종속된 자치 단위와 함께 소련을 구성하는 다섯 번째와 여섯 번째 공화국으로 편입됐다.

당의 조직 구조는 사태 진행 과정에서 소비에트의 구조 못지않게 중요한 요인으로 작용했다. 당대회가 열리지 않는 평상시에는 당 중앙위원회에 최고 권력이 부여됐다. 1917년 10월 봉기를 개시하고, 나중에는 브레스트-리토프스크 조약에 조인하는 등 중대한 결정을 내린 중앙위원회는 22인으로 구성됐다. 그 뒤 이어진 극심한 위기의 시기에 이 기구는 신속하게 행동하기에는 너무 비대했기 때문에, 중대한 문제에 관한 결정은 사실상 레닌이 다른 최고 지도자들과 협의해서 내렸다. 1919년 3월 8차 당대회는 정규 위원 19명과, 회의에는 참석하지만 의결권은 없는 후보 위원 8명으로 구성된 중앙위원회를 선출했다. 한편 정치적 결정을 책임지는 5인으로 구성된 정치국과 당 조직 문제를 통제하는 조직국도 임명했는데, 이 때문에 실질적 권위의 원천인 중앙위원회가 위축될 수밖에 없었다. 1920년 9

차 당대회는 서기국을 재편해서 당 중앙위원인 '상임' 서기 3인의 관리 아래 두었다. 뒤이은 시기 동안, 쇄신된 서기국이 급속히 팽창해 수백 명의 관리를 거느리며 각기 다른 당 활동 부문을 책임지는 부서에 이들을 분산 배치했다. 이런 당 구조의 형태는 1920년대 내내 유지됐다. 물론 이렇게 작동하는 과정이 완전히 발전하기까지는 몇 년이 걸렸다. 이처럼 강력한 당 기구의 창설은 훗날 스탈린 독재에 수단을 제공했다. 당대회는 1925년까지 매년 열렸고, 그 뒤로는 정기성이 줄어들면서 규모가 작고 공식성도 떨어지는 당 협의회와 번갈아 가며 열렸다. 당 중앙위원회는 1년에 서너 차례 열렸다. 이 기구들은 중요한 문제를 논의하는 공적 토론장 역할을 계속했지만, 얼마 지나지 않아 서기국에서 대의원 선출을 조작하자 미리 정해진 결론이 회의 결과가 됐다. 성원 수가 7명, 나중에는 9명으로 늘어나고 후보 국원도 몇 명을 거느린 정치국만이 1920년대 내내 최고위 수준의 결정을 내리는 권력의 원천으로 남았다. 일당 국가에서 당의 권위는 소비에트 정부의 모든 결정과 활동에 대해 강제성을 지녔기 때문에 당 정치국은 소련 최고의 정책 결정 기관이 됐다.

당과 소비에트 조직의 강화와 나란히 외부 세계와 소비에트의 관계도 공고화됐다. 모스크바에서 세계 혁명에 대한 기대가 최고조에 달한 전시공산주의 시기에도 서구 각국 정부와 직접 접촉할 수 있는 기회를 소홀히 하지 않았다. 1920년 1월 파리를 찾은 러시아 협동조합 대표자들이 서구 정부 대표자들과 소비에트 러시아와 상품 교환을 재개하는 문제를 논의했고, 코펜하겐에서는 리트비노프가 상호 포로 송환을 위한 협정을 교섭했다. 1920년 2월 2일에 에스토니아와 평화조약이 체결됐는데, 레닌은 "이제 우리는 유럽을 향한 창을 열었고, 이 창을 최대한 폭넓게 활용해야 한다."고 논평했다. 1920년 3월 열린 당대회에서 레닌은 "우리의 국제 정책에서 전략적으로 입장을 전환할" 필요성이 있다고 말했다. 며칠 뒤, 외국에서 상업과 공업의 경험을 쌓은 유일한 볼셰비키 지도자인 크라신이 대규모 '무역 전문가' 대표단을 이끌고 스칸디나비아로 출발했고, 5월에는 런던에서 정중한 환영을 받았다. 이런 제안은 폴란드 전쟁으로 갑자기 중단됐다. 이 전쟁을 계기로 모스크바에서 혁명의 기대가 다시 타오르고, 서구에서도 불안과 적대감이 새롭게 일었기 때문이다. 하지만 1920년 가을에 평화가 회복됐다. 러시아의 한 무역회사는 런던에서 아르코스(전러시아협동조합협회All-Russian Cooperative Society: Arcos)라는 이름으로 등록됐고, 크라신은 겨울이 다가도록 런던에 머물면서 영국 정부와, 그리고 소비에트 러시아를 위한 주문에 관심이 있는 기업들과 교섭했다. 마지막으로, 레닌이 모스크바에서 열린 당대회에 신경제정책을 소개하고 불과 1주일 뒤인 1921년 3월 16일에 영국-소비에트 무역협정이 체결됐다.

이 무역협정은 소비에트 정책에서 하나의 돌파구이자 전환점이라고 당연히 환영을 받았다. 양국은 서로 무역을 가로막는 장애물을 만들지 않고, 공식적인 외교 관계가 없어도 공식 무역 대표단을 교환하기로 동의했다. 영국의 관점에서 볼 때 가장 중요한 조항은 양국이 상대국에 대항하는 "행동이나 시도 …… 직간접적인 공식 선전을 하지 않기로" 약속한 것이었다. "아시아의 어떤 민족이든 그들이 영국의 이익이나 영국 제국에 반대하는 어떤 형태의 적대 행동이라도 하게끔 부추기는 행동이나 선전"을 하지 않는다는 내용이 특별히 언급됐다. 브레스트-리토프스크 조약에서는 적대적인 선전을 하지 않는다는 약속이 이보다 덜 정교한 형태로 거론됐었다. 하지만 이번에는 상황이 달랐다. 브레스트-리토프스크 조약은 오래가지 않을 것이라는 전망 속에서 체결됐고, 실제로도 오래가지 않았다. 반면 영국과 소비에트의 협정은 신경제정책처럼 "진지하게, 그리고 장기적으로" 고안된 것이었다. 이 협정은 소비에트의 정책에서 강조점의 변화를 예고했다. 세계 혁명에 관한 선언은 계속 있었지만 의식적으로든 무의식적으로든 점점 형식적 의례로 여겨졌고, 통상적인 사무 수행에 아무런 영향도 미치지 않았다. 바야흐로 외무인민위원부Narkomindel 정책과 코민테른 정책 사이에 잠재된 양립 불가능성이 표면에 드러나기 시작했다.

소비에트 러시아가 영국과 친선관계를 맺은 배경에는 상호 이익이 되는 무역을 촉진한다는 경제적인 이유가 있었다. 독일과 친선관계를 맺은 배경은 주로 정치적인 이유, 즉 양국 모두 베르사유 조약[1919년 6월 파리평화회의의 결과로 31개 연합국과 독일이 맺은 조약]에 반대하고 폴란드의 주장에 반감이 있다는 사실에 뿌리가 있었다. 1919년의 대부분을 베를린의 감옥이나 가택 연금 상태에서 보낸 라데크는 다양한 환경 출신의 독일인과 접촉해 독소 협력의 장점을 설파하

려고 했다. 공식적인 독소 관계는 1918년 모스크바 주재 독일 대사
가 암살된 뒤 단절된 상태였다. 1920년 여름 소비에트 대표가 다시
한 번 베를린에 파견됐고, 독일 대표도 모스크바에서 환영받았다.
폴란드 전쟁은 폴란드의 두 이웃나라 사이에 우호관계를 굳혀주는
강력한 자극제로 작용했다. 트로츠키는 독일과의 협정을 선호했다
고 하며, 레닌은 1920년 11월 공개 연설에서 "독일의 부르주아 정부
가 볼셰비키를 미친 듯이 혐오하긴 하나" 그럼에도 불구하고 "국제
상황의 이해관계는 독일 정부의 의지와 반대로 소비에트 러시아와
평화관계를 맺도록 밀어붙이고 있다."고 말했다. 소비에트의 정책은
여전히 혁명의 추구와 외교 사이에서 양분된 채 동요했다. 1921년 3
월 17일, 독일 공산당은 당의 역사에서 '3월 행동'으로 알려진, 정부
에 대항하는 무장봉기를 개시했다. 이 기도는 지노비예프와 코민테
른 간부들의 지지를 분명 받았는데, 아마도 그들이 부추겼던 것 같
다. 반면 당시 크론슈타트 반란과 당대회에 몰두하고 있었던 소비에
트의 다른 지도자들이 관여했는지는 의문스럽다. 그러나 독일 봉기
의 패배는 가뜩이나 서구 혁명에 대해 비관하는 모스크바의 기대를
한층 더 떨어뜨렸고, 자본주의 나라들과의 외교적 조정을 당면 목
표로 생각하는 이들의 영향력을 강화했다.

　이 시기 독소 관계의 특징은 베르사유 조약으로 독일의 무기 제
조가 금지된 상황 때문에 군사 협력을 추구한 것이다. 1921년 4월,
베를린 주재 소비에트 대표인 빅토르 코프는 독일 국방군과 비밀리
에 논의한 뒤 독일 기업들이 소비에트 러시아에서 총기, 포탄, 항공

기, 잠수함을 제조하는 계획을 모스크바에 전달했다. 우호적인 답변이 나오자 독일군 대표단이 여름에 모스크바를 방문했다. 1921년 9월 베를린에서 크라신과 독일 국방군 사령관 제크트가 주요 교섭자로 나선 회동에서 협정이 마무리됐다. 제크트가 진행 중인 상황을 독일 민간 정부에 처음 발설한 것이 이때였던 듯하다. 잠수함 건조 계획은 취소됐다. 그러나 소비에트 러시아에 세워진 독일 공장들은 이내 총기와 포탄, 항공기 생산에 착수했다. 계획에 탱크가 추가됐고, 가스전 실험도 진행됐다. 이 기업들이 만든 제품은 독일 국방군과 붉은 군대 양쪽에 공급됐다. 나중에는 독일군 장교들이 붉은 군대 군인들에게 탱크전과 군사 비행을 훈련시켰다. 이 사업은 극비리에 진행됐다. 소비에트 언론은 사업에 관해 아무런 언급도 하지 않았고, 독일 대중과 정치인들뿐 아니라 서구 연합국에도 오랫동안 사업을 비밀에 붙이는 데 성공했다. 혁명 직후에 볼셰비키가 차르 정부와 연합국이 전쟁 중에 체결한 비밀 조약을 비난하던 시절과는 전혀 다른 모습이었다. 한편 독일과 소비에트 러시아의 경제 관계는 '혼합회사'가 설립되고 러시아가 독일 기업들에 '이권'을 제공한 덕분에 공고해졌다.

1922년 초 소비에트 러시아와 독일 양국 정부는 4월 10일 제노바에서 열리는 국제회의에 초청받았다. 이 회의는 가장 적극적인 추진자인 로이드 조지가 이제까지 유럽 공동체에서 추방자 신세였던 독일 그리고 소비에트 러시아와 다시 관계를 맺으려는 대담한 시도였다. 레닌은 신중하지만 열의를 갖고 초청을 환영했다. "우리는 그 자리에 상인으로 가는 겁니다. 자본주의 나라들과의 무역은 (그 나라들이 완전히 붕괴하지 않는 한) 무조건 우리에게 필요하기 때문입니다. 그리고 우리는 그 자리에 가서 …… 이런 무역을 하기 위한 적절한 정치적 조건을 논의할 겁니다." 치체린과 크라신, 리트비노프가 소비에트 대표단을 이끌었는데, 다른 주요 강대국 대표단과 동등한 조건에서 국제회의에 참석한 첫 사례였다. 회의는 실패작이었다. 로이드 조지가 추구하는 목표에 프랑스가 끈질기게 반대하고, 영국과 소비에트 교섭가들이 소비에트의 채무와 부채 문제에 대해 합의하지 못했기 때문이다. 소비에트 정부는 원칙적으로 옛 러시아 정부가 전쟁 전에 진 채무(전쟁 채무는 아니었다)를 인정할 생각이 있었지만, 채무 상환을 용이하게 하려면 상당한 규모의 외국차관을 끌어와야 했다. 소비에트 정부는 외국 사업체를 국유화하는 법령을 철회하기를 거부했지만, 일정한 조건에서 외국 기업들이 '이권'이라는 형태로 예전 사업체를 다시 점유하는 것을 허락할 용의가 있었다. 그러나 아무리 많은 장치를 만들어도 간극을 메우기는 힘들었다.

교섭이 교착 상태에 빠지자 역설적으로 회의에서 유일하게 구체적인 성과가 만들어졌다. 얼마 전부터 소비에트와 독일의 외교관들이 베를린에서 정치적 조약의 조건을 놓고 논의 중이었다. 제노바 회의의 소비에트 대표단은 서구 연합국들에게 어떤 인상도 주지 못한 상태에서 외무장관 라테나우가 이끄는 독일 대표단에게 그 조약을 마무리해서 조인할 것을 요구했다. 제노바 회의 진행에 소비에트처럼 환멸을 느낀 독일 대표단도 여기에 동의했다. 조약은 1922년 4

월 16일 라팔로에서 서둘러 비밀리에 조인됐다. 라팔로 조약은 주목할 만한 내용이 없었다. 유일하게 유의미한 조항은 금융 청구권을 서로 포기하고, 외교·영사 관계를 수립하는 것이었다. 그러나 이 조약에 따라 양국은 서구 연합국에 대항하는 연대의 표시로 제노바 회의를 결딴냄으로써 국제사회에 아주 꽤 오래 충격을 주었다. 소비에트 러시아는 스스로 유럽 강대국들 사이에서 교섭 지위를 확보했다. 원래는 위기를 헤쳐 나가기 위해 임시방편으로 고안됐던 책략이 일반적으로 용인되는 절차가 되어 갔다.

코민테른에서는 일찍이 1921년 6월 3차 대회에서 분위기가 바뀌는 징후가 역력히 드러났다. 1년 전 2차 대회에서 들끓던 혁명의 열정은 연기처럼 사라졌다. 볼셰비키가 처음에 불가능하다고 생각했던 일이 일어났다. 사회주의 소비에트공화국이 자본주의 환경에서 계속 생존하고, 또 앞으로도 생존할 것이라는 온갖 징후가 있었던 것이다. 레닌은 코민테른 대회에서 국내 문제나 국제 문제 모두에서 수세적인 위치에 처했다. 레닌은 신경제정책이 필요하고 농민과의 유대가 필요하다는 점을 청중에게 설명하느라 애썼지만, 일부 외국인 대표들은 프롤레타리아 혁명에 대한 이런 해석을 분명히 회의적으로 보았다. 레닌은 세계 혁명의 진전이 "우리가 기대한 것처럼 직선으로" 이루어지지 않은 사실을 인정하면서 "그 구체적인 발전을 심층적으로 연구"할 것을 권고했다. 트로츠키는 1919년에는 세계 혁명이 "몇 달 안에 일어날 문제"로 보였지만 이제는 "아마도 몇 년이 걸리는 문제"가 됐다고 언급했다. 이전 대회의 억누를 길 없는 열광

대신 현실적인 신중함이 자리를 잡았다.

독일의 '3월 행동' 실패와 이탈리아 좌파의 치명적인 분열을 분석하는 데 많은 시간이 할애됐다. 2차 대회에서 작성된 코민테른 가입 '21개 조건' 때문에 몇몇 주요 외국 정당에서 분열이 생겼고, 이 조건에 따른 엄격한 규율을 받아들일 준비가 되어 있지 않은 동조자들은 결국 배제됐다. 일단 첫 번째 혁명의 물결이 물러가자 서구 각국에서는 소수의 노동자들만이 공산주의에 분명하게 충성심을 보였다. 공산당이 엄격한 사상으로 묶인 소규모 정파로 전락하고 주력 노동자 집단으로부터 고립될지 모르는 위험이 감지됐다. 특히 영국과 미국의 당은 "정파에 머무르지 않는 것은 사활이 걸린 문제"라고 경고했다. '대중'을 설득할 필요성이 새롭게 강조됐다. 대회가 열리고 6개월 뒤, 코민테른 집행위원회IKKI는 '노동자 공동전선'에 관한 선언을 발표했다. 이 선언은 공산주의자들에게 특정한 목표를 위한 공동 강령에 기초해 다른 노동자들 그리고 좌파 정당 당원들과 협력하라는 호소였다. 그러나 공산주의자는 독립성이나 비판의 권리를 희생해서는 안 된다는 것이 절대적 조건이었기 때문에, 공동전선 개념은 계속 모호했고 향후 여러 해 동안 많은 마찰과 오해를 낳았다.

신경제정책에 따른 대외정책의 새로운 전환은 동방 나라들과 소비에트 러시아의 관계로도 확대됐다. 1921년 2월에 아프가니스탄·페르시아[1935년에 이란으로 국호를 바꿈]와 조약이 체결됐고, 영소 협정과 같은 날인 1921년 3월 16일에는 터키와 조약이 체결됐다. 페르시아 조약은 바로 그 시간에 소비에트 첩보원들이 페르시아 북부에서 독립 공화국을 세우려는 반군 지도자를 지원하고 있던 사실과 모순되는 듯이 보였다. 하지만 여름 동안 소비에트 러시아는 이런 지원을 철회했고 반란은 와해됐다. 터키 조약은 양국이 "제국주의에 대항하는 투쟁에서" 연대한다고 선언하는 내용이어서 더 크고 지속적으로 난처한 상황을 야기했다. 조약이 조인되기 3개월 전, 케말 정부의 첩자들에게 비합법 정당인 터키 공산당 지도자가 살해되고 다른 공산주의자들이 살해되거나 체포됐다. 공산주의에 대한 탄압은 케말 정부가 공공연히 내세운 목표였다. 그렇지만 영국의 터키 개입에 저항한다는 공통의 이해관계 때문에 이런 탄압은 그냥 넘어가 버렸다. 아시아에서 영국 제국에 반대하는 선전을 하지 않는다는 영소 조약의 약속 역시 어느 정도 공개적으로 자제하게 만드는 작용을 했다. 비록 레닌은 코민테른 3차 대회에서 "동방의 수억 명의 피억압 민족들 사이에서 혁명적 운동이 놀라운 활력을 보이며 성장하고 있다."고 확언했지만, 대회 자체는 이전 대회와 달리 동방문제에 대해 침묵했다. 레닌은 1922년 11월 코민테른 대회에서 한 마지막 연설(이제 레닌은 병자였다)을 마무리하면서, "지금 시작되는 시기에 가장 중요한 과제는 혁명 사업에서 조직과 구조, 방법과 내용을 획득하기 위해 연구하는 것"이라고 결론지었다. 이전과 달리 자세를 낮춘 결론이었다.

다른 한편, 소비에트 정부는 이제까지와는 달리 더 단호하게 러시아의 전통적 이익의 수호자로서 행동했다. 거의 육지에 갇혀 있는 나라인 입장에서 흑해에서 흑해 해협을 통해 지중해로 나가는 길은 언제나 민감한 지점이었다. 1921년 3월 16일 체결된 소비에트-터키 조약은 "모든 나라의 통상을 위한" 자유로운 통행을 보장했다. 그러나 핵심 문제는 군함의 통행이었다. 과거에 터키는 외국 군함이 자국의 허가를 받지 않고 흑해 해협을 이용하는 것을 주권 침해라고 항의했었다. 소비에트 러시아는 해군력이 고갈된 상태이고 외국이 흑해를 침략할 것을 우려해 이런 항의를 열렬히 지지했다. 1922년 가을 로잔에서 서구 강대국들과 터키의 강화 조건을 정하기 위해 회의가 열릴 예정이었는데, 이 자리에서 불가피하게 이 문제가 제기될 터였다. 그런데 예상치 못하게 소비에트 정부도 "흑해 해협 문제를 토론하는" 데 참여하라는 초청을 받았다. 치체린이 소비에트 대표단을 이끌었는데, 치체린과 동방에서 영국 제국주의의 주요 주창자로 여겨지던 커즌이 대결한 사건은 널리 알려졌다. 이 문제는 타협으로 해결됐고, 소비에트 정부는 회의의 결과물인 협정에 조인은 했지만 비준은 하지 않았다. 회의의 성과는 소비에트 러시아가 옛 러시아제국의 권리와 이익의 계승자임을 일반적으로 인정받은 것이었다.

06 가위 모양 가격 위기

The Scissors Crisis

신경제정책을 통해 확립하고자 한 '농민과의 유대'는 이후 몇 년 동안 소비에트 정책의 표어가 됐다. 그 필요성을 의심하는 이는 거의 없었다. 레닌은 10차 당대회에서 "다른 나라에서 혁명이 일어나기 전까지는 농민과 합의를 이루어야만 러시아에서 사회주의 혁명을 지킬 수 있다."고 말했다. 1921~1922년의 끔찍한 기근이 지나간 뒤 농업이 빠르게 되살아나고 다른 경제 부문들까지 회복이 확산되기 시작하자 신경제정책의 정당성이 의기양양하게 입증됐다. 그렇지만 일단 위험이 사라지고 전시공산주의의 궁핍했던 기억이 과거로 물러나자 안도와 묵인의 분위기가 서서히 희미해지고, 혁명 초기의 승리를 고무했던, 사회주의를 향한 전진의 희망과 기대에서 너무도 철저하게 이탈하는 움직임에 대한 불안감이 엄습했다. 결국 누군가가 농민에게 양보한 대가를 떠안았으며, 신경제정책이 직간접으로 야기한 결과의 일부는 기대한 적도 없고 환영하지도 않는 것이었다. 2년도 지나지 않아 나라는 새로운 위기로 치달았다. 이 위기는 신경제정책을 도입하기 전의 위기만큼 극적이지는 않았지만 새롭게 확대되는 경제의 모든 부문에 심대한 영향을 미쳤다.

신경제정책이 산업에 미친 영향은 농업의 경우만큼 직접적이지는 않았고 주로 소극적인 것이었다. 첫째 효과는 농촌 산업과 장인 수공업의 회복을 자극한 것이었는데, 두 산업이 내전에서 공장 산업에 비해 피해가 적어서 손쉽게 생산을 재개할 수 있었고, 농민이 농산물을 판매한 수입으로 구매하고 싶어 하는 단순한 소비재의 주요 공급원이었기 때문이다. 산업 국유화 캠페인은 중단됐다. 대규모 산업(레닌이 말하는 '관제 고지')은 여전히 국가의 수중에 있었지만, 두 가지 중요한 수정이 이루어졌다. 첫째, 대규모 이전 조치가 실행됐다. 국가 산업은 '연방', '공화국', '지방'이라는 세 범주로 나뉘었다. '연방' 산업은 소련의 국가경제최고회의가 관장하고, '공화국' 산업은 각 공화국의 국가경제최고회의가 관장하며, 각 공화국 내에서는 주와 지역별로 '지방' 산업을 책임지는 국가경제회의Sovnarkhoz를 설치했다. 상위 기관이 하위 기관을 감독하는 정도는 유동적이었다. 하지만 현실적인 고려 때문에 상당한 자율성이 주어졌다. 하위 수준에서는 사적인 산업이 장려됐다. 20명 이하를 고용하는 기업은 국유화 대상에서 제외됐다. 이미 국가가 인수한 큰 기업은 개인 기업가에게 다시 임대할 수 있었는데, 종종 원래 소유주에게 임대됐다. 농촌 산업, 장인 수공업, 협동조합 산업은 공식 승인을 받아 운영되고 확대됐다.

둘째, 국가경제최고회의가 총위원회와 센터를 통해 공장 산업을 직접 관장하는 방식은 폐지됐다. 산업은 트러스트로 조직됐는데, 이 트러스트는 일군의 기업을 하나의 통일체로 운영했다. 한 트러스트에 속한 기업의 평균 수는 10개였다. 규모가 가장 큰 트러스트는 섬유업과 금속제련업에 속했는데, 최대 규모의 섬유 트러스트는 5만여명의 노동자를 고용했다. 트러스트의 본질적 특징은 이제 국가 예산에서 재정을 받지 않는다는 점, 그리고 독립채산제khozraschet의 원리에 따라 운영되어 이윤을 벌면서 해당 기업의 고정 자본 소유주인 국가에게 일정한 금액을 공제하고 이윤을 지불하라는 지시를 받았다는 점이다. 일부 필수 산업은 여전히 산출의 일정 비율을 국가 기관에 인도할 의무가 있었다. 다른 산업은 농민처럼 자신이 원하는 가격에 생산물을 시장에 자유롭게 팔 수 있었다. 이런 조정은 신경제정책의 정신과 일치했다. 하지만 일부 당 진영은 이를 비판했다. 1923년 국가경제최고회의가 각 트러스트에 '최대 이윤'을 벌어들이라고 퉁명스럽게 지시한 일은 반발을 많이 샀다.

신경제정책이 도입되고 1년 뒤, 모든 종류의 상품을 입수 가능하게 만들고 유통되게 자극한 점은 어느 정도 만족스러운 성과로 여겨질 수 있었다. 10차 당대회에서 말한 것처럼, 일찍이 레닌은 "상업의 자유는 불가피하게 자본의 승리, 즉 자본의 완전한 복원으로 이어진다."는 위험성을 알고 있었다. 레닌은 처음에 도시와 농촌의 상품 교환을 거대한 조직적 물물교환 체계로 구상한 듯하다. 그러나 나중에 그가 인정했듯이, "상품 교환은 떨어져 나와"서 "구매와 판매로 전환됐다." 레닌은 청중에게 "상업을 배우라."고 말해서 일부 충실한 당원에게 충격을 주었다. 1922년 모스크바에 상품거래소가 설립됐다. 설립 의도는 분명 상업 과정에 대해 일정한 형태의 공적 통제를 행사하려는 것이었다. 그렇지만 의도와 달리 새로운 상인 계급의 활동을 촉진하는 결과로 이어졌고, 이 상인들은 금세 '네프맨Nepman'이라는 이름을 얻었다. 소규모 사적 상업은 전시공산주의에서도 완전히 소멸된 적이 없었다. 모스크바의 유명한 수하레브카 시장은 소문이 자자한데도 용인된 악폐였다. 신흥 네프맨 계급은 이제 더 이상 소규모 상인이 아니라 경제의 모든 부문에 촉수를 뻗치는 대규모 상업 기업가였다. 대형 산업 트러스트들은 여전히 자기 생산물의 도매 시장을 통제할 수 있었다. 국영종합상점(굼GUM)이라고 알려진 소매상점이 모스크바를 비롯한 몇몇 도시에서 국가경제최고회의의 후원 아래 문을 열었다. 하지만 이 상점은 처음에는 그다지 성공을 거두지 못했고, 기존의 소비자 협동조합도 거의 발전하지 못했다. 모든 곳에서 네프맨들이 소매 상업을 지배하고 육성했다. 상업이 점차 번성하기 시작하자 수도의 부유한 구역에서 번영의 분위기가 회복됐다. 혁명으로 사라진 한때 익숙했던 많은 특징이 이제 다시 풍경에 등장했다. 크라신은 1922년 9월 수도를 방문했을 때 아내에게 편지를 썼다. "모스크바의 일부 지역은 전쟁 전처럼 아주 좋아 보여요." 외국인 방문객들은 거리에 매춘부가 보이고, 웨이터가 비굴하게 굴고, 택시 운전사가 팁을 구걸하는 등 '자본주의적' 현상이 부활한 모습을 보고 성향에 따라 침울하게 또는 의기양양하게 논평했다. 신경제정책의 수혜자들에게는 장밋빛 전망이 보였다. 최악의 상황은 끝난 것 같았다. 전시공산주의의 궁핍과 긴장은 이미 완화됐다. 회복이 진행되고 있었다.

그러나 오래지 않아, 서로 연결된 몇 가지 위기 속에서 신경제정책에 담긴 더 깊은 함의들이 드러났다. 첫째는 물가 위기였다. 전시공산주의의 통제가 철회되자 가격이 미친 듯이 날뛰었다. 1921년 8월 임명된 가격위원회와 1922년 5월에 설립된 국내상업위원회는 무기력하기 짝이 없음이 드러났다. 농산물에 대한 도시의 갈망이 공산물에 대한 농민의 갈망을 앞질렀기 때문에 처음에는 농산물 가격이 공산물 가격에 비해 급등했다. 운전자본을 빼앗기고 신용 원천도 박탈당한 산업은 가격이 하락하는 시장에서 공산물을 팔아야만 재원을 조달할 수 있었기 때문에 공산품 가격은 더욱 떨어졌다. 1922년 여름에 정점에 달한 이 과정은 노동의 위기로 귀결됐다. 전시공산주의 아래서 노동은 여느 상품과 마찬가지로 희소했고 실업은 생각할 수도 없었다. 의무 노동 봉사는 동원된 노동자에게 식량 배급을 확보해 준다는 이점이 있었다. 이제 의무 노동은 형사 노동수용소를 제외하고는 점차 사라졌고, 자유로운 임금 고용이 부활했다. 노동조합이 조합원을 위해 단체교섭을 수행하기 시작했다. 하지만 이제 일자리의 수가 일을 찾는 노동자의 수보다 적었다. 고용주들은 오랫동안 노동자들에게 식품 배급을 해 왔다. 그러나 이제 임금 대신 시장 가격으로 계산된 현물 지급의 배급이 이루어졌다. 물가 지수가 널뛰기를 하는 바람에 임금률[일정한 시간이나 양의 노동에 대해 노동자에게 지급하는 임금이나 임금 단가]은 끊임없는 논쟁의 대상이 됐는데, 노동자는 논쟁에서 불리한 교섭 위치에 있었다. 기업이 급여를 지불할 현금을 구하지 못하는 탓에 임금이 체불되는 일이 다반사였다.

노동조합의 지위는 1921년 3월 10차 당대회에서 이루어진 다소 공허한 타협에 의해 정해졌다. 이 타협의 한계는 두 달 뒤 열린 노동조합 대회에서 고스란히 드러났다. 톰스키는 당대회에서 결정된 문제를 다시 거론하려는 시도를 막지 못하자 가혹하게 문책을 당했다. 당 당국의 명령에 따라 노동조합 중앙평의회 의장직에서 해임되어 중앙아시아의 직무로 좌천됐다. 톰스키의 후임자가 원래 트로츠키가 작성한 노동조합 강령의 지지자인 안드레예프라는 사실은 의미심장한 일인 듯하다. 그러나 이런 조치도 노동조합에서 평화를 회복시키지 못했다. 1922년 1월 정치국은 "노동조합의 상이한 임무 사이에 일련의 모순"이 존재한다는 점 — 무엇보다도 "근로 대중의 이익 옹호"와 "국가권력의 공유자이자 국민경제 전체의 건설자"로서 노동조합의 역할이 모순된다는 점 — 을 인정하는 결의안을 가지고 다시 한 번 개입했다. 이 정식화는 톰스키가 복권되는 길을 열어 준 듯하다. 톰스키는 1922년 9월 열린 차기 노동조합 대회에서 의장직에 복귀했다. 대회는 다시 한 번 노동조합의 역할을 정의하려고 했다. "노동자의 이익을 무조건 보호하는 것"이 노동조합의 기능이었다. 다른 한편, 노동조합에는 생산성을 유지하고 향상시키는 의무가 주어졌다. 사회주의 질서의 건설에 노동자들이 기여해야 하는 부분이었다. 그리고 파업은 공식적으로 금지되지 않았지만, 분쟁을 해결하는 올바른 길은 고용주나 관련 경제행정기관이 노동조합과 교섭하는 것이었다. 국영기업과 사기업에서 노동조합의 역할에 실질적인 구분이 전혀 없었다는 점은 주목할 만하다. 둘 다 중요한 생산에 공헌했으며, 이 과정이 단절되지 않는 것이 중요했다.

노동자들 사이에서 불만을 부추긴 것은 이른바 '붉은 관리자'의 지위와 영향력이 높아진 점이었다. 내전에서 옛 차르 시절 장교들이 고용되어 붉은 군대를 재건하고 지휘했다. 따라서 이번에도 주요 산업을 되살리기 위해 예전 공장 관리자와 때로는 예전 공장주가 '전문가'라는 구실로 국유화된 기업의 관리자로 동원됐고, 때로는 당원이나 노동자의 감독을 받았다. 이런 체계는 경영 기술에 대한 요구를 충족시켰고, 신경제정책 아래서 트러스트와 신디케이트가 전시 공산주의의 총위원회와 센터를 대신함에 따라 일반화되고 확대됐다. '붉은 관리자' 집단은 부르주아 출신이나 관련자가 주류인데도 소비에트의 위계질서에서 인정과 존중을 받는 지위를 얻었으며, 그 중 일부는 탁월한 공헌을 한 보상으로 당원 자격을 얻었다. 그들은 통상적인 임금 체계를 벗어나 특별한 비율의 급여를 받았는데 훨씬 많은 금액이었다. 그리고 산업 행정과 산업 정책에서 점점 강한 발언권을 행사했다. 이 관리자들이 구체제의 방식을 상기시키기라도 하듯이 노동자들에게 잔인하고 위압적인 태도를 취한다는, 근거가 없지 않은 비난이 종종 있었던 사실은 시기와 분노를 보여주는 징후였다. 혁명이 공장에서 상징했던 모든 것이 이처럼 분명하게 역전됐기 때문이다.

　그러나 노동자가 신경제정책 경제에서 자신의 지위가 낮아진 사실을 가장 실감하게 만든 것은 실업의 습격이었다. 중공업의 계속된 정체와 소비재 산업의 가격 위기, 생산 합리화 요구, 독립채산제와 이윤 획득에 대한 강조, 이 모든 것이 과잉 노동자를 해고하라는 강한 압력으로 작용했다. 실업이 시장경제에서 맡았던, 노동 규율의 수단이자 임금에 대한 압박이라는 통상적인 역할을 다시 맡게 됐다. 통계가 거의 없고 신뢰할 수도 없었다. 1923년 실업자 수가 100만 명에 달한다고 했지만, 공식 통계표는 노동조합 조합원과 노동거래소에 등록되어 약간의 보조금을 받을 자격이 있는 실업자만을 다룰 뿐이고, 도시에서, 특히 건설업에서 임시 일자리를 찾는 농민을 위주로 한 미숙련 노동자 대중은 전혀 고려하지 않았다. 신경제정책은 농민을 재난에서 구해 준 반면, 산업과 노동시장을 혼돈 직전의 상황으로 몰아넣었다. 신경제정책NEP은 "새로운 프롤레타리아트 착취new exploitation of the proletariat"의 약자라고 선언하며 '노동자그룹Workers' Group'을 자처한 당내의 한 지하 반대파 그룹은 4월 당대회에서 비난을 받았다. 신경제정책이 농민에 대한 양보 정책이라고 가볍게 설명됐을 때 아무도 묻지 않았던 질문은 이 양보의 대가를 누가 치르는가 하는 점이었다. 혁명의 영웅적 기수인 프롤레타리아트는 내전과 산업 혼란의 영향 속에서 분산과 해체, 극적인 감소를 겪었다. 산업 노동자는 이미 신경제정책의 의붓자식이 됐다.

다른 위기, 또는 위기의 다른 측면은 금융 분야였다. 신경제정책이 금융에 미친 결과는 전혀 예상하지 못한 것이었다. 일단 신경제정책이 상품을 사고파는 자유시장의 원칙을 확립하자, 끊임없이 하락해서 이제 거의 가치가 없어져버린 루블화를 가지고는 거래를 할 수 없었다. 1921년 가을에 수많은 금융 개혁이 도입됐다. 국가 예산을 전쟁 전 루블로 작성하기로 결정했는데, 현행 루블의 가치를 달마다 이 기준에 맞춰 조정했다. 이것은 사실상 가격지수[경제 변동 상황을 가격 면에서 나타내는 지수] 루블로서 때로는 '재화' 루블이나 '상품' 루블이라고 불렸고, 임금률 계산에 사용됐다. 통화를 관리하고, 신용을 재확립하고, 은행 체계의 토대를 닦기 위해 국립은행이 설립됐다. 1921년 말에 열린 당 협의회에서는 금을 기초로 한 통화 확립이 주창됐고, 몇 달 뒤 가설적인 '금화 루블'이 변동하는 '상품 루블'을 대체해 가치 기준이 됐다. 1922년 가을 국립은행은 새로운 화폐 단위로 된 은행권을 발행하기 시작했다. 체르보네츠^{chervonets}는 금화 10루블에 해당하는 가치였다. 그러나 처음에는 소액만 발행됐다. 다음 1년 동안 체르보네츠는 일종의 계산 단위로 기능했고, 지불은 끊임없이 하락하는 통화 비율에 따라 구지폐 루블로 이루어졌다.

이 모든 상황으로부터 초래된 대규모 경제 위기가 1923년 여름과 가을에 일어났다. 전년도에 공산품 가격이 붕괴하면서 산업 지도자들은 산업을 지키기 위해 단합할 수밖에 없었다. 산업 트러스트는 질서 있는 판매 조건을 유지하고 가격을 떠받치기 위해 판매 신디케이트를 결성했다. 이 조직들은 목적을 달성하는 데 주목할 만한 성공을 거두었다. 1922년 9월에 이르러 산업 가격과 농업 가격의 관계가 전쟁 전의 균형 상태를 회복했고, 이때부터 산업 가격은 농업 가격을 희생시키면서 극적으로 상승했다. 트로츠키는 1923년 4월 열린 12차 당대회에 제출한 보고서에서 농업 가격과 산업 가격을 '가위'의 두 날로 표현할 때 지난 6개월 동안 가위 날이 점점 더 벌어졌음을 보여주는 도표를 소개했다. 모든 사람이 이런 격렬한 가격 변동을 개탄했지만, 신경제정책의 틀 안에서 그런 변동을 어떻게 방지할 수 있는지는 분명하지 않았다. 당은 여전히 신경제정책의 본질을 이루는, 농민에 관대한 정책에 깊이 빠져 있었다. 그렇지만 현재의 추세는 농업 생산자에게 전적으로 불리했다. 1923년 10월에 가위 날이 가장 크게 벌어졌을 때, 농업 가격 대비 산업 가격 비율은 1913년에 비해 3배 높았다. 한편 또 다른 통화 문제가 경제를 위협했다. 풍부한 수확물을 사들이기 위해서는 다시 루블화를 무제한으로 찍어낼 필요가 있었고, 따라서 예전 지폐의 가치가 더욱 떨어졌다. 임금 지불을 계산하는 데서 '상품 루블'을 '금화 루블'로 대체하려는 시도가 있었는데, 이 때문에 실제 지불금이 무려 40퍼센트나 줄었다고 한다. 이 문제를 비롯한 노동자들의 불만은 1923년 가을에 소요와 파업의 물결을 낳았다.

당 지도자들은 점점 커지는 폭풍에 깜짝 놀랐고, 중앙위원회는 특히 가격과 관련해 이 위기에 대해 보고하도록 17인으로 구성된 이른바 '가위 모양 위기 위원회scissors committee'를 임명했다. 그전까지 트로츠키는 자기 동료들의 의견에 공공연히 반대하지 않으려고 신중한 태도를 취했는데, 아마 이런 이유 때문에 '가위 모양 위기 위원회'에 참여하라는 권유를 거부한 것 같다. 하지만 위원회가 심의하는 중에 트로츠키는 인내심을 잃었고, 10월 8일 당 중앙위원회에 편지를 보내 "경제 정책의 극악하고 근본적인 오류"를 비난했다. 어떤 "경제 계획"도 고려하지 않고 결정을 했다는 것이다. 트로츠키는 "**전시공산주의의 방식으로 가격을 억누르려는 시도**"를 비난했다. 농민에 대한 올바른 접근법은 프롤레타리아를 통하는 것이었고, 국영산업 합리화가 가위 날 간격을 줄이는 열쇠였다. 트로츠키가 편지를 보내고 1주일 뒤 당원 46명이 서명한 '46인 강령'이 발표됐다. 일부는 트로츠키 추종자이고, 일부는 다른 반대파 그룹 추종자였다. 강령 작성자들은 "중앙위원회의 무심하고 경솔하며 체계적이지 못한 결정 방식" 때문에 "엄중한 경제 위기"가 발생했다고 말했다. 트로츠키의 편지와 '46인 강령' 둘 다 경제 관리에 대한 이런 비판에서 나아가 당내에서 의견을 질식시키는 억압적 체제를 공격했다.

'46인 강령'은 이런 문제들을 토론할 폭넓은 당 협의회를 열자고 요구했다. 중앙위원회는 《프라우다》 지면을 논쟁적인 토론에 개방하는 것으로 대응했다. 소비에트 역사상 이런 식의 개방적 조치는 이것이 마지막이었다. 지상 토론은 지도자가 전혀 참여하지 않는 가운데 한 달 넘게 계속되면서 점점 더 혼란스럽고 열띠게 진행됐다. 한편 '가위 모양 위기 위원회'는 어려운 임무를 수행했다. 지난해의 경험을 통해 거의 모든 사람이 가격을 시장의 자유로운 작용에 맡겨두어서는 안 된다고 확신하게 된 상태였다. 위원회는 도매가격 통제를 기꺼이 받아들였다. 소매가격은 좀 더 어려운 문제였다. 하지만 도매가격만 통제하고 소매가격을 통제하지 않으면 점차 인기를 잃어 이제 네프맨과 동일시된 중간상인의 이윤만 불려줄 뿐이라는 지적이 있었다. 위원회는 소매물가를 선별적으로 통제하는 데 만족했다. 하지만 문제가 워낙 복잡한 반면 위원회는 소심했던 터라 12월까지 보고서를 내놓지 못했다.

이 무렵이면 경제 상황이 유리한 변화를 겪고 있었다. 산업 가격은 10월에 정점에 도달했다가 다시 급격히 떨어졌다. 가위 모양은 다시 간격이 줄어들기 시작했다. 원시적인 러시아 경제에서 언제나 주요 지표였던 수확량은 2년 연속 양호했다. 산업은 낮은 가격 때문에 피해를 입기는커녕 효율성을 증대하고 시장을 확대할 수 있었다. 놀고 있던 공장과 생산시설이 생산을 재개했다. 임금에 대한 압력도 다소 줄어들었다. 지난 6개월을 지배하던 경제적 긴장 대신 새로운 정치적 긴장이 엄습했다. 트로츠키에 반대하는 캠페인이 본격적으로 시작되는 순간이었다. 이런 상황에서 정치국은 교묘한 타협을 제시한 '가위 모양 위기 위원회'의 보고서에 관한 결의안을 채택했다. 농민 중심 농업의 우위가 강조되고, 산업을 우선시하자는 트로츠키의 주장을 정당화하는 발언은 금지됐다. 산업은 가격을 계속 낮게 유지하고, 산업 자체를 합리화하고, 생산성을 증대하라는 권고를 받았다. 대량 소비 품목의 도매가격 통제가 소매가격으로 확대될 예정이었다. 소금, 파라핀, 설탕에 대해 즉시 법정 최고 가격이 정해졌다. "산업 성장과 노동생산성 향상에 비례해서" 임금을 인상한다는 양보도 약속됐다. 마지막으로 중공업에 재정을 투입하고 국가계획위원회Gosplan를 강화한다는 지원 표시도 있었다. 이 제안들은 레닌이 사망하기 며칠 전에 열린 1924년 1월 당 협의회에서 승인됐다.

'가위 모양 위기 위원회'의 보고서에 관한 결의안은 신중한 내용이긴 했지만 산업에 일정한 자극을 주었다. 1924년에 이르면 산업이 1921년에 신경제정책이 도입되면서 빠진 정체와 불황의 깊은 늪에서 빠져나온 상태였다. 하지만 경제 부활은 일면적이었다. 농민 시장에 직접 도움을 주는 소비재 경공업은 번성했다. 그러나 신경제정책의 조건 아래서 생산수단 생산과 관련된 중공업은 전혀 자극을 받지 못한 채 뒤처졌다. 국가계획위원회의 수치에 따르면, 1924년 10월 1일에 끝난 회계연도의 산업 생산은 1920년보다 2.5배에 달했지만 전쟁 전 수준의 40퍼센트에 불과했고, 금속 산업은 겨우 28.7퍼센트에 도달했다. 이런 결함은 당내, 특히 반대파 진영의 불안감을 자극하기 시작했다. 1923년 12월의 가위 모양 위기 결의안은 금속 산업을 "전면에 내세우고 국가가 모든 종류의 지원을 해야" 한다는 견해를 표명했다. 1924년 1월 열린 당 협의회도 이 견해를 지지했다. 하지만 이런 경건한 열망을 실행하기 위한 행동은 전혀 없었다. 1924년 2월에 제르진스키가 국가경제최고회의 의장으로 임명되면서 이 문제가 새롭게 관심을 끌었다. 3개월 뒤 제르진스키는 13차 당대회에서 중공업을 자립시키려면 향후 5년 동안 1억~2억 금화 루블을 투자할 필요가 있다고 보고했고, 지노비예프는 이제 "금속의 차례이자 생산수단 생산을 증대할 차례, 중공업을 부활시킬 차례"라고 과장된 어조로 목소리를 높였다. 이런 멋진 말들은 곧바로 행동으로 이어지지 않았지만 미래를 위한 약속을 펼쳐 보이는 의견과 분위기의 변화를 상징했다.

1924년 봄과 여름은 회복의 시기이자 자신감이 높아지는 시기였다. 신경제정책 아래서 농업은 지난 과거의 재난에서 벗어났고, 쿨락에 대해서는 어느 정도 관대한 태도가 보이기도 했다. 산업은 비록 발전이 고르지는 못하더라도 꾸준히 되살아났다. 1924년 3월 금에 기초한 체르보네츠 통화가 일반적으로 채택되고 옛 소비에트 루블 지폐가 회수되면서 통화 개혁이 마무리됐다. 5월에는 카메네프가 이끄는 국내상업인민위원부가 가격 통제를 가동하는 것을 주요 목적으로 설치됐다. 산업 가격과 농업 가격의 비율은 이제 1913년과 비슷한 수준으로 돌아왔다. 산업 가격 통제는 도매와 소매 모두에서 부분적으로 효과를 발휘한 듯했지만, 농업 가격은 다루기가 어려운 것으로 드러났다. 크라신이 지휘하는 별도의 인민위원부가 독점해서 관리하는 대외무역은 1923~1924년에 사상 처음으로 상당한 규모에 달했다. 전체 수출 가운데 75퍼센트가 곡물을 비롯한 농산물이었고, 다른 주요 품목은 목재 생산물과 석유였다. 수입은 75퍼센트 가까이가 면화를 비롯한 원료 또는 반#제품의 형태로 산업 부문이 들여온 것이었다. 이런 인상적인 결과는 신경제정책 체제 아래서 달성됐는데, 이 정책이 없었더라면 달성될 수 없었을 것이다. 이런 결과는 신경제정책의 정당성을 의기양양하게 보여주는 근거로 환영을 받았다. 그렇지만 가위 모양 위기는 신경제정책의 시장 원리

와 모순되는 여러 조치 ― 특히 가격 통제 ― 를 통해서만 극복됐
는데, 이런 조치들 역시 경제 회복의 필수 조건이었다. 또한 당내의
모든 이가 마을과 도시에서 쿨락과 네프맨이 두드러진 역할을 하
는 점을 흡족하게 여긴 것은 아니다. 하지만 경제의 모든 부문이 부
활하고 있었기 때문에 이런 당혹스러운 문제들은 나중 시기로 미룰
수 있었다. 시장경제의 요소와 관리경제의 요소 사이의 투쟁은 1920
년대 내내 계속됐다.

07 레닌 최후의 날들

Lenin's Last Days

신경제정책으로 개시된 경제 회복 과정은 1922년에 레닌이 오랫동안 계속된 치명적인 병에 걸리면서 그림자가 드리워졌다. 1922년 5월 레닌은 발작을 일으켜 여러 주 동안 운신하지 못했다. 가을에 다시 일에 복귀해서 몇 차례 연설을 했다. 하지만 체력이 눈에 띄게 달렸다. 12월 12일, 의사의 권유로 레닌은 크렘린의 아파트에 칩거했는데, 거기서 나흘 뒤에 두 번째이자 더 심각한 발작을 일으켜 오른쪽 반신이 영구적으로 마비됐다. 이후 3개월 동안 신체 능력은 약해졌지만 정신 능력에는 아무 영향도 없었고, 다른 지도자들은 그 누구도 레닌을 면회할 수 없었지만 그는 당 사무에 관한 메모와 논설을 계속해서 받아쓰게 했다. 12월 25일에 쓴 유명한 '유언장'과 1923년 1월 4일에 덧붙인 추신도 그중 일부였다. 하지만 1923년 3월 9일 세 번째 발작으로 언어 능력을 잃었고, 이후 10개월을 더 살았지만 다시는 활동을 하지 못했다.

　세 번째 발작 이후 레닌이 끝내 회복하리라는 희망이 점차 사라졌다. 승계 문제가 중대하게 부각되면서 다른 모든 문제가 가려졌다. 1921년 3월 10차 당대회에서 당 규율이 강화된 뒤 당의 숙청이 이어졌고, 1년 뒤 11차 대회에서는 규율 강화가 한층 더 강조되어 대부분 옛 '노동자반대파' 소속인 소수 반대파 22명이 견책을 받고, 그 지도자 5명 중 2명이 당에서 제명됐다. 레닌은 5명 전원을 제명할 것을 요청했었다. 이런 새로운 위기를 겪으면서 당 기구를 한층 강화할 필요가 있었다. 1920년에 임명된 당 중앙위원회의 공동 서기 3인(71쪽을 보라)은 무력함이 드러나 해임됐다. 11차 당대회가 열리고 며칠 뒤인 1922년 4월 4일, 스탈린이 총서기로 임명되고 몰로토프와 쿠이비셰프가 서기로 임명됐다는 발표가 있었다. 그렇지만 누구도 이 발표를 특별히 중요하게 생각하지 않았다. 스탈린은 근면하고 유능하며 충성스러운 당 관리로 유명했기 때문이다.

　첫 번째 발작 이후 업무에 복귀했을 때, 레닌은 스탈린이 총서기의 권력과 권위뿐 아니라 그 자신의 개인적 명성까지 끈기 있게 구축한 과정을 보고 분명 경계심을 품었다. 이제 스탈린은 처음으로 당에서 지도적인 인물이 되어 있었다. 레닌은 이 두 가지 변화의 어느 쪽도 마음에 들지 않았다. 당시 레닌은 국가와 당 안에서 관료제가 성장하는 문제에 열중했고, 스탈린의 성격에 대해 심각한 불신을 품게 됐다. 두 번째 발작을 일으키며 회복 가능성이 의문시되고서 며칠 뒤, 불안한 예감이 팽배한 가운데 레닌이 유언장을 구술했다. 유언장은 당이 의존하는 "두 계급" — 프롤레타리아와 농민 —의 동맹이 분열할 위험으로 시작했다. 레닌은 이런 위험은 먼 미래 일이라고 일축했다. 그가 "가까운 미래"에 위협이 될 것이라고 생각한 분열은 중앙위원회 성원들 사이의 분열이었고, 스탈린과 트로츠키의 관계가 "그러한 분열 위험의 더 많은 부분"을 차지했다. 스탈린은 이미 "자기 수중에 막대한 권력을 집중해" 놓았는데, "그 권력을 충분히 신중하게 사용하는 법을 항상 아는 것"은 아니었다. 트로츠키는, 비록 "지금의 중앙위원회에서 가장 유능한 사람"이지만, "자신감이 지나치게 강하고 순전히 행정적인 측면에 너무 몰두하는 경향"이 있었다. 중앙위원회의 다른 지도적 성원들도 비판을 피하지 못했다. 지노비예프와 카메네프는 1917년 10월의 결정적 순간에 행동을 주저한 전력이 다시 상기됐다. 이것은 "물론 우연한 일이 아니지만 …… 트로츠키가 볼셰비키가 아니었던 사실만큼이나 두 사람에 대해 반대하는 근거로 내세워서는 안 된다." 부하린은, 비록 "당내에서 가장 중요하고 소중한 이론가"이자 "당 전체의 총아"이지만, 변증법을 제대로 이해한 적이 한 번도 없고, 그의 견해가 "완전히 마르크스주의적이라고 보기에는 의심의 여지가 너무 크다." 프레오브라젠스키와 함께 《공산주의의 ABC》를 쓰고 여전히 당의 교과서로 널리 활용되는 《역사유물론의 이론》을 펴낸 사람에게 어울리지 않는 평가였다. 하지만 레닌이 동료들의 단점에 대해 내린 진단이 아무리 선견지명이 있었다 할지라도, 유언장에서 처방한 유일한 해법은 중앙위원회 성원 수를 50명이나 100명으로 늘리라는 제안이었다.

이런 해법으로는 문제의 근원을 건드리기 힘들었다.

1922년 가을에 레닌은 그루지야에서 벌어지고 있는 사태에 관심을 기울였다. 당시 그루지야공화국의 소비에트연방 편입 절차가 그루지야 공산당 위원회의 완고한 저항에 직면했기 때문이다. 제르진스키가 이끄는 위원단이 9월에 그루지야를 방문한 뒤 반대파 지도자 두 명과 함께 모스크바로 돌아왔다. 이 시점에서 레닌이 개입해 이 문제를 책임지고 있던 스탈린을 배제했다. 자신이 직접 타협을 이끌어낼 수 있다고 믿었던 것이다. 하지만 레닌은 이 문제를 끝까지 책임지지 못했고, 그루지야와의 관계는 다시 악화됐다. 이제 오르조니키제가 티플리스[현재 조지아의 수도인 트빌리시의 옛 이름]를 방문했는데 격렬한 투쟁이 벌어진 뒤 반항하는 지도자들을 해임하고 당위원회에 스탈린의 제안을 받아들이도록 강요했다. 유언장을 받아쓰게 하고 며칠 뒤, 레닌은 어떤 자극 때문인지 모르겠지만 그루지야 문제에 다시 매달렸다. 그는 받아쓰게 한 메모에서 초기 단계에 효과적으로 개입하지 못한 데 대해 "러시아 노동자 앞에서 진지하게 책망을 받아야 한다."고 고백했다. 그리고 최근 진행된 과정은 "대러시아 국수주의"의 본보기라고 비난하고, 스탈린의 "성급한 성격과 충동적인 행정 처리"를 거론했으며, 스탈린과 제르진스키, 오르조니키제의 이름을 거명하며 호되게 질책했다. 뒤이어 1923년 1월 4일, 스탈린에 대한 레닌의 불신이 다시 폭발해서 유언장에 추신을 덧붙였다. 스탈린은 "너무나 무례하기" 때문에 "더 인내심이 있고, 충성스럽고, 정중하고, 동지들의 말을 경청하고, 변덕이 심하지 않은" 인물로 총서기를 교체해야 한다는 내용이었다. 그리고 이런 권고를 하는 이유로 분열의 위험과 "스탈린과 트로츠키의 관계"를 다시 한 번 거론했다. 마침내 스탈린이 크룹스카야[러시아 혁명가이자 레닌의 아내](스탈린이 레닌과 만나지 못하게 막았던 듯하다)를 모욕했다고 알려진 사건이 있은 뒤인 3월 초에 레닌은 스탈린에게 "동지적 관계"를 단절하는 편지를 보냈다. 그로부터 3일 뒤 세 번째 발작이 일어나서 레닌은 활동적 삶에 종지부를 찍었다.

  1923년 4월 17일로 예정된 12차 당대회가 다가오자 당혹스러운 질문이 제기됐다. 이전 대회에서 레닌이 아무 문제없이 걸쳤던 지도자의 외투를 이제 누가 걸쳐야 하는가? 레닌이 결국 회복할 것이라는 희망을 아직 저버리지 않은 상황이었다. 그러나 잠정적 선택이라 할지라도 향후의 승계를 염두에 둬야 했다. 과거에 소수 반대파였던 전력이 있는 신참 당원 트로츠키는 1917년 이래 레닌이 무한히 지원해준 덕분에 지도적 지위를 차지할 수 있었다. 이런 지원이 사라지자 그는 고립된 인물이 됐고, 당을 이끌려는 열망을 품지도 않았고 품을 수도 없었다. 트로츠키가 약간 오만하게 대하는 가까운 동료들은 질투심 섞인 혐오로 그를 대했고, 노동의 군사화를 주창한 그의 전력 때문에 노동조합 진영에서는 의심을 샀다. 다른 저명한 지도자 셋 — 지노비예프, 카메네프, 스탈린 — 은 트로츠키의 역할을 확대하는 어떤 시도도 막겠다는 결의로 힘을 모았다. 이 임시 삼두체제에서 스탈린은 하급 동업자였다. 그리고 스탈린은 이 무렵이면 기층 당원은 아니더라도 다른 지도자들에게는 알려진 레닌의 개인적 적대감을 씻어낼 필요성을 날카롭게 의식하고 있었다. 카메네프는 인격의 힘보다는 지성이 더 많았다. 허약하고 허영심과 야심이 많은 지노비예프는 빈 왕좌를 차지하려는 열망이 지나칠 정도로 충만했다. 그는 부재한 지도자의 권위에 지나칠 정도로 굴종하는 언사로 당대회를 주재하고 발언하면서 동시에 자신이 레닌의 지혜를 해설하는 권위자인 양 행세했다. 이와 대조적으로 스탈린은 의도적으로 겸손한 역할을 맡았다. 그는 자기 몫으로 아무것도 주장하지 않으면서 레닌을 '스승'이라고 거듭 칭했다. 레닌의 한 마디 한 마디를 연구해서 바르게 해석하려 한다는 것이다. 스탈린은 조직에 관해 말할 때면 관료제에 대한 레닌의 비난을 되풀이하면서, 이런 가시 돋힌 말이 대부분 자신을 향한 것이었다는 사실을 위선적이게도 무시했다. 민족 문제에 관한 보고에서 스탈린은 '대러시아 국수주의'에 대한 레닌의 비판을 단호하게 지지했으며, 자신에게 가해진 '조급하다'는 비난에서 조용히 빠져나왔다. 직접적인 대결을 피하고 싶은 마음이 분명한 트로츠키는 민족 문제에 관한 토론에 전혀 끼어들지 않았다. 대회에서 그가 맡은 역할은 경제 상황에 관한 비중 있는 보고서를 제출하는 데 국한됐다. 보고서에서 트로츠키는 산업과 "단일한 경제 계획" 옹호론을 폈지만, 현 정책을 직접 공격하지는 않았다. 지노비예프와의 잠재적인 견해차는 조심스럽게 감추었다.

1923년 여름 내내 개인적인 적의가 표면 아래서 부글부글 끓는 한편, 경제 위기가 고조되고 레닌이 회복하리라는 희망이 점차 꺼져 갔다. 트로츠키는 공식 지도자 역할을 맡을 후보는 아니었지만,

강렬한 성격과 내전에서 쌓은 업적, 설득력 있는 주장과 탁월한 연설 능력 덕분에 당의 기층에서 폭넓은 인기를 얻었고, 정책에 관한 논쟁이 벌어질 때마다 무시할 수 없는 적수로 등장했다. 지노비예프와 카메네프, 스탈린의 삼두체제는 4월 당대회에서 트로츠키가 진출하는 것을 막기 위해 공모하는 데 성공한 바 있었다. 그들은 이제 트로츠키를 짓밟을 때가 왔다고 결정했다. 최대한 신중을 기하는 가운데 캠페인이 시작됐다. 이는 어쩌면 지노비예프와 스탈린이 이미 서로를 완전히 믿지 못하고 있었기 때문일지도 모른다.

도발은 1923년 10월 8일 트로츠키가 보낸 편지(91쪽을 보라)에서 시작됐다. 편지에서 트로츠키는 현재의 경제 정책을 통렬하게 비판한 뒤 "당의 올바르지 않고 불건전한 체제"에 대해 공격을 개시했다. 당 조직의 핵심 직책 임명이 선거 대신 지명으로 채워지고, 임명은 기존 체제의 유지에 몰두하는 이들에게 돌아간다는 내용이었다. "위에서부터 형성된 서기국 기구"가 이미 모든 단위를 장악하고 기층 당원의 참여를 "허깨비"로 만들었다. 트로츠키는 "서기국 관료주의"를 "당내 민주주의"로 대체해야 한다는 요구로 편지를 끝맺었다. 정치국 성원이 쓴 이 편지는 얕잡아 보기 힘든 고발이었고, 그 칼끝은 어김없이 스탈린을 겨누고 있었다. 며칠 뒤 나온 '46인 강령'은 "서기국 권력자 집단"과 평범한 당원 사이에 틈이 벌어졌다고 개탄했다. 모든 비판을 침묵시키는 "당내 독재"는 1921년 3월 10차 당대회의 비상 결정에 그 연원이 있는데, 이 체제가 "원래 목표보다도 오래 지속된다."는 내용이었다. 삼두체제는 자신의 권위에 대한 이런 공공연한 도전을 무시할 수 없었다.

기묘한 불운으로, 트로츠키는 바로 그 순간 원인을 알 수 없는 간헐적인 발열 때문에 처음 쓰러졌다. 그는 이후 2~3년 동안 계속해서 열병에 시달렸다. 10월 25일 당 중앙위원회는 트로츠키가 병으로 불참한 가운데 그가 10월 8일자로 보낸 편지는 "심대한 정치적 오류"이며 "분파 그룹 형성(46인 강령)의 신호탄 구실을 했다."고 비난하는 결의안을 통과시켰다. 11월 내내 《프라우다》 지면에서 경제·정치 문제를 둘러싸고 활발한 토론이 벌어졌지만 트로츠키나 삼두체제는 전혀 개입하지 않았다. 트로츠키는 계속 병에 시달린 터라 수동적인 역할밖에 할 수 없었다. 하지만 12월 초에 그는 세 지도자와 담판을 벌였고, 그 결과로 1923년 12월 5일 정치국에서 합의된 결의안이 나왔다. 삼두체제는 원칙 문제에서 트로츠키에게 최대한 양보해 반대파로부터 그를 고립시키는 전술을 구사했다. 결의안은 "국가계획위원회의 특별한 중요성"과 "관료주의화"의 위험성, "신경제정책 하에서 일부 당 활동가 집단의 타락", "노동자 민주주의"를 확대할 필요성 등에 관해 이야기했다. 현재 당내에서 "비프롤레타리아적인" 요소가 우위를 차지하는 현상은 "새로운 산업 노동자 기간요원을 유입"해서 해결해야 했고, 이것이 "당내 민주주의"를 보장해 준다고 평가됐다. 하지만 앞서 10월 25일에 당 중앙위원회가 트로츠키의 10월 8일자 편지와 46인 강령 양자를 비난한 결의안이 특별히 재확인됐다. 그러다 보니 트로츠키가 자신의 이전 입장을 포기하고 자신을 지지하고 나선 이들에 대한 비난을 묵인하는 듯 보였다. 그럼에도 트로츠키는 이것을 자신이 견지하는 원칙의 승리로 보았다.

　이렇게 인위적인 타협은 오래 지속될 수 없었다. 3일 뒤 트로츠키
는, 비록 여전히 대중 앞에 모습을 보일 수는 없었지만, 이 결의안
에 대한 자신의 해석을 자세히 설명하는 공개서한을 썼다. 이 서한
은 당의 여러 회의에서 낭독되고 《프라우다》에 발표됐다. 트로츠키
는 "기구의 역할을 과대평가하고 당의 독립성을 과소평가하는 경향
이 있는 보수 성향의 동지들"을 비판했다. 그는 1914년 이전의 독일
사회민주당이 "기회주의"로 빠져든 "수구파"의 사례라고 거론하면
서 "당의 관료주의에 가장 예민하게 반응하는" 새롭게 부상하는 세
대에 호소했다. 추신에서 트로츠키는 "국제 혁명이 **오래 지체되는** 상
황"과 밀접하게 연결된 "신경제정책의 위험성"을 거론했다. 삼두체제
는 여전히 주저했다. 12월 11일 모스크바의 한 당 조직 회의에서 프
레오브라젠스키와 라데크를 비롯한 트로츠키 지지자 몇 명이 발언
을 했고, 지노비예프와 카메네프는 반대파를 비난하는 한편 트로츠
키에 대해서는 신중하고 정중하게 언급했다.

　며칠이 지나자 모든 자기억제가 사라졌고, 삼두체제는 트로츠키
의 공개서한을 선전포고로 간주하기로 결정했다. 12월 15일, 스탈
린은 《프라우다》에 쓴 논설에서 반대파에 대한 전면 공격을 개시하
면서 트로츠키를 개인적으로 신랄하게 헐뜯으며 끝을 맺었다. 이
글을 신호탄으로 해서 지노비예프 — 그가 '트로츠키주의'라는 말
을 만들어낸 듯하다 — 와 카메네프, 부하린, 그 밖의 덜 중요한 인
물들이 일련의 연설과 논설을 통해 비방 캠페인에 나섰다. 반대파

에 호의적인 논설은 이제 더는 《프라우다》에 등장하지 않았다. 학생들은 반대파를 지지하는 시위에 나섰고, 공산주의청년동맹(콤소몰 Komsomol)을 복종시키기 위해 공산주의청년동맹 중앙위원회에 대한 숙청이 진행됐다. 하지만 모스크바와 페트로그라드에서 열린 당 회의들에서는 소수의 노동자만이 공식 노선에 반대하는 발언이나 표결을 했다. 트로츠키가 전에 노동의 군사화를 주창한 사실 때문에 노동자의 대의를 옹호하는 인물로 부각되기 어려웠다. 당 조직의 권력 증대, 적극적이거나 대중적으로 제시된 대안 강령의 부재, 실업이 만연한 시기에 희생양이 될지 모른다는 공포, 러시아 노동계급의 수와 급진적 전통의 미약함, 이 모든 것이 반대파의 참패에 기여했다. 트로츠키, 라데크, 퍄타코프가 《프라우다》의 차별적인 태도에 항의했지만, 당 통제위원회는 "중앙위원회의 기관지는 중앙위원회가 완전히 확정한 노선을 수행할 의무가 있다."는 답변을 내놓았다. 이 결정은 최종적이고 절대적이었다. 그 뒤 《프라우다》는 오로지 당 중앙 기관의 공식 대변자 노릇만 했다.

트로츠키 개인을 모욕하는 과정이 순식간에 힘을 얻었다. 1924년 1월 초 코민테른 집행위원회 회의에서 지노비예프는 트로츠키의 성격, 당내 경력, 견해에 관해 한층 노골적으로 공격했다. 질병에 시달리던 트로츠키는 불공평한 싸움을 포기하고, 의사의 조언에 따라 1924년 1월 중순에 캅카스로 떠났다. 며칠 뒤 열린 당 협의회는 압도적 다수로(분명 그 전에 대의원을 세심하게 가려냈다) 반대파를 비난했으며, 당 지도부를 반대하는 캠페인에 대해 트로츠키에게 개인적인 책임을 물었다. 이런 사태들이 벌어지는 가운데, 바로 직후인 1924년 1월 21일 레닌이 사망했다.

08 스탈린의 부상
The Rise of Stalin

레닌의 죽음으로 오랫동안 당 지도자들이 몰두하던 문제가 표면에 드러났다. 지노비예프는 이미 주저하지 않고 잠정적인 승계자의 외투를 걸치고 있었다. 스탈린은 야망을 드러내는 것을 애써 삼갔다. 장례식 전날인 1924년 1월 26일 열린 소비에트연방대회의 추도 집회에서 스탈린이 읽은 조사는 마르크스주의나 볼셰비키의 언어에서는 여전히 익숙하지 않은 헌신적인 숭배의 말을 열렬히 늘어놓았다는 점에서 동료들의 조사와는 달랐다. "우리 공산주의자들"은 겸허하고 충실한 사도로서 죽은 스승의 명령을 하나도 빠짐없이 실행하겠다고 약속한 것이다. 두 가지 주목할 만한 결정이 내려졌다. 하나는 페트로그라드를 '레닌그라드'로 개명하는 것이었다. 레닌은 조국의 흥망성쇠를 좌지우지하는 데서 표트르[러시아의 황제]를 밀어내고 그를 뛰어넘은 인물이 되었다. 다른 하나는 '현장 노동자'를 대대적으로 충원해서 당을 강화하는 것이었다. 이 계획은 '레닌입당Lenin enrolment'이라는 이름이 붙었다. 당에서 노동자의 대표성을 늘리자는 요구는 트로츠키의 10월 8일자 편지와 1923년 12월 5일 정치국 결의안(103쪽을 보라)에서 중요하게 부각됐었고, 레닌 자신이 쓴 많은 글로도 정당화될 수 있었다. 이 결정의 집행은 이제 당의 총서기인 스탈린의 손에 달려 있었다.

1917년의 볼셰비키당은 당원 수가 2만 5000명이 넘지 않았다. 혁명과 내전 기간 중에 대규모 입당으로 당원 수가 점진적으로 늘어났다. 이 초기 시기에 관한 통계는 신뢰하기 어렵다. 하지만 1921년 초에 당원 수가 총 60만 명이나 거의 70만 명에 달했다. 1921년 3월 10차 당대회에서 지시한 숙청은 철저한 방식이었다. 혁명과 내전의 열광 속에서 새로 가입한 일부 당원들은 뿔뿔이 흩어졌고, 다른 당원들은 부적격자로 판정을 받고 제명됐다. 1924년 초에 이르면, 당원 수가 35만 명으로 줄어든 상태였다. 2년 만에 신입 당원 24만 명을 추가해서 당원 수를 3분의 2 이상 늘린 레닌입당은 민주주의 확대를 향한 운동일 뿐 아니라 당내에서 진짜 노동자의 정당한 우위를 보여주는 것으로서 환영받았다. 그렇지만 나중 단계에서는 농민이 상당히 많이 입당하기도 했다. 그런데 레닌입당의 역사적 역할은 완전히 달랐다. 이것은 더 심오한 원인이 있는, 당 성격의 점진적 변화를 나타내는 상징이었다. 스탈린의 당을 레닌의 당과 구별 짓는 새로운 개념이 아무도 모르는 사이에 등장한 것이다.

혁명 전에 레닌은 당을 불평등과 억압의 체제를 전복하기로 맹세한 헌신적인 혁명가들이 모인 소규모의 균질적 집단이라고 생각했다. 혁명 이후에도 레닌은 여전히 당을 헌신적인 노동자들의 엘리트 집단으로 생각했고, 신입 충원에 문호를 개방하기보다는 부적합자를 숙청하는 데 더 관심이 있었다. 1921~1924년 사이에 당원 수가 급격히 감소한 것은 레닌의 이런 주장 때문임이 확실하다. 레닌은, 비록 이제 《국가와 혁명》에서 표명한 유토피아적 견해에서 많이 벗어난 상태였지만, 1919년 당 강령의 문구를 빌자면 여전히 "노동자들의 문화적 수준의 상승과 동반된 행정 기능의 단순화"를 기대했으며, 생명을 다하는 날까지도 공공 행정의 엄청난 복잡성과 여러 문제를 인식하지 못했던 듯하다. 이 무렵이면 엘리트 정당이라는 개념은 시대착오적인 것이었다. 1920년에 당원의 53퍼센트가 이런저런 종류의 소비에트 기관에서 일을 하고, 27퍼센트가 붉은 군대에서 복무하고 있었다고 한다. 당은 이미 눈에 띄지 않을 정도로 서서히 거대한 국가의 사무를 수행하고 감독하도록 조정된 기구로 바뀌고 있었다. 이런 만만찮은 과제를 수행하는 과정에서 지도자들을 충실하게 지지하는 것은 기층 당원들 ─ 그리고 특히 1917년 이전 세대에 비해 혁명적 기초가 부족한 신입 당원들 ─ 의 분명한 의무였고, 당원이 되면 이 의무의 수행을 가치 있는 것으로 만들어주는 어떤 암묵적인 특권을 얻었다. 레닌입당은 탐탁하지 않은 당원에 대한 추가 숙청을 동반했고, 숙청과 입당 둘 다 당 서기국에서 통제했기 때문에 당의 새로운 정통성에 대한 지지가 적용된 주요 기준 중 하나였다고 추측할 수 있다. 레닌입당과 그것을 포함한 전체 과정은 당 기구와 이 기구를 조종하는 총서기의 권력을 키워 주었다. 몰로 토프가 1924년 당대회에서 "장래에 당의 발전은 의심할 여지없이 이 레닌입당에 기초를 둘 것"이라고 발언했을 때, 그는 진실을 말했을 뿐이다.

레닌의 엘리트 정당이 스탈린의 대중 정당으로 대체된 뒤에 또 다른 좀 더 미묘한 변화가 이어졌다. 당 규약은 일단 어떤 정책적 결정이 내려지면 통일된 목소리로 그 정책을 지지할 의무를 당원에게 부과했다. 당에 대한 충성은 규율의 수용을 의미했다. 하지만 그러기 위해서는 이 결정이 당원들의 자유로운 토론을 거친 뒤 민주적 절차에 따라 이루어진다는 가정이 전제됐다. 또한 누구도 당이 오류가 절대 없다고 말하지 않았다. 레닌은 종종 실수가 벌어진 사실에 대해 관심을 환기시켰고, 자신이 저지른 오류를 인정했다. 내전에서 승리한 순간인 1920년 4월에 자신의 50번째 생일을 축하하는 자리에서 레닌은 동지들의 축하에 답하며 다소 묘하게도 당이 "오만한 태도를 취할" 위험이 있다고 말했다. 신경제정책 도입 직전에서 당을 분열시킨 성난 논쟁에 충격을 받은 레닌을 비롯한 당 지도자들은 소수 반대파를 자유롭게 용인해주면 위험하다는 점을 깨달았고, 크론슈타트 반란은 경각심을 더욱 부추겼다. 10차 당대회에서 규율 조치가 채택된 것은 당 역사에서 불길한 전환점이었다. 하지만 레닌은 중앙 당 조직이 오류가 없는 명령을 발표하고 당 안팎에서 모든 소수 반대파에게 침묵을 강요한다는 생각과 절대 화해하지 않았다. 1922년 3월 마지막으로 참석한 당대회에서 당은 정치·경제 권력이 충분히 있고 "당에 없는 것은 문화"라고 말했을 때, 이미 레닌은 당의 미래 앞에 펼쳐진 위험을 걱정스럽게 의식하고 있음을 보여주었다. 활동적인 삶을 고통스럽게 이어간 마지막 몇 달 동안 레닌은 스탈린의 성격에 대한 불신과 국가뿐 아니라 당내에도 존재하는 '관료주의'에 대항하는 투쟁의 필요성에 몰두했다. 당의 무오류성, 레닌의 무오류성, 그리고 결국에는 스탈린 자신의 무오류성에 대한 믿음은 나중에 발전한 현상이지만, 그 씨앗은 레닌이 죽은 직후 몇 주일 동안 뿌려진 것이었다.

레닌입당이 진행 중인 동안 스탈린은 레닌의 가장 충실한 사도로서 자신을 부각시키기 위해 한 걸음 더 내딛었다. 스베르들로프대학교에서 '레닌주의의 기초'라는 제목으로 여섯 차례 강연을 하고 그 내용을 《프라우다》에 발표했다. 강연은 명쾌하고 도식적이며 아주 상투적인 내용이었다. 이후의 상황 전개를 볼 때 한 문장만이 관심을 끌 만했던 것 같다.

사회주의의 최후의 승리, 즉 사회주의 생산의 조직을 위해서는 한 나라의 노력, 특히 러시아 같은 농민 국가의 노력으로는 충분하지 않고, 몇몇 선진국 프롤레타리아의 노력이 필요하다.

그러나 이 말은 당 신조의 익숙한 한 항목을 낭독한 데 불과했다. 강연은 아무 논평도 받지 않고 지나갔다. 다른 지도자들은 스탈린이 이제까지 거의 갈고닦지 않던 이론 분야에 갑자기 들어온 데 대해 아무 관심을 보이지 않았다. 스탈린의 진취적인 시도에서 의미심장한 사실은 '레닌주의'라는 특정 숭배를 신성화한 점이었다. 이 단어가 레닌 생전에 통용됐다 해도, 훗날 '트로츠키주의'라는 표현처럼, 그것을 깎아내리려고 안달이 난 반대론자들이 악담하기 위해 쓴 말이었다. 그런데 이제 스탈린을 비롯한 당 지도자들의 입에서 레닌주의는 모호하게 정의되면서도 오류가 없는 사상 체계가 됐고, 이것을 기준으로 공식 당 노선과 비판자들의 이단이 구별됐다.

레닌의 유언장 때문에 생겨난 거북한 상황은 여전히 극복해야 할 문제였다. 스탈린으로서는 다행히도, 다른 지도자들 역시 자신처럼 당혹스러운 처지였고, 어느 누구도 무사히 빠져나가지 못했다. 정확히 언제 그들이 유언장의 내용을 알게 됐는지는 기록이 없다. 그러나 13차 당대회 전날인 1924년 5월 22일, 주요 당원들이 모인 자리에서 회합을 주재한 카메네프가 유언장을 읽었다. 뒤이어 지노비예프가 죽은 지도자에 대해 지나칠 정도로 애착을 보이는 발언을 하면서, "한 가지 점에서" 레닌의 우려는 근거가 없는 것임이 밝혀졌으며 따라서 스탈린을 직위에서 해임할 필요가 없다는 의견을 밝히며 끝을 맺었다. 카메네프는 지노비예프를 지지했다. 아무도 다른 견해를 표명하지 않았다. 직전에 캅카스에서 돌아온 트로츠키는 의사 진행 내내 침묵을 지키며 앉아 있었다. 유일하게 충돌이 생긴 이유는 크룹스카야가 유언장을 당대회에서 낭독해야 한다고 집요하게 요구했기 때문이다. 회합은 30 대 10의 다수결로 주요 대의원들에게만 비밀리에 유언장을 전달하는 것으로 충분하다고 결정했다.

반대파의 문제가 당대회에서 중대하게 나타났다. 지노비예프는 주요 보고에서 자제력을 발휘하면서 막바지에 반대파 성원들에게 연단에서 오류를 고백하고 당이 옳음을 인정하라고 과장된 어조로 호소를 했다. 많은 대의원이 반대파, 그중에서도 특히 트로츠키를 거론하며 비난했다. 트로츠키는 고통스러우면서도 마지못해 지노비예프의 도전에 응했다. 이제 그는 "당을 거스르는 사람은 누구도 옳을 수 없다."고 선언했다. 그렇지만 트로츠키는 당은 "개별적으로 오류"를 범할 수 있으며, 자신을 비난한 1월 협의회의 결의안은 "부정확하고 부당"하다고 계속 믿었다. 그럼에도 그는 충실한 당원으로서 이렇게 말할 수밖에 없었다. "정당하든 정당하지 않든 간에, 이것은 나의 당이며, 나는 당의 결정에 따른 결과를 끝까지 감당할 것입니다." 이 발언을 트로츠키가 전투를 개시하지 못하게 막은 자기억제의 원천으로 보든, 아니면 더 깊은 심리적 근원이 있는 자기억제를 합리화한 것으로 보든 간에, 이 복종 선언은 오류를 고백하기를 거부한 사실과 결합되어 당시 그의 태도를 의미심장하게 보여준다. 트로츠키가 다시 행동의 자유를 찾고, 적들에게 대담하게 일격을 가하고, 자기 방어를 위해 친구들을 끌어모은 것은 2년 뒤의 일이다. 이미 너무 늦은 때였다. 대회 참석자들은 분파 간에 평화롭게 지내고 "더 이상의 토론을 중단하라."는 크룹스카야의 호소를 들었다. 그렇지만 이 호소는 주목을 받지 못했다. 스탈린과 지노비예프는 트로츠키를 매도하는 말로 가득한 연설로 의사 진행을 마무리했다. 그러나 트로츠키는 당 중앙위원으로 다시 선출됐다. 분명 근소한 표차였다. 지노비예프와 카메네프가 트로츠키를 정치국에서 제외하려고 했지만, 온건파라는 평판을 유지하고 싶었던 스탈린의 반대로 무산됐다고 한다.

그해 남은 기간 동안 트로츠키가 펜을 용감하게 휘둘러서 불에 기름을 부었다. 《레닌에 관하여》라는 추모 소책자에서 트로츠키는 자신의 중요성을 부풀리고 다른 참가자들을 부차적인 지위로 떨어뜨리는 듯한 어조로 혁명 시기에 레닌과 개인적으로 친했던 관계를 설명했다. 1924년 10월, 그는 《10월의 교훈》이라는 제목의 장문의 글을 출간했다. 이 글에서 그는 카메네프를 비롯한 '고참 볼셰비키'가 1917년 4월 레닌이 페트로그라드에 돌아왔을 때 레닌의 4월 테제에 반발한 일과, 지노비예프와 카메네프가 10월에 권력 장악에 반대한 일을 거론하며 조롱했다. 후자의 사례는 레닌이 유언장에서 트로츠키가 볼셰비키가 아니었던 전력과 함께 그들을 공격하기 위해 들춰내서는 안 된다는 단서를 붙여서 거론한 바 있었다(98쪽을 보라). 이런 공격에 대해 논쟁적인 응수가 홍수처럼 터져 나왔고, 삼두 체제와 그 추종자들은 트로츠키 자신의 전력을 악의적으로 샅샅이 파헤쳤다. 카메네프는 장황하게 연설한 뒤 그 내용을 《레닌주의인가 트로츠키주의인가?》라는 제목의 소책자로 출간했다. 여기서 그는 트로츠키를 멘셰비키라고 비난하고, 트로츠키가 레닌과 여러 차례 날카롭게 설전을 벌인 일을 열거했으며, "농민을 과소평가"한다는, 이제부터 익숙하게 듣는 비난을 덧붙였다. 스탈린도 더욱 간결하고 신랄하게 트로츠키 공격에 가세했다. 트로츠키 비난은 언론과 당 회합에서 일상적인 행사가 됐다. 가장 야만적인 일격은 1913년에 트로츠키가 쓴 편지를 찾아내서 공표한 것이었다. 레닌을 겨냥한 조잡하고 분노 섞인 독설로 가득한 편지였다. 이제 '트로츠키주의'와 '레닌주의'가 양립할 수 없다는 사실을 증명하는 다른 증거는 필요하지 않았다.

이런 독설의 홍수에 압도된 트로츠키는 여전히 침묵을 지켰다. 그는 지난겨울에 앓았던 정체불명의 병에 다시 걸렸는데, 의사들이 기후가 온화한 곳으로 요양을 가라고 조언했다. 트로츠키는 1925년 1월 당 중앙위원회 회의에 참석하지 않았다. 대신 중앙위원회 앞으로 편지를 보내 "사실과 다르고 심지어 극악무도한 많은 비난"에도 불구하고 자신이 침묵을 지킨 것은 "당의 전반적인 이익이라는 견지에서 볼 때 올바른 일"이었다고 주장했다. 그러면서 "우리가 추구하는 대의를 위해" 군사혁명평의회 의장 직무에서 물러나겠다고 요청했다. 중앙위원회 회의가 진행되는 동안 그는 캅카스로 떠났다. 중앙위원회는 트로츠키에게 어떤 제재를 가할지를 놓고 망설였다. 지노비예프와 레닌그라드 대표자를 포함한 극단주의자들은 당이나 중앙위원회, 아니면 최소한 정치국에서 제명시키자고 제안했다. 스탈린의 지지를 받는 온건파는 트로츠키를 군사 직무에서 해임하는 데 만족했다. 후자의 견해가 승리했고, 트로츠키는 군사혁명평의회 의장과 전쟁인민위원 직위에서 해임됐다. 트로츠키의 후임자는 프룬제였는데, 그의 임명은 내전이 끝난 이후 경시됐던 붉은 군대를 증강하는 강력한 캠페인의 신호탄이었다.

《10월의 교훈》으로 야기된 논쟁은 거의 우연히 당 이론의 중대한 혁신으로 이어졌다. 레닌과 트로츠키가 한때 견해를 달리했던 지점 중 하나로 이제 트로츠키 비판자들이 그를 겨냥해 꺼내든 문제는 이른바 '연속혁명' — 원래 마르크스가 사용한 표현이다 — 이론이었다. 트로츠키는 1905년에 후진적인 러시아에서 혁명이 발발하면, 첫째 단계에서는 여전히 부르주아적 반봉건 혁명일 테지만, 자동적으로 사회주의적 반자본주의 혁명 단계로 넘어갈 것이라고 주장했다. 레닌은 자신과 트로츠키 모두 예상하듯이, 러시아의 혁명이 서구 선진국에서 혁명의 불길을 지피지 못한다면 이런 이행의 가능성이 있다고 선뜻 받아들이기 어려웠다. 이 논쟁은 별로 중요하지 않았고, 1917년보다 훨씬 전에 잊혀 버렸다. 그러다가 레닌이 1917년 4월 테제에서 트로츠키와 거의 비슷한 입장을 채택한 듯했다. 부하린이 1924년 12월에 〈연속혁명론〉이라는 논문에서 트로츠키에 반대하는 캠페인에 가세할 때까지 아무도 이 문제에 관심을 나타내지 않았다. 부하린은 단순히 레닌이 트로츠키와 의견이 다른 점을 부각시키는 데만 관심이 있었고, 어떤 적극적인 결론을 끌어내지는 않았다. 그런데 며칠 뒤 스탈린도 이 주제에 관한 장문의 글을 써서 연설문과 논문 선집의 서론으로 발표했을 때, 그는 트로츠키의 이론에 대한 비난을 '일국사회주의'라는 새로운 이론의 발판으로 활용했다.

이제 스탈린은 지난봄의 강연에서 내놓은, 훗날 "불완전하고 부정확한" 정식화라고 지칭한 내용, 즉 일국의 시도는 "사회주의의 조직화에 불충분하다."는 정식화를 포기했다. "트로츠키의 '연속혁명'

은 레닌의 프롤레타리아 혁명 이론을 부정하는 것"이라고 선언한 스탈린은 계속해서 레닌이 저술의 몇몇 구절에서 한 나라에서 사회주의가 승리할 가능성을 숙고했다고 주장했다. 스탈린은 "사회주의가 **완전히** 승리하려면, 구질서가 복원되는 것을 **완전히** 막으려면, 몇몇 나라의 프롤레타리아트가 결합된 노력을 기울이는 것이 필수적이다."라는 점을 인정했다. 그런데 이 말은 "혁명적 러시아가 보수적 유럽에 대항해" 소련에서 사회주의 체제를 건설할 "수 없다"는 뜻인가? 스탈린의 답은 분명히 그럴 수 있다는 것이었다. 이 주장은 복잡하고 궤변적이었으며, 원래의 맥락과는 무관한 인용문에 상당히 의존하고 있었다. 이 주장은 다소 비현실적이기도 했다. 레닌이나 트로츠키가 가능하다고 생각한 적이 없는 조건 — 다른 나라에서 혁명이 부재한 가운데 러시아에서 혁명 체제가 생존하는 조건 — 에서 제기됐기 때문이다. 하지만 심리적으로 막대한 영향력을 발휘했다. 스탈린의 주장은 적극적이고 명확한 목표를 제공했다. 공허하게 해외의 도움을 기대할 필요가 없었다. 또한 이 주장은 혁명을 러시아의 특별한 성취로, 사회주의 건설을 러시아 프롤레타리아트가 전 세계에 본보기를 보여야 하는 고결한 과제로 제시함으로써 국민적 자부심을 채워주었다. 이제까지 러시아에서 사회주의를 이룩할 가능성은 다른 나라들의 사회주의 혁명에 의존한다는 점이 당 이론에서 중심적인 자리를 차지하고 있었다. 그런데 이제 우선순위가 바뀌었다. 스탈린은 러시아의 혁명 승리가 "세계 혁명의 시작이자 전제"라고 큰소리쳤다. 스탈린의 이론을 비판하는 사람들은 암묵적으로든 명시적으로든 나약하고 소심하며, 러시아 국민을 신뢰하지 못하고, 국민들의 역량과 결단을 회의한다고 여겨졌다. 일국사회주의는 민족적 애국주의에 대한 강력한 호소였다. 그것은 반박의 여지없이 러시아를 우선에 두었다.

스탈린은 이미 경쟁자들에 대항하는 싸움에서 최대한 활용할 수 있는 여론 분위기를 조성해 놓았다. 하지만 당시에는 어느 누구도 그가 난해한 이론에 빠져든 것을 심각하게 받아들이지 않았다. 트로츠키를 비난한 1925년 1월 당 중앙위원회 회의에서 일국사회주의는 언급되지 않았다. 부하린은 3개월 뒤 어느 연설에서 주저하며 이 이론을 끄집어냈지만, 스탈린을 언급하지는 않았고 자신이 이 이론의 창시자 중 하나라는 사실을 시사했을 뿐이다. 일국사회주의론은 1925년 4월 열린 당 협의회의 주요 결의안에서 등장했지만 그다지 두드러지지는 않았다. 결의안은 레닌의 말을 지지대로 인용하면서 "일반적으로 사회주의의 승리(**최종적인** 승리라는 의미는 **아니다**)는 한 나라에서 무조건 가능하다."고 선언했다. 몇 개월 뒤 삼두체제가 해체되자 협의회 전날 밤에 이 구절을 놓고 정치국에서 충돌이 생겼다는 말이 돌았다. 그러나 증거를 볼 때 지노비예프와 카메네프는 강하게 이의제기를 하지 않았고, 적대적이기보다는 무관심했다. 이 협의회 이후 스탈린은 한 연설에서 이 작은 승리를 찬양하며 레닌의 다른 말을 인용했다.

농촌에 전력이 깔릴 때만, 산업과 농업과 운송이 현대적 대규모 산업의 기술적 토대 위에 설 때만, 우리는 최종적으로 승리하게 될 것이다.

그때까지 일국사회주의는 신경제정책의 연속으로 간주됐을 것이다. 신경제정책 또한 국제 혁명의 암울한 전망에 등을 돌렸고, 러시아 농민과의 동맹을 통해 사회주의로 가는 길을 그렸기 때문이다. 이제 스탈린은 자급자족하는 러시아, 즉 근대화된 산업과 농업을 통해 변형되고 경제적으로 자립하게 된 러시아라는 아주 다른 개념을 향해 더듬더듬 나아가고 있었다. 스탈린은 이 점을 새삼스럽게 주장하지 않았고, 아마 그 함의를 충분히 의식하지 못했을 것이다. 그러나 일국사회주의는 현혹적인 장기적 전망이었고, 바야흐로 경제 상황에서 감지되기 시작하던 여러 변화와 들어맞았다.

레닌이 사망한 뒤 스탈린이 점차 권력의 지위로 부상한 과정은 격렬한 경제적 논쟁과 갈등의 시기와 일치했고, 이때는 경제 부흥의 시기이기도 했다. 1923년 12월 가위 모양 위기 결의안과 이후 당이 발표한 여러 선언은 중공업의 복구에 대한 새로운 관심을 예고했다. 일국사회주의 이론은, 그 주창자들의 의도가 무엇이든 간에, 자급자족의 조건으로서 중공업 장려를 뒷받침했다. 하지만 이 이론은 후진적인 러시아 경제의 자원을 가지고 사회주의를 달성할 수 있다는 것도 함축했다. 여기에 핵심 난제가 있었다. 산업화를 둘러싼 논쟁은 소비에트 경제 상황의 다른 모든 쟁점과 마찬가지로 농업 문제와 결부됐는데, 이 문제는 당시에 팽배한 자기만족의 분위기를 다시 한 번 뒤흔들었다. 1924년의 곡물 수확은 지난여름의 가뭄 때문에 차질이 빚어지기는 했지만 양호한 편이었다. 가위 모양 가격 위기의 부담에서 벗어난 농민이 도시를 먹여 살리는 데 필요한 곡물량을 공식적인 고정 가격으로 국가 매입 기관에 양도할 것임을 의심한 사람은 아무도 없었다. 그렇지만 그런 일은 일어나지 않았다. 곡물 징수는 비참할 정도로 부족했다. 사적 상인들이 처음으로 시장에 대규모로 등장했고, 고정 가격은 결국 포기해야 했다. 해가 바뀔 무렵에는 가격이 빠르게 상승했다. 호밀 가격은 1924년 12월과 1925년 5월 사이에 두 배로 올랐다. 자유시장이 귀환하면서 가위 모양의 간격이 다시 벌어졌는데, 이번에는 농민에게 유리해서 도시는 몸값을 지불하는 인질 신세가 됐다. 게다가 가격 메커니즘이 농촌에서 부의 불균형을 확대하는 방향으로 작용했다. 내다 팔 수 있는 많은 잉여를 보유하고, 또 가격이 정점에 달할 때까지 잉여 생산물을 가지고 있을 여유가 있는 것은 부농, 즉 증오의 대상인 쿨락이었다. 많은 가난한 농민들은 수확물을 현금으로 바꿔야 하는 압박을 받아서 가을에 쿨락에게 싼값에 팔았다고 한다. 쿨락은 이것을 봄에 비싸게 팔아서 이윤을 벌었다.

이런 상황 전개는 당내에서 벌어진 격심한 논쟁의 출발점이었다. 지도자들은 농민을 달랜다는 신경제정책의 지도 원리를 고수했다. 지노비예프는 1924년 7월에 "농촌으로 관심을 돌리자"는 구호를 내걸었다. 며칠 뒤 프레오브라젠스키는 공산주의아카데미에서 〈사회주의 축적의 기본 법칙〉에 관한 논문을 낭독했는데, 이 논문은 공식 노선에 대한 신랄한 도전으로 널리 인정을 받았다. 일찍이 마르크스는 자본주의 축적의 초기 단계에서 "생산자와 생산수단의 분리", 즉 농민의 토지 박탈이 필요했음을 보여주었다. 따라서 — 프레오브라젠스키의 주장에 따르면 — 사회주의 축적은 "소규모 생산을 착취하지 않고서는, 즉 농촌과 장인 노동의 잉여 생산물의 일부를 박탈하지 않고서는 불가능하다." 프레오브라젠스키는 도시와 농촌 간 '등가교환'의 원리는 실행이 불가능하다며 거부하고, "모든 형태의 사적 경제의 착취를 의식적으로 겨냥하는 가격 정책"을 주창했다. 그는 단도직입적으로 말했는데, 이런 솔직한 발언은 당 지도부와 농민을 옹호하는 이들에게 구실을 주었다. 부하린은 격분해서 답변을 발표했는데, 여기서 그는 프레오브라젠스키의 논문을 "트로츠키주의의 경제적 토대"라고 비난했다. 하지만 프레오브라젠스키는 산업화 과정을 농민에 대한 지속적인 관용 정책과 화해시키는 가혹한 딜레마를 명명백백한 언어로 당에 들이댄 것이었다.

1925년 내내 스탈린이 다른 지도자들 사이에서 교묘하게 책략을 부리는 한편, 두 정책의 공공연한 충돌은 일어나지 않았다. 농민에게 더 많은 양보를 하라는 압력이 강했는데, 이 말의 의미는 사실상 부유한 농민, 즉 쿨락에게 양보하라는 것이었다. 1925년 4월에 열린 당 협의회에서는 이런 조치 세 개가 의결됐다. 농촌에서 직접 과세의 유일한 수단인 농지세가 인하됐고, 세금 부담은 누진율이 줄어드는 방향으로 바뀌었다. 노동자 고용 권리, 그리고 농지법에 의해 여전히 부분적이지만 별 효과 없이 제한되던 토지 임차 권리가 인정됐다. 바로 이때 부하린은 이런 결정으로 대표되는 정책을 가장 솔직하게 해설한 것으로 오랫동안 인용되는 연설을 했다. 부하린은 생산의 유인이 필요한 "부유한 최상층 농민 — 쿨락과 중농의 일부"의 대의를 변호했다. 그는 목소리를 높였다. "농민들에게, 모든 농민들에게 우리는 이렇게 말해야 한다. '부자가 되시오. 당신의 농장을 발전시키고, 제약이 가해질 것을 두려워하지 마시오.'" 부하린은 이것이 "쿨락에게 거는 내기 돈"(이 표현은 15년 전에 스톨리핀 개혁을 설명하기 위해 만들어진 말이었다)임을 부정했다. 하지만 그는 "농촌에서 계급 전쟁을 격화하는 것"도 거부했다. 부하린은 적수인 프레오브라젠스키와 마찬가지로 외교적이지 않은 솔직함 때문에 자기 대의를 손상시켰다. 스탈린은 다른 당 지도자들에게 "'부자가 되시오'는 우리의 구호가 아니"라고 말했던 것으로 보인다. 하지만 이 구호가 공개적으로 부정된 것은 몇 달 뒤의 일이고, 그해 나머지 시기 동안 당은 부하린이 그린 경로를 그대로 따랐다.

그러나 농민에게 생산 유인을 제공하기 위해 고안된 정책과 나란히 중공업의 필요성이 점차 관심을 끌었다. 이제까지 산업의 부활이란 대체로 내전 이래 놓고 있는 공장과 기계를 다시 생산에 사용하는 것을 의미했고, 이를 위해서는 거대한 자본 지출이 필요하지 않았다. 하지만 1924년 말에 이르면 이 과정이 한계에 도달했다. 기존 공장과 생산시설은 최대 용량의 85퍼센트까지 활용되고 있다고 추산됐다. 산업은 바야흐로 1913년에 달성된 생산 수준에 근접하기 시작했고, 그 수준을 넘어서는 진전도 기대해 볼 만했다. 하지만 산업 성장률을 유지하기 위해서, 그리고 특히 중공업을 부활시키기 위해서는 대규모 자본 투자가 필요했다. 1925년 1월 당 중앙위원회는 '신용 확대'와 더불어 산업에 대한 '예산 할당'을 옹호했다. 노후 설비를 갱신하고 새로운 산업을 창조해야 했다. 이런 흐름에 고무 받은 국가경제최고회의는 '산업 고정 자본 복구에 관한 특별협의회'를 소집했는데, 이 협의회는 그 후 18개월 동안 활동했다. 1925년 4월 농민에 대한 양보 조치를 의결한 당 협의회는 금속 산업을 위한 3개년 계획도 승인했다. 총 3억 5000만 루블의 투자가 포함된 규모였다.

1925년은 여전히 상승하는 경제의 모든 수요를 충족할 수 있는 듯 보이는 낙관주의의 시기였다. 그해 마지막 몇 달 동안 산업과 농업의 관계에 내재한 문제의 여러 차원을 드러낸 것은 혁명 이후 최대치였던 수확 자체가 아니라 수확이 낳은 결과였다. 국가의 곡물 매입 기관은 1924년의 '고정' 가격을 포기했고, 수시로 조정할 수 있는 '지령' 가격에 따라 활동하라는 지시를 받았다. 전년도 수확의 경험에도 불구하고, 모두가 농작물이 풍부해서 가격이 낮게 유지되고, 잉여 곡물을 수출용으로 활용하고, 수확물 판매 수익으로 산업 자금을 댈 수 있으리라 생각한 것 같다. 그렇지만 이런 기대는 실망으로 바뀌었다. 1925년 수확 이후 부유한 농민들은 곡물을 대량으로 보유했다. 하지만 농민들은 이 곡물을 돈으로 교환할 이유가 없었다. 농지세가 인하된 터라 조세의 압력이 줄어든 상태였고, 공산품 공급이 워낙 빈약해서 사고 싶은 물건이 거의 없었으며, 통화는 명목상 안정됐지만 은행권을 다발로 갖고 있기보다 곡물을 쌓아놓는 것이 더 믿을 만한 자산이었다. 부유한 농민들은 기다릴 여유가 있었다. 곡물은 서서히 시장에 나왔다. 공급이 부족하고, 자유시장 구매자들과 경쟁하고, 심지어 국가 매입 기관들끼리도 경쟁하는 가운데 가격이 급등했다. 곡물을 수출한다거나 수확에서 얻은 수익으로 산업 자금을 조달한다는 기대는 연기처럼 사라졌다. 수확은 농민에게는 성공이었다. 그렇지만 수확물의 시장 거래는 정부에게는 재앙이었다. 위기는 당을 분열시켰고, 산업화와 계획을 주장하는 한쪽과 신경제정책이 장려하는 농민 지향적 시장경제를 주장하는 다른 한쪽 사이에 벌어질 길고 쓰라린 투쟁의 신호가 됐다. 이 투쟁이 이후 시기를 지배했다.

이런 사태들을 배경으로 스탈린이 당과 소련에서 최고 권위를 가진 지위로 올라서게 된다. 1925년은 결정적인 해였다. 트로츠키에 대한 공포와 질투가 삼두체제를 결합시키는 시멘트였다. 그런데 1925년 1월에 트로츠키가 패배하고 강등된 뒤 이 시멘트는 서서히 가루가 되기 시작했다. 트로츠키는 석 달 넘게 남부에서 건강을 회복하면서 지냈다. 1925년 4월 말에 모스크바로 돌아온 트로츠키는 당혹스러운 상황에 맞닥뜨렸다. 미국의 저명한 공산주의자인 막스 이스트먼은 1923~1924년 겨울을 모스크바에서 보냈는데, 그는 공공연한 트로츠키 지지자였다. 1925년 초 그는 뉴욕에서 《레닌 사후》라는 작은 책을 출간했다. 레닌의 생애 마지막 몇 주와 사후에 삼두체제가 꾸민 음모를 트로츠키의 관점에서 자세하면서도 정확하게 서술하는 한편 레닌의 유언장을 인용한 책이었다. 이는 전 세계에서 레닌의 유언장이 처음으로 인쇄된 것이었다. 유언장 내용이 공개되자 파장이 일었다. 영국 공산당의 불안한 당원들은 트로츠키에게 편지와 전보를 보내 이 책에 관한 논평을 요청했다. 모스크바의 당 지도자들은 이스트먼의 고발을 반박하라고 트로츠키에게 집요하게 요구했다. 트로츠키는 자기 입장을 고수할지, 아니면 부차적이라고 할 만한 문제를 가지고 싸우기를 거부할지 다시 한 번 딜레마에 직면했다. 그는 여전히 깊은 자기억제 — "당을 거스르는 사람은 누구도 옳을 수 없다." — 에 시달리면서 동료 대다수에게 공개적으로 반기를 들고 나서지 못했다. 후퇴란 자신의 대의를 훼손하고 친구들을 부정하는 것을 의미한다는 생각이 머릿속에 떠올랐다 할지라도, 그는 당의 규율이라는 이름으로 이런 의구심을 억눌렀다. 1925년 7월 1일 트로츠키는 장문의 성명에 서명했는데, 3년 뒤에 말했듯이 "정치국의 다수가 **내게 강요한** 것"이었다. 그는 당 중앙위원회가 "이른바 '유언장'"을 비롯해서 "레닌이 최후의 시기에 쓴 매우 중요한 수많은 문서를 당에 공개하지 않고 '숨겼다'"는 주장은 "일종의 중상모략"이라고 설명했다. 레닌은 유언장을 남기지 않았고, 그가 쓴 모든 글, 특히 "조직적 성격에 관한 조언이 담긴 블라디미르 일리치의 편지 한 통"은 당대회 대의원들에게 전달됐다는 것이다. 은폐된 유언장 운운하는 이야기는 "악의적인 날조"였다. 트로츠키의 성명은 영국의 좌파 신문 《선데이 워커》 1925년 7월 19일자와 러시아 당 저널 《볼셰비크》 9월 1일자에 발표됐다. 이것이 단합한 삼두체제가 마지막으로 거둔 승리였다.

　트로츠키는 모스크바에 돌아오자마자 산업과 관련된 소소하고 대개 이름뿐인 두세 개의 직책에 임명됐다. 그해 나머지 기간 동안 트로츠키는 산업 발전과 계획에 관해 두어 차례 연설하고 논문을 쓰면서 "서구를 따라잡을" 필요성을 강조했지만 당 정책에 직접 이의를 제기하지는 않았다. 트로츠키가 갈등을 자제하자 삼두체제를 묶어주던 최후의 결속력이 느슨해졌다. 몇 차례 예비 언쟁이 있은 뒤, 곡물 징수 위기를 놓고 공개적으로 분쟁이 터져 나왔다. 지노비예프와 카메네프는 이전 입장을 번복하면서 부하린이 여전히 가장 분명한 옹호자인 농민 지향 정책에 반기를 들었다. 9월에 지노비예프는 〈시대의 철학〉이라는 제목의 논문을 《프라우다》에 발표하려고 제출했다. 쿨락에 대한 부하린의 지지에 열정적으로 찬성하면서 "농민은 소비에트 토지의 유일한 실질적 주인이 되고 있다."고 기쁨에 겨워 선언한 국외 망명 작가 우스트랼로프를 공격하는 형식의 글이었다. 지노비예프는 "신경제정책은 세계 혁명의 지연과 더불어 다른 위험과 함께 혁명이 변질될 위험을 실제로 내포하고 있다."고 결론지었다. 당 중앙위원회는 부하린을 너무 직접적으로 겨냥하는 구절을 삭제하라고 주장했다. 그러나 《프라우다》 2호에 걸쳐 연재되고 소책자로도 발간된 이 논문에 담긴 의미는 오해의 여지없이 명백했다. 다음 달에 지노비예프는 《레닌주의》라는 제목으로 평론집을 출간했다. 그 글들 중 하나는 비록 여전히 부하린의 이름을 거명하지는 않았지만 우스트랼로프에 대한 공격을 반복하고 "부자가 되시오."라는 구호를 비난하는 내용이었다. 다른 글에서는 쿨락에 대한 레닌의 비난을 인용하고 레닌이 신경제정책을 '후퇴'라고 지칭한 사실을 상기시켰다. 신경제정책 아래서 소비에트 산업이 '국가자본주의'의 한 형태였음을 함축하는 글이었다. 반면 부하린은 이런 결론을 부정했다. 무엇보다도 결정적인 장은 '일국사회주의'에 대한 전면 공격을 담고 있었다. "만약 우리가 레닌주의의 국제적 요소를 조금이라도 약화시킨다면 레닌주의자로 남는 것"은 불가능하다는 주장이었다. 이것은 부하린만이 아니라 스탈린 자신에 대한 선전포고였다.

지노비예프가 돌연히 농민 지향 입장을 버리고 산업과 프롤레타리아트의 대의를 신봉하게 된 데에는 일정한 논리가 있었다. 지노비예프와 스탈린이 지배권을 놓고 벌인 투쟁은 지노비예프가 장악한 레닌그라드 당 조직과 스탈린이 지배하는 모스크바의 중앙당 조직 사이의 투쟁이었다. 카메네프는 모스크바 조직의 수장이었다. 하지만 모스크바 조직은 같은 도시에 있는 중앙 조직에 압도됐다. 카메네프는 모스크바 조직의 독립성을 주장할 만한 권위가 없었고, 얼마 지나지 않아 축출됐다. 레닌그라드는 여전히 소련에서 가장 집중적으로 산업화된 도시였다. 이곳은 혁명의 전위를 이룬 프롤레타리아트의 고향이었고 프롤레타리아트의 전통을 유지했다. 모스크바에서는 새로운 프롤레타리아트가 농촌과 훨씬 더 긴밀한 유대를 유지했다. 지노비예프는 오로지 노동자들의 요구가 우위에 있음을 지지하고 오만불손하게 농민의 역할을 높이려는 시도를 거부하는 원칙에 입각해서만 모스크바에 대항해 레닌그라드 노동자들을 결집시키고 이끌 수 있었다. 두 수도의 경쟁과 두 당 조직의 경쟁, 그리고 모스크바에 있는 당 중앙위원회 기관지인 《프라우다》와 레닌그라드 당 조직의 신문인 《레닌그라드스카야 프라우다》의 경쟁은 스탈린과 지노비예프의 권력 투쟁에서 상당한 역할을 했다.

1925년의 마지막 2주 동안 열린 14차 당대회는 전쟁터가 됐다. 스탈린과 지노비예프가 주요 연설자였고, 부하린이 지노비예프에게 답변하고 카메네프가 부하린에게 답변했다. 지노비예프와 카메네프는 쿨락을 맹렬하게 비난한 반면, 부하린은 자기 입장을 고수했다. 그리고 두 주요 경쟁자를 물리치는 데 몰두하던 스탈린은 마지못해 부하린을 지지했다. 대회는 농업 정책에 관해 어떤 중요한 결정도 내리지 않았다. 하지만 쿨락이 누리는 편애에 대한 불쾌감이 점점 커지는 현실이 드러났고, 산업화의 시급한 필요성이 다시 한 번 장황하게 논의됐다. 당내 갈등의 혼란이 가라앉자 주요한 결정을 내려야 한다는 사실이 분명해졌다. 대회에서 부하린은 이후 오랫동안 기억에 남는 표현으로, 농민 회유책이 산업화 정책과 양립 불가능하지 않음을 입증하려고 필사적으로 시도했다. "우리는 달팽이 걸음으로 전진할 테지만, 그런 걸음도 사회주의를 건설하는 것입니다. 우리는 사회주의를 건설할 것입니다." 그러나 달팽이 속도의 산업화로는 소련을 서구로부터 독립된 거대한 산업국가로 바꾸기를 원하는 점증하는 여론을 만족시킬 수 없었다. 역설적이게도, 대회에서 부하린이 승리하고 지노비예프가 패배했지만, 이 결과가 두 사람이 각각 찬성하는 정책의 승리와 패배로 이어지지는 않았다. 나중에 이 대회에 '산업화 대회'라는 별칭이 붙은 것도 완전히 잘못된 규정은 아니었다.

그러나 토론이 상당히 절제된 어조로 시작됐다가 정치적·개인적으로 민감한 쟁점이 부각되면서 신랄하게 바뀌자, 경제 문제는 토론을 지배하지 못했다. 카메네프는 "'지도자' 이론"을 비판하면서 스탈린에 대한 개인적 공격을 개시했다. 크룹스카야는 반대파를 대변하면서 "다수가 언제나 옳다."는 주장에 이의를 제기해 파장을 일으켰다. 몰로토프와 미코얀은 공식 노선을 지지하는 쪽에 속했고, 보로실로프는 스탈린을 칭송했다. 양쪽 대의원들은 명목상 각자가 속한 당 선거구에서 선출됐지만 사실 당 조직이 선발한 이들이었고, 견고한 대형을 이룬 레닌그라드파는 적대적인 청중 속에서 고립됐다. 공식 노선을 지지하는 결의안이 559표 대 65표로 통과됐다. 이제까지 반대파의 대변자였던 《레닌그라드스카야 프라우다》는 중앙당에 인계됐고, 모스크바에서 새로운 편집인을 임명했다. 대회가 끝난 뒤 몰로토프, 보로실로프, 칼리닌, 리코프, 톰스키, 키로프, 그리고 나중에 부하린까지 포함된 강력한 대표단이 레닌그라드로 가서 당원들이 모인 일련의 대중 집회에서 연설을 했다. 트로츠키 추종자들을 침묵시키고 협박했던 압력 수단이 이제 지노비예프 지지자들에게 가해졌다. 노동자 대중 집회는 이전 지도자들을 비난하고 당대회 결정을 승인하는 투표가 큰 표차로 통과되도록 유도됐다. 그리하여 부하린을 주요 연사로 한 레닌그라드 주당州黨 협의회를 열기 위한 지반이 마련됐다. 앞서와 같은 평결이 되풀이되고, 당 중앙위원회의 충실한 지지자들이 레닌그라드의 여러 당 기관에 임명됐다. 젊고 인기 있는 새로운 당 지도자인 키로프가 레닌그라드 주당 위원회 서기가 되어 사실상 레닌그라드 조직의 책임자 노릇을 했다. 완벽한 장악이었다. 지노비예프는 여전히 정치국원이자 코민테른 의장이었다. 하지만 레닌그라드라는 근거지에서 쫓겨난 그는 실질적인 권력을 모두 잃었다. 스탈린이 승자였다. 그러나 그의 승리가 경제적·정치적으로 어떤 전조인지는 아직 확실하지 않았다.

09 소련과 서구(1923~1927년)

The USSR and the West(1923-1927)

신경제정책이 도입된 뒤 이어진, 서구 강대국들과 정상적 관계를 수립하는 방향으로 나아가는 과정은 격동의 해인 1923년 동안 후퇴를 겪었다. 그해는 프랑스가 독일의 전쟁 배상금 지불 불이행에 대한 보복으로 루르 지방을 점령하면서 시작됐다. 영국에서는 로이드 조지가 실각하면서 커즌이 대외정책을 완전히 장악했다. 프랑스에서는 커즌만큼 완고한 푸앵카레가 권력의 정점에 있었다. 1923년 5월 소비에트의 불법 행위에 대한 영국의 수많은 항의는 이른바 '커즌 최후통첩'에서 정점에 달했다. 이 최후통첩에는 소비에트 첩자들이 페르시아와 아프가니스탄, 인도에서 1921년 3월 영소 무역협정의 약속을 위반하며 벌인 활동이 낱낱이 열거되어 있었다. 소비에트가 이런 활동을 포기하고 10일 안에 수많은 사소한 미해결 과제를 해소하지 못하면, 영국은 무역협정을 파기하고 모스크바 주재 대표부를 철수하겠다고 위협했다. 소비에트 정부는 이런 격렬한 공세에 깜짝 놀라서 요구의 대부분을 들어주겠다고 동의하고는, 선전 문제에 관해 가볍고 결론 없는 논의에 들어갔다. 그래서 얼마 동안 폭풍이 수그러들었다.

지금까지 소비에트 정부를 법적으로 인정한 유일한 주요국인 독일에서도 이 해는 불안한 사건들로 점철됐다. 독일의 경제와 통화는 루르 지방 점령이라는 압력에 붕괴됐고, 일련의 정치적 위기가 발발하자 모스크바의 낙관적인 관찰자들은 1921년 3월의 실패(39쪽과 74쪽을 보라)를 만회할 기회를 감지했다. 8월에 브란틀러를 비롯한 독일 공산당 지도자들이 모스크바에 소환됐고, 가을에 권력을 장악하기 위한 쿠데타 계획이 마련됐다. 하지만 전술에 관한 차이 때문에 자신감이 줄어들었다. 결국 계획 전체가 실패로 돌아갔고, 나중에 실패의 원인을 놓고 끝없는 비난이 오갔다. 10월 23일에 함부르크에서 공산주의자들이 고립된 봉기를 일으켰지만 쉽게 진압됐다. 이 무렵이면 슈트레제만이 산산조각 난 경제를 복구하겠다고 약속한 정부의 수반에 취임하고, 국방군 사령관 제크트가 질서 유지 능력에 대한 전면적인 자신감을 보여주고 있었다. 이 일화에서 역설적인 점은 쿠데타 시도에도 불구하고 독소 관계가 교란되지 않았다는 사실이다. 그 교훈은 분명했다. 독일 공산주의자들을 마음대로 다뤄도 된다고 보장받은 제크트는 모스크바와 군사 협력을 지속하고 발전시킬 동기가 확실히 있었고, 슈트레제만은 기꺼이 이 정책에 동의했다. 소비에트 정부는 터키에서처럼 독일에서도 국제 외교 게임에서 동맹자와 협력자를 가질 필요성을 희생하면서까지 그 나라의 공산주의자를 지지할 여력이 없었다. 이탈리아 무솔리니의 파시즘 정권과 기꺼이 우호적인 관계를 추구한 사실에서도 똑같은 교훈을 끌어낼 수 있다.

1924년은 더 전도유망한 조짐으로 시작됐다. 영국에서 처음으로 권력을 잡은 노동당 정부는 2월 1일에 소비에트 정부를 법적으로 인정했고, 이탈리아도 며칠 뒤 인정했다. 프랑스의 5월 선거는 에두아르 에리오가 이끄는 좌파 연정 형성으로 귀결됐다. 하지만 혁명 전 러시아 채권을 소유한 이들이 강하게 반대한 탓에 소비에트 정부에 대한 인정은 10월까지 미뤄졌다. 런던에서는 여름 동안 1921년의 무역협정을 대체할 영소 조약을 체결하기 위한 교섭이 계속됐다. 영국의 금융계와 상업계, 그리고 보수당이 완강하게 반대했지만, 차관 공여 약속을 동반한 조약이 8월에 체결됐다. 조약이 체결되자마자 자유당은 노동당 정부에 대한 지지를 철회했고, 정부는 하원에서 패배했다. 조약은 비준 받지 못했고, 이후 치러진 선거에서 보수당이 압도적인 승리를 거두었다. 보수당의 성공은 선거 직전에 '지노비예프 서한' — 코민테른이 영국 공산당에게 군대를 비롯한 여러 분야에서 선전 활동을 수행하라고 지침을 내린 편지 — 이 발표된 덕이 컸다. 이 편지는 날조된 것이 거의 분명했다. 하지만 내용이 그럴듯해 보였고, 소련과 영국의 소련 지지자들에 반대하는 여론에 한층 더 불을 지르기에 충분했다. 오스틴 체임벌린을 외무장관으로 한 새로운 보수당 정부는 공식적으로 관계를 단절하지는 않았지만,

1925년 내내 사실상 소련 정부와의 모든 교섭을 중단했다. 채무와 배상 청구 문제를 해결하기 위해 프랑스와 소련이 벌인 교섭도 마찬가지로 교착 상태에 빠졌다.

한편 대규모 국제 차관 원조를 통해 독일의 배상 의무를 합의 하에 해결한다는 '도스안Dawes plan'이 외교적·금융적으로 미국의 지원을 받는 가운데 1924년 8월에 수용되자, 유럽의 세력균형이 바뀌었다. 이것은 1918년의 승자와 패자 사이에 화해를 이루는 과정의 출발점이었는데, 이 과정은 1925년 10월 로카르노에서 시작되어 12월 1일 런던에서 거창한 의식을 거쳐 조인된 유명한 로카르노 조약에서 정점에 달했다. 이 조약의 본질은 독일의 기존 서부 국경선을 상호 보장하는 것이었다. 독일은 베르사유 강화조약에서 결정된 이 서부 국경선을 자발적으로 수용했지만, 독일의 이런 태도는 동부 국경을 수용하는 데까지 확대되지 않았다. 모스크바는 로카르노 조약을 안 좋게 받아들였다. 독일의 대외정책에서 서쪽을 지향하는 태도가 새롭게 등장하고 라팔로 조약을 뒤집는 증거로 간주했다. 더 나아가 소비에트 정부는 독일이 국제연맹 가입과 더불어 국제연맹 이사회 이사국 지위를 약속받은 것으로 이해했으며, 독일이 국제연맹 회원국으로서 국제연맹이 소련에 가하는 제재에 참여할 의무를 지게 될 것이라고 특별히 우려를 표명했다. 이런 우려에 대처하려는 시도로서, 국제연맹 회원국은 "자국의 군사적 상황에 부합하고 그 나라의 지리적 위치를 고려하는 정도"로만 제재에 참여하도록 요청받을 수 있다는 선언이 작성되어 로카르노 조약의 모든 당사국이 서명했다.

이런 조건에 따라 독일은 마침내 1926년 9월 국제연맹에 가입했다.

　로카르노 조약 당사자들이 그렇지 않다고 보증했지만, 모스크바는 이 조약이 독일을 서구 세계에 재통합하고, 소련과 얽히지 않게 떼어내며, 소련을 국제사회에서 이질적인 요소로 고립시키려는 시도라고 제대로 평가했다. 이 시도가 완전히 성공한 것은 아니었다. 1918년의 굴욕 때문에 여전히 자존심에 상처를 입은 독일은 서구 열강들 사이에서 열등한 지위를 의식하고 있었고, 열강들에게만 의존하게 되는 상황을 바라지 않았다. 이제 소련과의 제휴 관계는 라팔로 조약으로 두 고립국이 하나로 뭉쳤던 시절만큼 친밀하지는 않았다. 하지만 이런 제휴 관계는 여전히 독일에게 서구와의 관계에서 유리하게 활용할 수 있는 협상 카드였으며 유럽의 세력균형에서 중요한 요소였다. 폴란드에 대한 공통의 불신은 여전히 두 나라 사이의 굳건한 연결고리였다. 독일과 소련의 비밀스러운 군사 협력은 순조롭게 작동하고 있었다. 따라서 독일 국방군은 이 관계를 교란하려는 어떤 시도에도 강하게 반대했을 것이다. 경제 관계는 양국 모두에게 수익성이 좋았다. 슈트레제만이 로카르노에서 체임벌린 그리고 브리앙[국제연맹의 프랑스 대표]과 교섭하던 바로 그 순간에, 모스크바에서는 일군의 독일 은행들이 상당한 신용을 공여하는 내용을 포함한 독소 무역협정이 체결됐다. 소련에게 독일은 가장 크고 믿음직한 무역 파트너였다.

　그러나 이는 동유럽에서 거점을 유지하려는 독일의 관심을 보여주는 것만은 아니었다. 반反소련 국가 연합을 구축하려는 영국의 시도를 비난하는 데 만족하지 못한 소비에트 정부는 이런 구상에 반대하는 데 관심을 보일 만한 다른 나라들과 지금 시기에 특별한 관계를 수립하고자 했다. 그러나 소련은 어떠한 군사적 약속을 수행하려는 생각이 없었고, 또 주로 소련에 대항하는 공동 행동을 차단하는 데 관심이 있었기 때문에, 각 당사국이 군사적으로나 경제적으로나 상대방에 적대적인 행동에 참여하지 않고, 상대방에 대한 공격으로 전쟁이 발발하는 경우에 중립을 지켜야 한다는 내용이 정식화되어 제안됐다. 이런 정식화에 입각해서 1925년 12월에 터키와 조약이 조인됐다. 1926년 4월 24일 체결된 독소 조약에서도 표현상 약간 다른 점이 있지만 동일한 정식화가 구현됐다. 일부 독일인들은 비스마르크가 1887년 러시아와 체결한 '재보장 조약'[당시 독일제국은 프랑스의 보복에 대비하기 위해 러시아의 중립이 필요했고, 러시아제국도 아시아에서 영국과 경쟁하고 있어 독일의 지지가 필요했다. 그리하여 제3국과의 전쟁에서 상호 중립을 지키는 조약을 체결한다.]의 선례를 상기시켰고, 독소 조약은 서구를 상당히 곤혹스럽게 했다. 이따금 거친 사건들이 터져서 모스크바와 베를린 사이의 정상적인 교섭이 방해를 받았다. 이런 사건들 가운데 가장 심각한 것은 1926년 12월에 벌어졌는데, 당시 소련이 비밀 군사협정에 따라 독일에 전쟁 물자를 운송한 사실을 독일 사회민주당이 알게 됐다. 사회민주당은 제국의회에서 공개적으로 항의해 독일 정부와 소비에트 정부 양쪽, 그리고 특히 독일 공산주의자들과 우파 민족주의자들에게 심각한 당혹감을 안겨주었다. 하지만 연합국이 보복할 것이라는 공포는 현실화되지 않았다.

서구 강대국들은 로카르노 조약으로 확립된 독일과의 친선 관계를 유지하는 데 몰두하고 있던 터라, 이런 거북한 문제를 제기하지 않았다. 폭풍은 가라앉았고, 이후 몇 년 동안 소련과 서유럽의 관계는 거의 백지 상태였지만, 독일과의 정치·군사·경제·문화 관계는 여전히 다른 어떤 나라와의 관계보다도 한층 더 가깝고 실속이 있었다.

소련과 외부 세계의 관계에 관한 정책과 전망에서 혁명적인 요소는 제도적으로는 코민테른으로 구현됐는데, 아직도 간혹 외무인민위원부가 수행하는 외교 활동과 충돌하면서 일시적으로 당혹스러운 문제를 야기하는 듯 보였다. 그러나 혁명의 요구와 외교의 요구가 충돌한다는 가정 ― 소비에트 정부는 코민테른의 의사 진행에 아무 책임이 없다는 주장에 의해 조장됐다 ― 이 얼마나 허깨비 같은 소리인지는 끊임없이 되풀이되는 주장, 즉 소련이 세계 혁명의 유일하고 견고한 보루이며 세계 혁명의 가능성은 소련의 힘과 안보에 달려 있다는 주장 때문에 그 실체가 드러났다. 이 가설에 따르면, 국제 혁명의 이익과 소련의 국가적 이익은 분리가 불가능하다. 이 견해의 논리적 결론은 종종 코민테른의 '지부'라고 지칭되는 다른 모든 공산당이 러시아 당에 의존하는 것이었다. 코민테른과 러시아 당이 충돌한다는 것은 상상조차 할 수 없는 일이었다. 1922년 봄 노동자반대파 성원 22명이 러시아 당의 부당 대우에 맞서 규약에 정해진 자격에 의거해 코민테른에 호소했을 때, 이 호소는 불가리아의 콜라로프와 독일의 클라라 체트킨이 포함된 위원회에 의해 즉각 거부당했다. 오직 러시아 당만이 혁명을 승리로 이끌었다. 러시아 당은 다른 당들을 혁명의 길로 이끌고 지시할 권리와 의무를 이미 획득했다. 코민테른이 러시아 모델에 입각해서 세운 기관으로 발전하고 러시아 당을 중심으로 모였다는 역사적 사실은 이런 주장을 뒷받침했다.

각국 공산당과 코민테른의 중앙 기관 사이의 관계는 1924년 6월에 열린 5차 대회의 기조였다. 10월 봉기에 실패한 독일 공산당 지도자들은 우파라고 비난을 받았고, 좌파 출신인 루트 피셔와 마슬로브로 지도부가 새로 교체됐다. 프랑스와 폴란드의 당에서도 전에 트로츠키에 찬성한다고 선언한 지도자들이 이제 우파로 낙인이 찍히는 비슷한 방식을 통해 교체됐다. 그러나 대회에서 좌파의 덕목을 찬양하는 미사여구가 난무하는 가운데서도, 새로운 좌파 지도자들에게 요구되는 주된 자질이 모스크바의 결정에 복종하는 규율 있는 태도라는 점은 분명했다. 지노비예프는 각국 공산당의 "볼셰비키화"라는 구호를 내세웠는데, 대회 결의안에 담긴 볼셰비키화의 정의는 "과거에나 지금이나 국제적이고 일반적인 의미를 갖는 러시아 볼셰비즘의 모든 내용을 우리 각 지부에 전달하는 일"이었다. 볼셰비키화 노선의 채택은 당연한 결과처럼 보였다. 이 노선은 다른 나라에서 혁명이 지연된 데 따른 자동적인 산물이었으며, 성공한 사회주의 혁명의 유일한 본보기로서 소련의 역할을 인정한 일국사회주의 이론을 통해 새롭게 강화됐다. 이제까지 코민테른 활동에 전혀 참여하지 않았던 스탈린은 5차 대회에 특별한 자격 없이 참석했는데, 각광받는 자리는 지노비예프에게 양보하고 총회가 아닌 몇몇 위원회 회의에서 연설해 해외 대표단에게 자신을 알렸다. 대회에 참석한 트로츠키는 얼마 남지 않은 1914년 전쟁 10주년 기념일에 관한 대회 선언문 초안을 작성했고 연설은 하지 않았다.

이후 3년 동안 소련이 자본주의 세계에서 고립되자 모스크바에서는 불안감이 점점 커졌다. 1914~1918년에 심각하게 동요한 유럽 각국의 자본주의 경제는 1920년대 중반에 이르러 균형 상태를 회복했고, 미국의 투자에 자극 받아 번영의 물결을 누리고 있었다. 코민테른은 서구 각국이 "자본주의적 안정" 상태를 달성했다고 인정했지만, "상대적"이고 "일시적"이라는 형용사를 붙여서 그 의미를 제한하고 "소비에트의 안정"에 관한 주장을 나란히 덧붙였다. 하지만 이런 고려사항은 신중한 분위기를 부추겼다. 5차 대회에서 친절한 대접을 받았던 외국 정당의 좌파 지도자들은 이후 2년 동안 경질되어 온건파로 교체됐다. 코민테른은 연례 대회를 포기하고 대신 집행위원회 '확대' 회의를 열었으며, 6차 대회는 1928년까지 소집되지 않았다. 다가오는 혁명에 관한 전망이 여전히 환기됐지만, 확신은 점점 줄어들었다. 혁명적 선전을 하기는 했지만, 소련을 적대시한다고 알려져 공포의 대상인 정부들에 맞서는 방어 무기로 주로 사용됐다. 서구에서는 스탈린의 부상이 어느 정도 만족스럽게 환영을 받았다. 트로츠키나 지노비예프 같은 혁명 선동자가 힘을 잃고, 자기 나라의 운명을 회복시키는 데 열중하는 온건하고 신중한 지도자가 대두했기 때문이었다.

이 시기는 다른 좌파 정당·그룹과 공산주의자 간의 협력을 열심히 설파한 공동전선의 전성기이자, 표면상 공산주의는 아니지만 모스크바로부터 격려 받고 재정 지원도 일부 받는 국제 '전선' 조직의 전성기였다. 이 전선 조직들은 코민테른이 선호하는 대의를 지지하는 이질적인 그룹이나 정당의 좌파 동조자들을 끌어모았다. 이런 조직 가운데 가장 유명한 성공작으로 손꼽히는 반제국주의연맹은 1927년 2월 브뤼셀에서 창립 대회를 열었는데, 사상 최초로 중국·인도·인도네시아, 중동, 아프리카의 많은 지역, 라틴아메리카, 미국 흑인 등의 대표단들이 모인 가운데 제국주의 열강이 종속 민족들에게 가하는 폭정에 항의했다. 1927년 11월 모스크바에서 열린 혁명 10주년 기념식은 기라성 같은 저명한 해외 내빈이 참석해 '소련의 친구들'이라는 국제 협회를 결성하는 자리가 됐다. 국제노동자구호회와 국제계급전쟁수감자구호회 같은 조직들은 모스크바에 본부를 두고 다른 주요 국가에 지부를 둔 채 비공산주의 좌파와 접촉을 유지하면서 소련에 대한 공감을 설득한다는 동일한 목표를 추구했다.

영국 노동운동과의 관계는 처음부터 기묘했다. 영국 공산당은 1920년에 노동당에서 떨어져 나온 몇몇 극좌파 그룹이 통합해 만든 당으로 1920년대 중반에 당원 수가 5000여 명 정도였다. 노동자 운동의 중핵을 형성하고 노동당에 지배적인 영향력을 미치는 영국 노동조합의 독특한 힘이 공산당의 취약점을 상쇄해 주었다. 게다가 영국 노동조합은 러시아 혁명과 소비에트 체제에 대해 따뜻하면서도 실질적인 지지를 여러 차례 보여준 적이 있었다. 자본주의 국가의 노동조합을 자기편으로 끌어들이는 것은 1921년 모스크바에서 창설된 적색노동조합인터내셔널(일명 프로핀테른Profintern)의 임무였다. 프랑스와 체코슬로바키아에서는 프로핀테른의 시도가 성공을 거두어, 흔히 암스테르담인터내셔널이라 불리는 기존 국제노동조합연맹IFTU에 소속된 노동조합과 프로핀테른에 소속된 노동조합이 어느 정도 동등하게 노동운동을 양분했다. 독일에서는 분열이 전혀 없었고, 공산당원들이 암스테르담인터내셔널에 속한 노동조합들에서 상당한 영향력을 행사했다. 영국에서는 노동조합이 거의 예외 없이 암스테르담에 계속 충실했다. 하지만 영국 노동조합의 다수는 여러 해 동안 계속해서 국제 운동의 분열을 개탄하며 경쟁하는 두 연맹의 화해를 호소했다. 그러나 암스테르담과 모스크바 사이에는 깊은 이데올로기적 차이뿐 아니라 극심한 시기심도 있었기 때문에, 이런 호소는 가망 없는 욕심이었다.

프로핀테른은 코민테른이 공동전선 정책으로 전환하던 바로 그 순간에 창설됐다. 레닌이 1920년 2차 대회에서 '공동전선'이라는 표어로 1년 뒤 모양을 갖추게 되는(35~37쪽을 보라) 구상의 윤곽을 처음 제시했을 때, 그의 발언은 주로 영국 문제와 영국 공산주의자들이 노동당의 "맥도널드파와 헨더슨파"를 지지할 필요성을 겨냥하고 있었다. 노동당은 독특한 당헌 덕분에 영국 공산당 당원들이 동시에 노동당 당원 자격도 유지하는 것이 가능하고 일반적인 일이었다. 영국에서 노동조합은 공산당원은 아니지만 공산주의에 동조하는 노동자들에게 호소할 수 있는 가장 자연스러운 기반이었다. 전형적인 영국 공산주의자는 호주머니에 신분증 세 개 ― 공산당 당원증,

노동조합 조합원증, 노동당 당원증 — 를 넣고 다녔다고 한다. 프로핀테른은 런던에 사무소를 설치했고, 이에 자극을 받은 영국 공산당은 두 개의 공동전선 조직을 추진했다. 노동조합 내에서 급진파 역할을 하는 전국소수파운동NMM과, 공산당이 지도부를 맡지만 노동자의 광범한 참여를 보장하고 당시의 주요 병폐인 실업에 관해 선전·선동을 수행하는 전국실업노동자운동NUWM이 그것이었다. 노동당은 공산당의 거듭된 제휴 요청을 거부했지만, 노동당 기층 당원들은 공산당원 개개인에게 처음에는 냉담하지 않았다. 1922년 선거에서 공산당원 2명이 의원으로 선출됐다. 한 명은 노동당의 공식 후보였고, 다른 한 명은 노동당의 암묵적인 지지를 받았다.

반발은 노동조합보다 노동당에서 더 신속하게 나왔다. 1924년 노동당은 공산당원을 노동당 공식 후보로 선정하는 것을 금지했다. 공산당원의 노동당 당대회 참가를 금지한다는 결정이 내려졌지만, 노동조합이 공산당원을 대의원으로 포함하고 있는 한 이 결정은 실효성이 없었다. 노동조합 내에서 친소 감정은 시련을 견디며 더욱 강해졌다. 소비에트 노동조합 지도자 톰스키는 1924년과 1925년 영국 노동조합 대회에서 열광적인 분위기 속에 연설했고, 1924년 12월 소비에트 노동조합 대회에는 영국 대표단이 참석했다. 지노비예프 서한이 공개되고 노동당 정부가 패배한 직후의 일이다. 1925년 초 양국 노동조합의 협력을 발전시킨다는 목표로 영-소 합동 노동조합위원회가 결성됐다. 하지만 이 기획은 소련과 영국 노동조합 지도자의 견해 불일치와 차이, 그리고 암스테르담인터내셔널에 반대하는 입장에 서는 일을 꺼리는 영국 노동운동의 태도를 과소평가한 것이었다. 위원회 회의는 소련과 영국 대표단이 점점 날카롭게 비난을 주고받는 자리가 됐다. 프로핀테른의 활동과 영국 지도자들에 대한 소련의 수많은 거센 비판에 대해 영국 쪽은 분개했고, 전국소수파운동과 전국실업노동자운동의 공세적인 전술은 계속해서 짜증을 야기했다. 영국 노동조합회의TUC 총평의회에서는 반소련 다수파가 점점 줄어드는 친소련 소수파와 대결했다.

분기점은 1926년 5월 영국에서 벌어진 총파업이었다. 소련이 보기에 총파업은 정치적 행위이자 권력을 잡으려는 시도, 계급전쟁의 행동이자 프롤레타리아 혁명의 시작이었다. 한편 영국 쪽에서 보면, 총파업은 처음부터 쭉 임금을 둘러싼 분쟁이었다. 노동조합 지도자들과 절대 다수의 노동자들은 기존 체제를 전복하기보다는 그 체제에서 더 공정한 이익을 분배받고자 했다. 모스크바에서 혁명을 권유하는 소리가 퍼져 나오자 그들은 깜짝 놀라 거리를 두었다. 그리고 그들은 소련 노동조합이 재정 원조를 제공하겠다고 하자, 자신들의 대의가 손상된다는 핑계로 거절했다. 소련 지도자들은 영국 지도자들이 준 이런 모욕을 결코 잊지 않았다. 10일 뒤에 영국 지도자들이 패배를 인정하고 총파업을 철회하면서 광부들 — 광부들에 대한 부당 대우가 애초에 총파업을 촉발하고 고무한 원인이었다 — 을 고립무원의 투쟁으로 몰아넣자, 소련의 눈에는 이런 처사야말로 영국 노동조합 지도자들이 부르주아지에게 투항했으며 유일한 희망은 믿을 수 없는 노동조합 관료 집단에 맞서 기층 노동자들이 반란을 일으키는 것뿐임을 보여주는 결정적인 증거로 보였다. 이제 영국 지도자들에 대한 소련의 증오는 달랠 길이 없었고, 영국 노동조합원 다수가 지도자들에게 충성하는 현실을 뒤흔들지 못하자 영국 노동운동과 소련의 관계는 오랫동안 냉랭해지고 악화됐다.

총파업, 그리고 파업 참가자들에 대한 모스크바의 재정 원조 제안은 1924년 가을 이래 보수당의 유명 정치인들이 점점 열띠게 수행하던 반소련 캠페인에 기름을 부었다. 1926~1927년 겨울 동안 보수당의 여러 진영 안에서 소련과의 관계를 단절하자는 요구가 걷잡을 수 없이 커졌다. 1927년 5월, 런던에 주재한 소련 무역 대표부의 몇몇 사무실이 있던 아르코스 구내를 경찰이 불시 단속했다. 압수된 문서에는 폭로하면 세상이 깜짝 놀랄 정도의 내용은 없었다. 그러나 이 작전의 목적은 분명했고 당국은 실망하지 않았다. 5월 24일, 스탠리 볼드윈[당시 영국 총리]은 소련과 외교관계를 단절하고 무역협정을 파기한다고 발표했다. 영국의 선례를 따른 다른 나라 정부는 없었다. 하지만 영국의 태도는 여전히 유럽의 외교 무대를 지배했다. 이 제스처만으로도 불안감을 널리 퍼뜨리기에 충분했다. 전쟁, 아니 적어도 경제적·금융적 봉쇄에 대한 두려움이 모스크바에 만연했다. 지난해에 피우수츠키가 폴란드에서 권력을 장악했고, 영국이 그에게 소련에 대항하는 군사행동을 부추기거나 지지할지 모른다는 우려가 감지됐다. 영국 노동조합회의는 1927년 9월 연례 대회에서 오래 전부터 모스크바에서 트로츠키와 반대파의 공격 대상이었던 영-소 노동조합위원회를 해산하기로 표결함으로써 소련 지도자들의 당혹감을 더욱 부채질했다. 지평선에 한 가닥 빛도 보이지 않았다. 수확이 끝나자 엄청난 규모의 곡물 징수 위기가 이어졌다. 당내 반대파와의 싸움은 격렬함이 절정에 달했다. 아시아에서도 소련의 운명은 바닥으로 떨어졌다.

이 시기 내내 미국 정부는 소련 정부를 인정하거나 하다못해 소련 정부와 어떤 관계를 맺는 것도 단호하게 거부했다. 이런 태도는 이후 여러 대통령과 국무장관에 의해 되풀이됐고, 오직 소수의 급진적 지식인과 소련과의 무역 재개에 관심이 있는 몇몇 은행가와 기업가들만이 이의를 제기했다. 공식적인 무역 금지령이 철폐된 뒤에도 소련에 대한 대부 금지, 소유권이 의문시된다는 추정상의 이유를 근거로 한 소련의 금 수취 거부, 은행의 신용 공여 거부 등의 조치 때문에 대규모 거래는 사실상 금지됐다. 하지만 무역의 물줄기가 가늘게나마 흐르기 시작했다. 1924년 소련 당국은 런던의 아르코스에 해당하는 무역회사를 암토그Amtorg라는 이름으로 뉴욕에 설립했다. 비공식적 소련 특사가 워싱턴에 주재하면서 개인 자격으로 미국 국무부를 방문하기도 했다. 1925년 미국의 금융가 해리먼이 캅카스 지역에서 망간 광산을 운영하는 이권을 확보했다. 이 사업은 성공을 거두지는 못했고 이권은 나중에 취소됐지만, 양국 관계의 물꼬를 트는 계기였다. 그러나 미국 기업가들이 소련 시장에 본격적으로 관심을 기울이게 되는 것은 소련에서 산업화가 진행되는 1927년 이후의 일이었다.

10 소련과 동방(1923~1927년)

The USSR and the East(1923-1927)

비유럽권 나라들은 마르크스의 사고에서 주변적 자리만 차지했고, 제1인터내셔널과 제2인터내셔널에서 무시됐다. 레닌이 1916년에 출간된 유명한 저작에서 '제국주의'를 자본주의의 최고·최후 단계로 진단했을 때, 그는 식민지 종속국에 대한 함의보다는 제국주의 국가들에 대한 함의에 더 관심이 많았다. 혁명 첫해에 아시아 민족들에게 보낸 선언은 대체로 외국, 특히 영국의 지배에 맞서 반란을 일으키라는 선동이었고, 1919년 3월 코민테른 창립 대회는 선언문에 '아시아와 아프리카의 식민 노예들'에게 보내는 호소를 포함시켰다. 이른바 '식민지·반半식민지 국가들'에 대한 정책을 규정하려고 처음 시도한 것은 1920년 6월 2차 대회에서였다. 레닌이 초안을 작성한 테제는 "모든 민족운동과 식민지 해방운동이 소비에트 러시아와 긴밀한 동맹"을 이루어야 한다고 호소했다. 동맹을 맺는 상대인 민족운동의 성격이 부르주아 민주주의인지 프롤레타리아 공산주의인지는 해당 국가의 발전 단계에 좌우됐다. 후진국에서는 공산주의자들이 부르주아 민주주의 성격의 운동일지라도 모든 '민족적–혁명적' 해방 운동을 기꺼이 지지해야 했다. 이것은 상식적인 해법이었기 때문에 계속해서 여러 현실적 문제가 제기됐다.

대회 이후 코민테른은 바쿠에서 '동방 민족 대회'를 소집해 동방 문제에 관한 최초의 주요 계획을 내놓았다. 이 대회에는 2000명에 가까운 대표단이 참석했는데, 대다수가 중앙아시아 참가자였고 무슬림이 압도적으로 많았다. 이 지역 전체에서 영국 제국주의를 주적으로 묘사하는 것은 어렵지 않았고, 실제로 이것이 대회 연설자들이 읊은 주된 주제였다. 하지만 많은 무슬림 대표단이 종교 감정을 드러내고, 1908년 청년투르크당의 민족주의 혁명을 이끈 지도자인 엔베르 파샤[오스만투르크의 군인이자 정치가]가 참석한 일 때문에 당혹감이 생겼다. 엔베르는 아르메니아인 대량학살의 책임자로 널리 알려진데다가 사회주의나 민주주의에 대한 신념도 눈에 띄게 부족했다. 대회는 1회로 그쳤고 지속적인 어떤 성과도 낳지 못했다. 1년 뒤 비슷한 형태의 극동 민족 대회가 이르쿠츠크에서 열릴 계획이었다. 그런데 계획은 실현되지 못했고, 결국 대회는 1922년 1월 모스크바에서 열렸다. 하지만 이 무렵이면 이미 열정이 시들해진 상태였고, 지난번의 바쿠 대회에 비해 인상적이지 못했다. 극동에서는 일본이 서구 모델에 따라 산업화에서 많은 진보를 이루고, 많은 프롤레타리아트를 보유하며, 따라서 혁명의 전망이 가장 밝아 보이는 나라였다. 그러나 일본 대표단은 코민테른 창립 대회에 한 명도 참석하지 않았고, 자본주의 일본은 서구의 자본주의 국가들보다 공산주의의 영향력이 침투하기가 훨씬 더 어려웠다. 공산주의 선전과 소비에트의 외교가 가장 많이 결실을 본 곳은 제국주의 지배로부터 해방되려는 민족운동이 '불평등 조약'과 '조약 항港'의 외국인 거류지를 겨냥하던 중국이었다.

레닌은 1912년의 중국혁명[신해혁명은 1911년에 시작되어, 1912년 1월 난징에서 쑨원을 임시 대총통으로 하는 중화민국 정부가 수립된다.]에 고무되어 같은 해에 쓴 글에서 "수억 명의 아시아 노동자들에게는 모든 문명국의 프롤레타리아트 속에 믿음직한 동맹자가 있다."고 선언하고, 프롤레타리아트의 승리는 "유럽 민족과 아시아 민족을 해방시킬 것"이라고 예측했으며, 중국 민족주의 지도자 쑨원孫文을 "혁명적-민주주의적 중핵"을 강령에 담고 있는 나로드니키라고 묘사했다. 1918년에 쑨원이 광둥에 소수 반대파의 민족주의 정부를 수립해 민족운동에서 인정받는 지도자가 됐을 때, 쑨원과 치체린은 편지와 전보를 교환함으로써 두 혁명 중심지의 상호 공감을 보여주었다. 1920년대 초 소비에트 외교는 중국에서 먼저 활발해졌다. 일본군은 내전에 가담했던 다른 열강들이 군대를 철수한 뒤에도 오랫동안 시베리아에 머물렀다. 하지만 1921년 미국이 압력을 가하자 일본군은 철수했다. 소비에트군은 점차 동쪽으로 이동해서 외몽골을 점령하고 있던 백군 군대를 몰아냈으며, 1921년 11월에 소비에트의 후원과 통제를 받는 몽골인민공화국이 선포됐다. 1922년 여름, 모스크바는 존재감이 별로 없고 거의 무력한 베이징의 중국 정부와 관계를 정리하려는 시도로 이오페를 급파했다. 이 시도는 실패로 돌아갔다. 하지만 1923년 1월 이오페는 최근 광둥에서 밀려난 쑨원과 상하이에서 회담을 가졌다. 제국주의에 저항하기 위해 민족운동과 공동전선을 구성하고 협력한다는 원칙이 소비에트 정책에 확고히 삽입되는 순간이었다. 회담 마지막에 조인된 공동 선언은 "공산주의 질서든 소비에트 체제든 중국에는 실제로 도입될 수 없다. 중국에는 공산주의나 소비에트주의를 성공적으로 수립하는 데 필요한 조건이 부재하기 때문이다."라는 쑨원의 견해를 이오페가 받아들인 사실이 기록되어 있다. 하지만 "중국에 가장 중요하고 시급한 문제는 민족 통일을 달성하고 완전한 민족 독립을 이루는 것"이라는 데 합의했고, 이오페는 중국이 이 과제를 추구하는 과정에서 러시아의 진심 어린 공감과 지원에 의지할 수 있을 것이라고 보장했다.

두 달 뒤 쑨원은 광둥에서 다시 권력을 장악했고, 이오페와의 합의는 소비에트가 쑨원·국민당과 손을 잡는 장기적이고 생산적인 협력의 출발점이었다. 1923년 가을 쑨원의 부관인 장제스蔣介石가 무기와 장비 공급을 교섭하기 위해 모스크바로 파견됐다. 미국 태생으로 영어를 구사하는 러시아 공산주의자 보로딘이 쑨원의 고문 역할을 하기 위해 광둥에 도착했다. 이듬해 동안 보로딘은 자신과 쑨원, 소비에트 정부와 국민당 사이에 긴밀한 동맹을 공고히 만드는 데 성공했다. 공동의 목표는 영국, 일본, 미국 등 제국주의 열강의 지배로부터 중국을 해방시키는 것이었다. 쑨원은 광둥으로 돌아온 이래 이

곳에 민족주의 정부를 수립하고는, 언젠가 군사적으로 '북벌'을 개시해서 중국을 재통일하고 특권을 누리는 외국의 침입자들을 몰아내려고 계획했다. 광둥에 도착한 소련의 군사 공급품은 처음에는 많지 않았지만 점점 양이 늘었다. 소비에트 군사 고문단은 광둥군을 증강하고 새로운 군사학교에 장비와 인력을 채우는 데 도움을 주었다. 쑨원은 보로딘의 인도를 받아 국민당의 느슨한 조직을 탄탄하게 강화했다. 1921년 창건된 중국 공산당은 당시 당원이 1000명 남짓으로 주로 마르크스주의 지식인이었다. 보로딘이 도착하기 전에, 명백히 코민테른의 선동에 따라 중국 공산당 당원들이 국민당에도 가입하기로 합의가 이루어졌다. 분명, 공산당원 다수가 이중으로 노동당원 자격도 갖고 있던 영국을 본보기로 삼았다. 입당 조치의 의도는 규율 있고 헌신적인 집단이 더 크고 느슨한 조직을 강화하기 위한 자극제가 되는 것이었다. 이 모든 조정은 마르크스주의 이론과 쑨원의 '삼민주의(민족, 민권, 민생)'의 불일치를 은폐했다. 다른 모든 것들이 제국주의에 대항하는 민족 혁명에 종속되는 한 어려운 일은 없었다. 보로딘이 국민당 강령에 지주의 토지 몰수를 포함시키라고 재촉하고 나서야 쑨원은 완고하게 저항했고, 결국 보로딘은 양보할 수밖에 없었다.

1924년 말 쑨원은 상황을 점검하기 위해 일본과 중국 북부로 여행을 떠났다. 도중에 그는 병에 걸렸고, 1925년 3월 12일에 베이징에서 사망했다. 국민당 좌파 소속으로 현명하지만 유약한 왕징웨이汪精衛가 후계자로 가장 유력해 보였다. 그런데 장제스가 군사적 역량과 모스크바에 방문해서 얻은 위신으로 지배적인 지위를 차지했다. 하지만 그는 당장은 정치적 야심을 전혀 드러내지 않았고, 국민군을 증강하는 데 소련의 지원에 크게 의지했다. 1925년의 가장 충격적인 사건은 5월 30일에 영국이 지휘하는 상하이 시 경찰이 파업을 벌이는 노동자와 학생 시위대에 발포해서 그중 몇 명이 사망한 일이었다. 이 행동으로 벌어진 총파업과 대규모 노동자 소요는 두 달 동안 계속되면서 광둥까지 확산됐다. 중국 공산당의 지도 아래 상하이에서 실질적인 힘이 있는 노동조합 조직이 처음으로 결성됐고, 공산당 당원 수는 몇 주 만에 1만 명으로 급증했다. 이와 같은 중국 최초의 노동자 반란의 징후가 낳은 한 가지 결과는 영국과 소련의 상호 적대가 첨예해진 것이었다. 또 다른 결과는 국민당 내에서 민족해방 대의에는 몰두하지만 사회혁명에는 적대적인 우파의 성장이 촉진된 것이다. 장제스는 사태를 지켜보며 조용히 좌파와 우파 사이에서 교묘하게 움직였다.

광둥을 중심으로 한 민족 혁명 운동에 대한 관심이 소비에트의 중국에 대한 관심의 전부는 아니었다. 소비에트 영토에 직접 접한 곳은 중국 북부였다. 일찍이 1923년 8월 카라한이 중국 정부에 파견된 외교 대표로서 베이징에 도착했고, 1924년 5월에 중소 관계를 정상화하는 조약을 체결했다. 소비에트 정부는 예전에 러시아가 다른 주요 열강들과 함께 중국에서 누리던 치외법권과 이권을 이미 포기한 상태였다. 아직 남은 쟁점은 중국 정부가 여전히 주권을 주장하는 외몽골과, 만주를 가로질러 블라디보스토크까지 이어지는, 러시아가 건설한 동청철도東淸鐵道였다. 외몽골은 중소 조약에 의해 중국의 '필수 부분'으로 인정됐지만, 소비에트 군대나 행정관들이 철수하는 날짜는 정해지지 않았고, 소련은 몽골인민공화국을 확실히 통제하기로 결심했다. 동청철도는 중국인 5명과 소련인 5명으로 구성된 위원회의 통제를 받았는데, 철도 총관리인은 소비에트 정부가 임명했다. 이런 조정은 나중에 많은 마찰을 야기했다. 소비에트 정부는 북중국에서 자국의 이익을 방어하고 남부에서 혁명의 대의를 장려하는 것이 양립할 수 없다는 점을 전혀 의식하지 못했다. 하지만 국민당의 일부 진영은 소련이 민족주의 운동의 불구대천 원수와 협정을 체결한 사실에 격노했다.

중소 조약을 교섭한 베이징의 중국 정부는 한동안 중국 중부를 지배한 전력이 있고 영국 정부의 지지를 받는 군벌인 우페이푸吳佩孚가 느슨하게 지배하고 있었다. 1924년 가을, 우페이푸와 만주의 군벌이자 일본의 앞잡이인 장쭤린張作霖 사이에 교전이 발발했다. 중국 서북부의 넓은 지역을 차지한 펑위샹馮玉祥이 이탈하자 우페이푸가 예상보다 빨리 패배했다. 지금까지 우페이푸의 부하였던 펑위샹은 이제 국민당과 광둥의 민족주의 정부에 공감한다고 발표했다. 이런 전선의 변화는 모스크바가 보조금과 지원을 제공한 덕분이었는지도 모른다. 우페이푸의 권위가 실추된 뒤, 펑위샹은 베이징과 주변 몇 개 성에 대한 지배권을 주장하려고 했다. 하지만 이런 야심은 1925년 말에 그를 몰아낸 장쭤린에 의해 좌절됐다. 그 후 불운한 베이징 정부는 장제스의 꼭두각시로 전락했다.

이제 중국에는 두 개의 주요 군사 세력만이 있었다. 북부의 장쭤린 세력과 남부에서 장제스의 지휘 아래 급속히 팽창하는 민족주의 세력이었다. 중국 중부의 대부분은 한때 우페이푸에게 충성을 맹세했지만 지금은 해체 상태에 있는 군대의 먹잇감이었다. 바로 이런 상황에서 1926년 초에 장제스는 오래 전부터 계획한 '북벌'을 여름에 개시한다는 중대한 결정을 내렸다. 보로딘이나 소비에트 고문단은 북벌을 환영하지 않았다. 전부터 북벌은 군사 준비 태세의 최종 목표로 계속 논의됐고 원칙적으로 큰 지지를 받았다. 그러나 당면한 미래에 벌일 구체적인 계획으로 제시되자 우려가 생겨났다. 북벌이 성공할지는 불확실했고, 제국주의 열강의 개입을 야기할 가능성이 커 보였다. 당시 소비에트 정부는 동청철도를 놓고 장쭤린과 분쟁이 일어날까봐 매우 경계하고 있었기 때문에 다른 곳에서 문제가 발생하는 것을 원치 않았고, 광둥에서 벌어지는 사태에도 큰 관심을 기울이지 않았다. 보로딘은 1926년 1월에 베이징과 펑위샹의 사령부를 방문하기 위해 광둥을 떠났는데, 그가 광둥을 비운 동안 장제스와 소비에트의 고위 군사 고문단 사이에 다툼이 벌어졌다. 소비에트 고문들은 북벌 계획에 대해 무뚝뚝하고 회의적인 시각을 갖고 있었다. 1926년 3월 20일, 공산당원이 지휘관인 중국 포함砲艦의 움직임을 둘러싸고 날조된 사건이 벌어지자, 장제스는 이 사건을 구실로 소비에트 고문 몇 명을 숙소에 구금하고 군대에 배속된 중국 공산당원들을 체포했다. 고문단은 금세 풀려났지만, 장제스는 자신의 권위를 문제 삼은 이들의 출국을 단호하게 요구했다. 보로딘이 4월 말

광둥에 돌아왔을 때는 양쪽 모두에서 평화가 회복되어 체면을 차리고 있었다. 문제가 된 고문들은 소련으로 철수하고 없었다. 전에 중국에서 복무한 적이 있고 장제스의 호감을 살 만한 인물인 붉은 군대 장교 블류허(일명 갈린Galin)가 확대된 소비에트 군사 고문단을 이끌기 위해 도착했다. 이제 모든 이들이 북벌이 시급히 필요하다는 점을 인정했고, 블류허와 참모진은 북벌을 계획하고 조직하기 위해 적극적으로 활동했다. 하지만 세력균형이 달라진 상태였다. 장제스가 지휘권을 확고하게 장악하고 있었다.

1926년 7월 초, 총 7만 명의 국민군이 소비에트 고문단의 전면적인 지원을 받는 가운데 광둥에서 북쪽을 향해 진군했다. 군사 행동은 빛나는 성공을 거두었다. 어떤 저항에도 맞닥뜨리지 않았을 뿐 아니라 대규모 증원군 — 우페이푸의 해산된 군대와 지주들의 토지를 약탈해서 생계를 잇는 무장 농민 그룹들 — 이 진군에 가세했다. 장제스가 9월 초에 중국 중부의 대규모 산업 도시이자 이전에 우페이푸가 지배하던 영토의 수도였던 한커우에 들어갔을 때, 그의 군대는 25만 명을 헤아렸다. 몇 주 뒤 장제스는 동쪽으로 이동해서 난창에 사령부를 세웠다. 상하이로 가는 길의 첫걸음을 내딛은 것이다. 11월에 광둥에 남아 있던 국민당 당국이 보로딘 그리고 그의 참모진과 함께 한커우로 이동했고, 이곳에서 열광적인 분위기 속에서 국민당 혁명 정부가 선포됐다. 도시는 인접한 산업 중심지 두 곳을 흡수해 확대됐고 우한이라는 새로운 이름이 붙었다. 우한과 모스크바 두 곳 모두 승리감에 도취된 순간이었다.

그러나 승리는 재앙의 씨앗을 은폐하고 있었다. 혁명 운동이 민족주의의 틀 안에 남아서 외국 제국주의로부터의 해방을 설파하는 한, 통일이 유력하게 우세했다. 하지만 일부 혁명 후원자들이 농민이나 노동자가 봉건제나 자본주의의 억압으로부터 해방되어야 한다고 이야기하기 시작하자 다시 불협화음이 생겨났다. 국민당은 프티부르주아 성향이 압도적으로 강했다. 당원 중에는 땅 없는 농민보다 소토지 소유자가 더 많았고, 국민군 장교는 대부분 토지를 소유하고 있었다고 한다. 또한 국민당은 노동자들이나 1925년 5월 30일 사태로 시작된 상하이의 노동조합 운동과 어떤 특별한 연계도 없었다. 1926년 11월 모스크바에서 열린 코민테른 집행위원회 회의는 중국 혁명의 승리를 축하하면서도 애매한 표현을 사용했다. 집행위원회는 프롤레타리아트가 주도권을 쥐는 혁명의 다음 단계를 내다보면서 중국에서 토지 혁명이 중요하다고 선언했다. 그리고 중국 공산주의자들에게 국민당에 남아서 민족 운동을 지지하라고 지시했다. 중국 공산당은 분열되고 머뭇거렸다. 하지만 보로딘은 모스크바의 견해를 정확하게 해석하면서 설령 노동자와 농민의 요구를 유리한 시기까지 연기하는 한이 있더라도 국민당을 충실하게 지지할 것을 주장했다.

위기는 국민당 자체의 분열을 통해 발생했다. 국민당 좌파를 대변하고 보로딘의 영향을 강하게 받던 우한 정부는 민족 혁명에 대한 지지를 사회혁명의 목표에 대한 말뿐인 동의와 결합했다. 우한의 남쪽에 있는 후난 성에서 농민 반란이 빈발했는데, 이때가 마오쩌둥

毛澤東이 처음으로 농민의 옹호자로 이름을 날린 순간이었다. 난창에
서는 장제스와 그의 장군들이 우파로 급격히 변신하면서 자신의 민
족주의적 야심에 사사건건 끼어드는, 다루기 힘든 농민과 노동자의
요구와 공산당에 대해 공공연히 적대감을 표현했다. 영국 정부의 바
뀐 태도도 이런 상황 전개를 부추겼다. 영국 정부는 국민군의 압도
적인 성공에 깊은 인상을 받아 그들과 싸우기보다는 타협하는 것이
더 현명한 처사라고 결론을 내렸다. 영국 정부는 한커우와 지우장
의 영국 이권을 중국의 통제 하에 돌려주고, 과거의 불평등 조약이
중국에 강요한 그 밖의 예속 상태를 완화하거나 폐지함으로써 합의
로 향한 길을 열었다. 오랫동안 소비에트의 후견에 조바심을 내다가
이제 후견이 없어도 될 만큼 충분히 강해진 장제스는 제국주의자들
의 축복을 받으면서 자신의 야심을 실현할 수 있는 눈부신 기회를
감지했다. 제국주의자들이 공산당과 그 당의 사회혁명 강령에 대해
갖는 반감이 장제스만큼이나 컸기 때문이다.

 이런 변화의 함의가 단번에 전부 실현된 것은 아니다. 당시 상하
이는 소규모 군벌인 쑨촨팡孫傳芳이 지배하고 있었는데, 그의 입지는
분명 취약했다. 1927년 2월 상하이의 노동조합들이 여전히 해방자
로 여기는 장제스의 도움을 기대하면서 노동자 봉기를 조직했다. 그
렇지만 장제스는 전혀 움직이지 않았고, 쑨촨팡은 쉽게 봉기를 진
압했다. 몇 주 뒤, 쑨촨팡의 군대가 상하이 외곽에서 벌어진 격전에
서 장제스 군대에 패배했다. 상하이의 노동자들이 다시 봉기를 일
으켜 지방 차원의 자치 정부를 세우고 국민군의 상하이 입성을 환

영할 준비를 했다. 마침내 장제스가 도착했을 때 그가 이런 행동에 동의하지 않는다는 사실이 드러났다. 군대가 질서를 강요했고, 정부 기관은 해체됐다. 뒤이어 모든 준비가 마무리된 4월 12일, 장제스는 상하이 전역에서 공산당원과 전투적 노동자를 상대로 대규모 조직적 학살을 벌였다. 중국 공산당과 노동조합은 소탕됐다. 이번에는 행동에 담긴 메시지가 분명했다. 장제스는 우한과 모스크바에서 격렬히 비난을 받았다. 하지만 이런 항의와 상관없이 장제스가 중국 중부와 남부에서 유일하게 효과적인 군대를 거느리고 있고, 이미 해외 열강의 동조와 묵인을 얻었다는 사실은 바뀌지 않았다.

그 며칠 전에는 또 다른 재난이 벌어져서 소비에트 정책과 중국에서 소비에트의 위신이 추락했다. 베이징 정부가 장쭤린의 명령에 따라 외교단과 공모해서 소비에트 대사관을 습격한 것이다. 대사관저는 화를 면했지만, 외곽의 건물들은 약탈을 당하고, 직원들이 체포되고, 다량의 문서가 압수됐다. 중국인 직원들은 즉결 처형됐고, 소련인 직원들은 몇 달 동안 구금된 채 재판을 기다렸다. 일부는 진짜고 일부는 적당히 조작된 많은 서류가 기존 질서를 무너뜨리려는 공산주의 음모를 입증한다는 이유로 여러 언어로 발표됐다. 소비에트의 항의는 무시됐고, 외교관계는 단절됐다. 이 사건들이 있고 한 달 뒤 런던에서 아르코스가 습격을 당하고 영소 관계도 단절됐다.

1927년 여름 중국에서 소비에트의 운은 바닥으로 떨어졌다. 우한에서는 현지 군벌이 장제스에게서 독립한다고 선언했다. 하지만 그는 사회혁명에 대해 장제스만큼이나 공감하지 않았고, 후난의 성도인 창사에서 농민을 대량학살했다. 보로딘과 우한 정부는 겉보기에 열의를 갖고 모스크바를 방문해 장기간 체류하다가 방금 돌아온 펑위샹이 충성하리라 기대했다. 하지만 펑위샹은 장제스와 거래하는 쪽을 선택했고, 따라서 소련 고문단을 해임하고 공산당원들이 자기 군대에서 활동하는 것을 금지했다. 중국 공산당은 1927년 4~5월에 우한에서 대회를 열었는데, 당원 수가 5만 5000명이라고 주장했다. 하지만 공산당이 무력하다는 사실은 분명했다. 우한 정부는 서서히 해체됐다. 이 정부가 마지막으로 한 행동 중 하나는 보로딘의 소환을 요구한 일이었다. 보로딘은 7월 말에 중국을 떠났고, 마지막으로 남아 있던 소련 군사 고문단과 다른 소련 사절단원들도 귀국길에 올랐다. 모스크바가 4년 동안 열정적으로 노력을 기울였지만 아무 성과도 안 남은 듯했다. 아무리 낙관적인 관찰자가 보기에도 회복할 기미가 보이지 않을 정도로 큰 타격을 입은 상태였다. 이 시기 동안 실제로 중국 전역에서 혁명적 격동이 생겨났다. 하지만 이후 오랫동안 이런 격동은 장제스의 압제 아래서 사실상 계속 짓눌릴 수밖에 없었다.

태평양 지역에서 공산주의 선전과 영향력을 확대하려는 야심 찬 계획이 이따금 토론됐고, 선원들이 이런 활동에 가장 유망한 주체로 간주됐다. 공산당과 국민당이 공동으로 후원하는 가운데 태평양 운수노동자 회의(주로 선원이었지만 철도 노동자들도 대표를 보냈다)가 1924년 여름 광둥에서 열렸다. 중국 북부와 남부, 인도네시아와 필리핀에서 20여 명의 대표단이 참석했고, 일본 대표단은 출국을 방해받아 참석하지 못했다. 회의는 코민테른과 프로핀테른에 인사말을 보냈다. 하지만 강령은 특별히 공산주의적이라기보다 반제국주의적인 내용이었던 듯하다. 그 후 1927년 여름까지 아무 진척도 없다가 우한에서 또 다른 태평양 회의가 열렸다. 이번에는 프로핀테른 의장인 로좁스키가 모스크바에서 참석했고, 그가 노련하게 지휘하는 가운데 회의가 진행됐다. 소련과 중국, 일본과 인도네시아와 조선, 영국과 프랑스와 미국에서 대표단이 참석했고, 오스트레일리아와 인도 대표단은 자국 정부가 출국을 금지하는 바람에 도착하지 못했다. 회의는 중국 혁명에 대한 지지를 선언하고, 조선·대만·인도네시아·필리핀의 독립을 요구했으며, 상설 기관인 범태평양서기국을 설치했다. 이 서기국은 이후 몇 년 동안 여러 중심지에서 다소 희미하게 존재하면서 《태평양노동자》라는 정기간행물을 펴냈다.

동방 세계의 다른 지역들은 이 시기에 소비에트 정부나 코민테른의 활동에 별로 노출되지 않았다. 소비에트와 일본의 관계는 다른 자본주의 국가들과의 관계와 별 차이가 없었다. 일단 일본군이 시베리아 본토에서 철수하자 소비에트가 가장 중요하게 내세운 요구는 사할린 북부에서 철수하고 소비에트 정부를 외교적으로 인정하라는 것이었다. 두 요구 모두 뒤늦게 1925년 1월에 달성됐다. 하지만 어업권 문제, 그리고 블라디보스토크에 물자를 공급하는 동청철도와 일본이 지배하는 다롄 항港에 물자를 공급하는 일본의 남만주철도의 경쟁 문제는 끊임없이 마찰을 야기했고, 서로에 대한 의심 때문에 양국 관계는 계속 구름이 드리워졌다. 일본 프롤레타리아트의 혁명적 잠재력에 대한 처음의 믿음은 실현되지 않았다. 일본 경찰은 무자비하고 유능했으며, 1차 일본 공산당은 1924년 초에 자진 해산했다. 공산당은 1926년 12월에 비합법 조직으로 재건됐다. 몇몇 노동조합은 좌파나 공산주의 성향인 소수 반대파 연맹에 가입했다. 하지만 이런 시도는 이따금 소련과 일본의 관계를 악화시켰을 뿐 거의 성과를 거두지 못했으며, 공산당은 1929년 일제 검거로 다시 한 번 사실상 진압됐다.

다른 나라에서는 기록할 만한 성과가 거의 없다. 인도 공산주의 운동은 유럽에 거주하는 인도인들 사이에 받아들여진 것 말고는 거의 성공을 거두지 못했다. 소규모 공산당이 영국 당국에게 끊임없이 시달리면서 불안정하게 존속했다. 공산주의자들이 지방에서 부추긴 노동자와 농민의 정당이 오히려 더 가능성을 보여주었다. 인도 국민회의의 독립이나 자치 요구는 광범한 지지를 받았고, 영국 정부가 뒤늦게 마지못해 내놓은 양보에 반대하는 항의 시위가 빈발했다. 일부 파업은 공산주의 선전에 의해 벌어졌다고 한다. 그러나 정부가 상황을 장악하고 있었다. 인도네시아에서는 대중적인 이슬람 민족주의 조직과 초기 노동조합 운동이 소규모 공산당에 힘을 불어넣었다. 1926년 11월, 분명 코민테른이 자극하거나 지지하지 않았는데도 인도네시아 공산당은 대중 봉기를 일으켰고 며칠 만에 진압됐다. 처형과 대대적인 추방이 잇따랐고, 결국 인도네시아 공산당은 오랫동안 사실상 명맥이 끊겼다. 중동은 소비에트의 외교나 공산주의의 침투 가능성이 훨씬 적었다. 터키·페르시아와의 관계는 서구 열강,

특히 영국이 두 나라에 미치는 영향력을 상쇄하고 소련과의 무역을 발전시키기 위해 고안됐다. 모든 좌파 운동을 극악하게 탄압하는 체제를 상대하는 과정에서 이따금 당혹스러운 일이 벌어졌지만 소비에트 정책의 방향이 교란되지는 않았다. 이집트에서는 영국 지배에 대항하는 반란의 민족운동이 서서히 성장했는데, 소련과는 아무 관계도 없었다. 팔레스타인뿐 아니라 아랍 각국은 아직 서구의 확고한 지배 아래 있었기 때문에 소비에트나 공산주의의 어떤 유의미한 활동도 허용되지 않았다.

11 계획화의 시작
The Beginnings of Planning

 자본주의 시장경제를 대체하는 사회주의 계획경제 개념은 마르 크스나 그의 후계자들이 자세히 발전시킨 내용은 거의 없지만 마르 크스주의 사상에 깊이 새겨져 있었다. 하지만 계획 개념은 특별히 사회주의적인 것이 아니었고, 19세기 자유방임 경제에 대한 모든 반 발 안에 내재해 있었다. 비테[러시아의 재무장관]가 1899년 차르에게 제출한 유명한 제안서의 밑바탕에 흐르는 주제는 비록 정확한 방도 는 아무것도 없었지만 러시아 경제의 발전을 계획할 필요가 있다는 것이었다. 볼셰비키는 혁명과 내전의 위기 속에서 계획 이론을 고민 할 시간이 없었다. 그러나 누구보다도 레닌은 독일의 전시 경제가 중앙집권적 통제와 계획이라는 패턴에 순조롭게 순응하는 것을 보 고 깊은 인상을 받았다. 이것은 우연이 아니었다. 전쟁 전에 자본주 의가 자체의 내적 발전에 의해 향하고 있던 최종 단계는 독점 자본주의였다. 레닌이 "역사의 변증법"이라고 지칭한 과정에 따라 전쟁은 독점 자본주의가 '국가독점 자본주의'로 전환되는 과정을 촉진하고 있었다. 국가독점 자본주의는 "사회주의를 달성하기 위한 가장 완전한 **물질적인 준비**"를 구성했다. 레닌은 1917년 9월에 "**대규모 은행 없이는 사회주의를 실현할 수 없다.**"고 강조했다. 독일 모델을 러시아에 적용하는 것은 후진적 경제에서 사회주의를 건설하는 과정에 내재한 온갖 어려움을 제기했다. 러시아에서 최근 산업 성장이 매우 집중되고 국가에 직간접으로 의존했지만, 여전히 산업은 원시적인 조직 단계에 있었고 사회주의 계획가들에게 제공할 만한 이론적·실천적 원조나 지침은 거의 없었다. 그러나 계획경제라는 원칙에는 어떤 저항도 없었다. 1919년 당 강령은 경제에 관한 "하나의 일반적인 국가 계획"을 요구했으며, 이때부터 경제 문제에 관한 당과 소비에트의 결의안에는 항상 "단일한 경제 계획"의 요구가 포함됐다.

그러나 당장은 몇몇 특정 산업에 대한 계획이 좀 더 유망한 접근법이었다. 이 중 가장 유명한 것은 1920년 설립된 러시아전력화위원회Goelro의 활동이었다. 레닌은 이 계획에 특별히 열정을 보여서 "공산주의는 소비에트 권력 더하기 전 국토의 전력화다."라는 격언을 만들어냈다. '국가계획위원회'를 설립한다는 결정이 내려진 것은 정확히 1년 뒤 신경제정책이 도입되기 직전의 일이다. 하지만 레닌은 당시 전반적 계획에 관한 논의에 별로 열정을 보이지 않으면서 "무익한 토론이자 현학"이라고 치부했다. 러시아전력화위원회가 곧바로 발전소 연결망을 계획하고 건설하는 실질적인 과제에 착수해서 훗날 산업화 과정에 중요한 기여를 한 반면, 국가계획위원회는 이후 몇 년 동안 종합적인 계획에 관한 이론적 연습에만 몰두했다. 단일한 경제 계획의 필요성에 관한 발표는 끊임없이 나왔다. 그러나 당 지도자들은 신경제정책과 농업 우선 정책을 고집하면서 미적지근한 태도로 일관했다. 1920년부터 줄곧 가장 적극적인 계획 주창자는 트로츠키를 비롯한 공식 노선 비판자들이었다. 계획은 무엇보다도 산업을 위한 정책인 반면, 농업에 대한 함의는 거리가 멀고 불확실했다. 그리고 계획을 실제로 적용한다는 것은 신경제정책의 시장경제에 점점 더 전면적으로 침투한다는 의미였다. 이런 상황이기 때문에 진전이 더뎠다. 농업을 비롯한 특정 생산 부문에 대한 계획은 해당 부서에서 작성했다. 하지만 이 계획들은 러시아전력화위원회의 계획과 달리 어떤 권위도 없었고, 각 계획을 조정하려는 시도도 전혀 없었다. 국가계획위원회 의장은 1924년 여름에 위원회가 설립되고 3년이 지났는데도 "단일한 경제 계획"이 전무하다고 불만을 토로했다.

종합적 계획에 관한 주장이 도전을 받지 않은 것은 아니었다. 계획은 일반적인 차원에서 많이 논의됐지만, 현실적인 함의는 제대로 탐구된 적이 없었다. 계획경제는 아직 실험해 보지 않은 새로운 개념이었고, 이제까지 알지 못한 방식으로 시장경제의 전통적 규칙에 도전하는 것이었다. 계획가들이 추구하는 목표는 고전 경제학의 무기고에서 끌어온 만만찮은 주장에 의해 반격을 받았다. 소련의 산업, 특히 중공업은 비효율적인 고비용 생산 부문인 반면, 농민 노동을 무제한으로 공급할 수 있는 농업은 상대적으로 저비용 생산 부문이었다. 자본이 최대 수익을 얻는 방법은 농업에 자본을 투자해서 수출용 잉여 농산물을 증대시켜 산업의 궁극적 발전을 위한 자본재를 비롯한 산업재 수입의 재원을 마련하는 것이었다. 심지어 산업 생산 분야에서도, 자본이 부족하고 미숙련 노동 잉여가 넘쳐나는 소련 같은 나라에서 합리적인 경로는 자본집약적인 자본재를 생산하는 산업이 아니라 노동집약적인 단순 소비재를 생산하는 산업에 우선 중점을 두는 것이었다. 하지만 농업 우선, 소비재 경공업 우선 정책은, 전통적인 경제 분석 그리고 신경제정책의 원칙과 아무리 조화를 이룬다 할지라도, 소련을 서구 산업국가에 필적하는 현대적 산업국으로 전환시키는 과정을 가속화한다는 계획론자들의 야심과 정면으로 부딪히는 명제였다. 계획론자들의 주장은 경제적이기보다는 정치적인 것이었고, 또는 새롭고 익숙하지 않은 일종의 '발전경제학'에 속하는 것이었다. 전통 경제학을 배운 다수 경제학자들의 의식적·무의식적 저항은 강하고 집요했다.

신경제정책이 적절하지 않음을 폭로함으로써 종합적인 계획으로 향하는 길의 첫걸음인 국가의 경제 개입 조치를 가져온 것은 다름 아닌 1923년 가을의 가위 모양 가격 위기였다. 거세게 날뛰는 물가 때문에 도시와 농촌의 질서정연한 관계가 교란되고, 중공업이 정체했으며, 실업자 수가 꾸준히 늘어났다. 1923년 말에 가격 통제가 도입됐다. 1924년 1월, 금속 산업의 부활을 호소한 당 협의회는 국가계획위원회에 "몇 년(5년이나 10년)에 걸친 소련 경제 활동의 전반적인 투시도를 만들라."고 지시했다. 무의식적인 사고의 흐름을 좇으면서 나온 지시였다. 하지만 계획가들은 비록 산업의 옹호자로서 국가경제최고회의의 지지를 받기는 했지만 여전히 시장경제와 정통 재정 이론의 수호자인 농업인민위원부Narkomzem와 재무인민위원부Narkomfin의 강력한 반대에 부딪혔다. 이듬해에야 일정한 진전이 이루어졌다. 1925년 8월, 국가계획위원회는 1925년 10월 1일에 시작되는 회계연도를 위한 '국가 경제 통제 수치'(본질상 예비 추정치)를 발표했다. 이 수치는 단순한 개요였고, 설명과 논평을 합해서 100쪽도 되지 않았다. 그리고 이 수치는 이후 계속해서 소비에트 계획가들의 노력을 고무하게 되는 단호한 낙관주의로 특징지어졌다. 이 수치는 의무적인 것이 아니었고, 경제 부처는 단지 계획과 프로그램의 틀을 짜는 데 참고로 삼으라는 권유를 받았다. 회의론자들은 이 수치를 순전한 추측이라고 조롱했다. 재무인민위원 소콜니코프는 이 계획의 재정을 마련하기 위해 통화 발행량을 늘리자는 제안에 대해 "인플레이션 공식"이라고 일축했고, 농업인민위원부는 산업에 지나친 관심을 쏟는다고 공격했다. 당 지도자들 가운데 트로츠키만이 "무미건조한 숫자의 행렬"을 "사회주의의 부상을 알리는 영광스러운 음악"이라고 열광적으로 환영했다. 다른 지도자들은 기껏해야 정중하지만 무관심한 태도로 이 안을 받아들였다. 1925년 수확 이후 곡물 징수의 난관(123~124쪽을 보라)은 계획가들의 낙관적인 추정치를 좌절시키고 그들의 작업에 대한 신뢰를 떨어뜨렸다.

상황이 이러하니, 지노비예프와 카메네프의 패배로 끝난 1925년

12월의 중요한 14차 당대회가 통제 수치를 무시하고 경제 계획에 관해 거의 아무런 말도 하지 않은 것은 놀랄 일이 아니었다. 그렇지만 이 대회는 하나의 전환점이었다. 스탈린이 소콜니코프를 겨냥해 그가 소련을 해외 산업 제품 수입에 의존하는 농업 국가로 유지시켜야 한다는 주장의 주요 주창자라고 공격해야 했던 사실은 의미심장하다. 이 대회는 지노비예프와 카메네프가 제거되자 스탈린이 신경제정책에 내재된 농민 지향을 점차 포기하고 산업화라는 원대한 계획으로 전환했음을 알리는 신호탄이었다. 대회 결의안은 "나라의 경제적 독립과 생산수단 생산의 발전, 경제의 기동적 운영을 위한 비축금 형성을 보장"한다는 결의를 표현했다. 이 모든 것은, 비록 그 주창자들은 깨닫지 못했을 수도 있지만, 계획에 전념한다는 약속이었고, 국가계획위원회뿐 아니라 여러 지역에서 이미 설립된 지역계획위원회에도 강한 자극을 주었다. 이제까지는 조정하려는 어떤 시도도 없이 각 부처별로 특정한 산업과 농업을 위한 계획을 수립했다. 그런데 이제 계획이 경제 전체를 위한 종합적인 성격을 띠게 됐다. 새로운 시대가 열린 것이다. 이제 문제는 산업화를 할 것인지 여부가 아니라 어떻게 산업화를 할 것인지가 됐다. 1925년 이전에 산업 생산은 혁명과 내전의 하강 곡선에서 벗어나 서서히 오르면서 예전 수준에 도달하고 있었다. 이제까지의 목표는 손실되거나 파괴된 기반을 복구하는 것이었다. 1914년 이래 자본주의 국가들에서 산업 기술이 진보함에 따라, 사실상 소련과 서구 산업국가들 사이의 간극이 벌어졌다. 새로운 건설과 새로운 기술 설비가 시급히 필요했다.

이제 새로운 진전을 위한 길이 분명히 보였기 때문에 주요한 정책 결정이 필요했다. 이러한 결정은 전체 경제를 위한 폭넓은 계획에 입각해야 했다.

이후 2년 동안 국가계획위원회의 권한과 위신이 꾸준히 높아졌다. 1926년 3월, 연방 차원에서 처음으로 열린 계획 대회에서 국가계획위원회의 과제가 세 부문 — '전반적인' 장기 계획, '전망적인' 5개년 계획, 연간 운영 계획 — 으로 나뉘었고, 한 달 뒤 당 중앙위원회는 산업화 결의안에서 "계획 원칙을 강화하고 계획 규율을 도입할 것"을 요구했다. '전반적인 계획'은 실패로 끝난 기획임이 드러났다. 이 계획은 비록 한동안 경제의 장기적 전환에 관한 여러 구상을 계속 장려하긴 했지만 결코 완성되지 못했다. 그러나 5개년 계획 구상은 경제 계획론자들의 상상력을 사로잡고 야심을 자극했다. 이 계획 때문에 경제 계획가들은 먼 미래에 속한 모호한 전망을 정해진 기간 안에 욱여넣을 수밖에 없었다. 다른 한편, 1년의 전망에 국한하는 것보다는 5년 동안 실현할 수 있는 낙관적인 추정치를 만드는 것이 더 쉬웠다. 국가계획위원회와 국가경제최고회의가 초안을 작성한 양자택일적 계획은 산업 발전 예측을 놓고 서로 경쟁했으며 계속해서 열띤 논쟁을 불러일으켰다. 1926년과 1927년의 통제 수치는 1925년의 수치에 비해 더 완전하고 신중했다. 그러나 국가계획위원회의 관심은 5개년 계획의 더욱 야심 찬 기획들로 옮겨갔고, 이 가설적 계획에 맞게 통제 수치를 조정해야 한다는 사실을 알게 됐다. 통제 수치의 추정치에 근거해서 특정 산업의 운영 계획('생산·재무 계획'이라고 지칭됐다)을 작성하라는 지시가 내려졌다. 계획의 구조가 점차 모양을 갖추었다.

이 시점에 국가계획위원회 내에서 이른바 '유전자' 학파와 '목적론' 학파 사이에 날카로운 견해차가 드러났다. 유전자 학파는 옛 멘셰비키가 대다수를 차지하는, 국가계획위원회에 고용된 비당원 경제학자들이 주축이고, 목적론 학파는 당원이나 당의 공식 노선에 민감한 경제학자들이 주축이었다는 사실은 의미심장하다. '유전자론자'들은 계획 추정치는 경제 상황에 내재한 "객관적 경향"에 근거해야 하며 이런 경향에 의해 제한을 받는다고 주장했다. 반면 '목적론' 주창자들은 계획에서 결정적인 요소는 염두에 둔 목표이며, 계획의 목적 중 하나는 경제 상황과 거기에 내재한 경향을 변형하는 것이라고 주장했다. 예측이 아닌 지시가 계획의 토대였다. 따라서 계획은 순전히 경제적인 활동이 아니라 정치적인 활동이었다. 분명 모든 계획에는 이 두 요소가 존재했으며, 결정은 양자 사이의 일정한 균형이나 타협에 의존했다. 실제로 '목적론자'들은 시장경제의 규칙을 거부하는 경향이 있었고, 적극적인 행동으로 그 규칙을 넘어서자고 주장했다. 결국 그들은 농민을 회유하는 데 상대적으로 관심을 보이지 않았다. 그들이 인정한 적은 거의 없었지만, 이런 태도는 신경제정책에 대한 직접적인 도전을 의미했다. 이후의 단계에서 '목적론적' 접근 방식은 충분한 결단과 열정만 있으면 아무리 높은 계획 목표도 달성할 수 있다는 신념을 부추기는 효과를 발휘했다. 이런 분위기는 1차 5개년 계획의 최종 형태를 준비하는 과정을 지배했다.

계획을 산업화와 동일시하는 시각은 처음부터 분명했다. 그 밑바탕에 깔린 동기와 추진력은 소비에트 산업을 발전시키고, 서구를 따라잡으며, 소련을 자급자족하게 만들어 자본주의 세계와 동등한 조건에서 대결할 수 있게 하는 것이었다. 서구 세계의 산업과 비견할 만한 산업은 아직 없었다. 1925년 12월 당대회는 소비재 생산보다 '생산수단' 생산을 우선시한다는 원칙을 아무 의문 없이 받아들였다. 이런 결정은 소비자에게 즉각적인 혜택이 전혀 없는 중공업에 대규모로 투자하는 것을 의미했다. 산업 자체 내부에서 투자를 위한 비축금을 만들기 위해, 생산 비용이 '절약 체제regime of economy'에 종속되고 계획의 범위 안에 포함됐다. 하지만 비용을 축소할 다른 기회가 한정되어 있기 때문에 절약 체제는 노동자에게 가장 고통을 안겨주었다. 생산성을 향상하거나 아니면 임금을 인하해야 했다. 이와 동시에 포고령으로 소매 물가를 강제로 내리려는 시도가 끈질기게 이어졌다. 하지만 이런 시도는 공식 가격으로 상품을 구하기가 점점 어려워지는 결과를 낳았고, 특히 농촌 지역의 소비자는 신경제정책 상황에서 여전히 번성하는 민간 상인에게 의존할 수밖에 없었다. 산업을 위한 계획에 따른 부담과 불편이 표면화되기 시작했다.

처음에는 누구도 이 문제를 압박하려고 하지 않았다. 산업화 비용은 아직 전면적으로 집계되지 않은 상태였다. 국가경제최고회의 의장 제르진스키가 산업 투자 비율에 관한 격렬한 논쟁이 진행되는 와중에 1926년 7월 사망하자, 후계자인 쿠이비셰프는 훗날 '강제적 산업화'라고 불리는 방식의 열렬한 옹호자임을 분명히 했다. 연합반대파인 트로츠키와 지노비예프가 산업화 확대를 지속적으로 압박하는 가운데 스탈린과 부하린이 그들을 '초산업화론자'라고 비난한 사실 때문에 여전히 제약이 있었다. 1926년 후반에 두 진영을 갈라놓은 것은 산업화 찬성이나 속도에 관한 차이가 아니라 다수파의 낙관적인 가정이었다. 반대파는 경제, 특히 농민 부문에 심각한 압박을 가하지 않고 산업화 정책을 추구할 수 있다는 다수파의 견해에 동의하지 않았다. 하지만 반대파의 비판은 소비에트 체제나 노동계급에 대한 믿음의 결여라는 비난을 받으며 묵살됐다. 드네프르 강의 대형 댐인 드네프로스트로이와 중앙아시아와 시베리아를 연결하는 투르크시브 철도라는 두 건의 주요 건설 사업이 승인된 것은 바로 이 시기였다(216~219쪽을 보라).

1926년 마지막 몇 달을 지배한 낙관주의는 이듬해 봄과 여름의 불안에 자리를 내주었다. 서구의 적대적인 태도가 봉쇄나 전쟁으로 소련을 위협하는 듯 보였기 때문이다. 하지만 이런 분위기의 반전은 급속한 산업화 추진을 중단시키기는커녕 소련을 자급자족 국가로 만들고 적대적인 자본주의 세계에 대항할 능력을 키워야 한다는 결단을 강화했다. 잇따라 계획안이 작성되어 회람됐고, 정해진 목표치가 비현실적으로 높다고 항의하는 이들은 얼마 지나지 않아 더 신속하고 집약적인 진전을 요구하는 이들에게 수적으로 열세에 몰렸다. '절약 체제'에 이어 '생산 합리화' 캠페인이 벌어졌다. 이 표현은 효율을 높이고 비용을 낮추기 위해 노동자와 경영자에게 가해지는 다양한 압력을 아우르는 용어였다. 여러 다양한 형태의 '합리화'

로 노동생산성, 즉 고용 노동자당 산출량을 늘릴 수 있었다. 경영진이나 작업 현장의 조직을 탄탄하게 강화하고, 가장 효율적인 단위에 생산을 집중하고, 생산을 표준화하고 생산 모델 숫자를 줄이는 방식으로도 노동생산성을 높일 수 있었다. 또한 기존 공장과 기계를 더 효율적이고 경제적으로 활용할 수 있게 조정하는 방식도 가능했다. 무엇보다도 소련이 주요 산업국가에 비해 크게 뒤처진 생산 과정을 현대화·기계화함으로써 노동생산성을 높일 수 있었다. 이 모든 합리화 방식은 1926년부터 계속 광범하게 시도됐고, 비용 감소 면에서 일정한 성과를 달성했다. 그러나 소련같이 자본 자원이 부족한 나라에서는 그 범위가 제한됐다. 특히 합리화의 최대 원천인 산업 기계화는 이 시기에 주로 해외로부터의 기계 수입에, 그리고 대개 이 기계에 인력을 배치하는 방법을 교육하는 외국 인력 고용에 의존했다. 이런 상황 때문에 소련의 노동생산성은 서구에 비해 노동자의 신체 에너지에 더 크게 의존했다. 생산성은 주로 육체노동을 더 고되고 효율적이고 규율 있게 만드는 방식으로 늘려야 했으며, 이런 결과를 보장하기 위해 온갖 형태의 설득과 압력이 가해졌다.

계획화가 다른 경제 부문에 대해 갖는 함의 역시 불안을 조성했으며, 꺼림칙한 반응에 직면했다. 부하린이 전폭적으로 지지한 농민 예찬은 1927년 내내 여전히 강력했고, 농업인민위원부의 영향력은 비록 이제 하강세이기는 했지만 그래도 여전히 계획론자들의 열망에 제동을 걸었다. 재무인민위원부는 산업 확장을 위해 무제한의 신용 대출을 이용할 수 있어야 한다는 가정에 계속 저항하면서 이른바 '산업의 독재'에 맞서 '금융의 독재'를 획득하기 위해 완강히 싸움을 벌였다. 그리하여 직접적으로 국가의 지시에 따라 움직이는 중공업과 해외무역 독점에서 전형적으로 나타났던 국가 포고령을 통한 '물리적' 통제에 반대되는 의미로 신용 공급과 통화 체제의 조작을 통한 '재정적' 통제 문제가 제기됐다. 재정 수단이 부적절한 것으로 인식되어 직접적인 '물리적' 통제로 대체된 것은 계획론자들의 사고 속에서도 점진적으로 이루어진 일이다. 이런 논쟁은 결국 신경제정책의 토대를 이루는 시장경제에 적용된 태도에 초점이 맞춰졌다. 처음에는 계획론자들이 시장경제 안에서 움직일 것이라고 가정됐다. 그러나 계획과 산업화를 추구하는 동시에 신경제정책과 시장경제를 추구하는 것은 불가능하다는 사실이 서서히 고통스럽게 밝혀졌다.

12 반대파의 패배
The Defeat of the Opposition

1925년 12월 14차 당대회와 1927년 12월 15차 대회 사이의 시기
는 실질적인 경제 계획의 시작, 집약적 산업 프로그램의 첫 단계, 농
업 위기의 심화 등으로 특징지어졌으며, 쓰라린 당내 갈등도 정점에
이르렀다. 당시 트로츠키는 스탈린의 점증하는 권력 독점에 맞서 격
렬하게 도전했지만 성공을 거두지는 못했다. 삼두체제가 깨지고 스
탈린이 14차 대회에서 경쟁자들을 물리쳤을 때, 트로츠키는 여전히
도도하게 침묵을 지켰다. 지노비예프와 카메네프는 과거에 스탈린
만큼이나 맹렬하게 트로츠키를 공격했고, 때로는 그를 능가하기도
했다. 하지만 지노비예프와 카메네프가 스탈린과 부하린의 농민 지
향에 맞서 산업화의 대의를 치켜들고, 스탈린의 개인적인 야심이 더
욱 공공연하게 위협을 가하자 이제 더는 중립을 표방할 수 없었다.
1926년 여름 트로츠키, 지노비예프, 카메네프는 추종자들과 함께

'연합반대파'를 구성했으며, 당 중앙위원회 7월 회의에 연합반대파로 등장했다. 이후 벌어진 상황은 스탈린이 당 기구를 얼마나 강력하게 장악하고 있었는지를 보여준다. 트로츠키는 처음에 신중하게 다루어졌다. 하지만 지노비예프는 정치국에서 자리를 빼앗겼고, 카메네프는 공직에서 추방됐다. 연합반대파는 당원들 사이에서 많은 공감을 얻었다. 그러나 적극적인 지지자는 몇 천 명을 넘지 않았고, 그들은 여러 가지 구실로 당국에게 끊임없이 괴롭힘을 당했다.

내적 응집력과 상호 신뢰의 부족은, 당 지도자들에 대한 비난 말고는 그 어떤 뚜렷한 노선도 없이 전투에 나선 반대파의 또 다른 약점이었다. 지난 3년 동안 트로츠키와 지노비예프, 카메네프가 서로에게 퍼부은 고발을 공개적으로 철회한 일은 비웃음을 샀다. 지노비예프는 동요하는 기질과 타협하기 쉬운 성향 때문에 트로츠키와는 맞지 않았다. 이전의 자기억제를 벗어던진 트로츠키가 스탈린에 맞서 단호한 공세를 요구했기 때문이다. 공교롭게도 연합반대파가 결성되자마자 《뉴욕타임스》에서 처음으로 레닌의 유언장을 공개했다. 트로츠키가 유언장 공개에 관여하지 않은 것은 확실하지만, 처음에 이 문서의 존재가 알려진 것이 트로츠키나 그와 가까운 인물을 통해서였을 것이라는 추측은 근거가 아예 없지 않았다. 투쟁을 벌이는 두 주인공이 서로를 겨냥하는 신랄함은 정점에 달했다. 열띤 정치국 회의에서 트로츠키는 스탈린을 "혁명의 무덤을 파는 사람"이라고 낙인찍었고, 당 중앙위원회는 점점 긴장이 고조되자 트로츠키의 정치국원 자격을 박탈했다. 1926년 10월 열린 당 협의회와 한 달 뒤 열린 코민테른 집행위원회 회의에서 스탈린은 점점 악의적인 언어로 트로츠키를 공격하면서 1914년 이전에 그가 멘셰비즘과 놀아나고 레닌과 신랄한 설전을 주고받은 전력을 보복하듯 들춰냈다. 반대파는 '분파주의' ― 1921년 당대회에서 유죄가 입증된 죄 ― 뿐 아니라 '사회민주주의 편향'에 대해서도 고발을 당했다. 하지만 스탈린은 여전히 알맞은 때를 기다리는 데 만족하면서 이 문제를 한계점까지 끌고 가지 않았다.

1927년 봄, 중국의 상황이 변하자 트로츠키는 새롭게 항의의 목소리를 높였다. 5월에 반대파는 트로츠키가 주로 초안을 작성한 문서를 발표했는데, 이 문서는 최초 서명자 수를 따서 '83인 선언'이라고 알려졌다. 이제까지 반대파의 견해를 공개한 문서 가운데 가장 완전한 형태였다. 대외 문제를 거론한 부분을 제외하면, 선언은 현행 농업 정책이 농민층의 '분화' 과정을 무시하고 쿨락을 강화하기 위해 빈농을 홀대했다고 비난했다. 일반적인 면에서 선언은 당 지도자들이 "소련의 프롤레타리아 독재의 현 상황에 대한 마르크스주의적 분석"을 "일국사회주의라는 프티부르주아 이론"으로 대체했으며, 당 안팎에서 "우파적, 비프롤레타리아적, 반프롤레타리아적 요소들"을 선호하고 있다고 고발했다. 또한 반대파의 견해를 전면적으로 공개하라고 요구했다. 중국에서 장제스의 입장이 돌변하고 영국과의 관계가 단절되면서 지도자들이 심각하게 흔들리던 순간에 나온 선언은 호된 일격이었다. 한 달 뒤, 트로츠키와 지노비예프는 속이 빤히 보이는 구실로 당 규율 유지 임무를 맡은 기관인 당 통제위원회에 소환됐고, 당에서 제명하겠다는 위협을 받았다. 분노에 찬 설전이 오간 뒤, 이 문제는 당 중앙위원회로 회부되어 싸움이 계속됐다. 트로츠키와 스탈린은 중앙위원회에서 여러 차례 발언을 했다. 논쟁에서 새로운 특징이 있다면 트로츠키가 적을 눈앞에 둔 상황에서 소비에트 국가에 불충했다는 고발이 덧붙여진 점이다. 트로츠키는 이제 단순한 이단자가 아니라 반역자로 낙인찍혔다("체임벌린에서 트로츠키에 이르는 공동전선"). 마침내 반대파는 소련 국가 방위에 대한 무조건적 충성을 재확인하고 당을 분열시키거나 새로운 당을 창설하려는 의지가 전혀 없다는 선언에 서명할 것을 권유받았다. 이 서명을 조건으로 트로츠키와 지노비예프를 제명하는 안이 보류됐다.

그러나 이 집행유예는 반대파 박해를 완화한다는 의미가 아니었다. 반트로츠키 투쟁은 스탈린 독재에 특징적인 많은 통제 수단을 도입하거나 완성하는 기회였다. 1924년 말 트로츠키에게 최초의 공격이 가해진 이래 반대파의 언론 접근권은 심각하게 제한됐다. 지노비예프는 1926년 1월에 《레닌그라드스카야 프라우다》를 빼앗긴 뒤로 줄곧 입에 재갈이 물린 상태였다. 이제 언론 발언 금지는 절대적인 것으로 바뀌었다. 1927년 4월에 트로츠키가 중국 위기에 관해 《프라우다》와 《볼셰비크》에 기고한 글은 모두 게재를 거부당했다. 여름 내내 트로츠키와 그 지지자들을 점점 격렬하게 공격하는 글이 언론에 발표됐지만 반박할 권리는 주어지지 않았다. 반대파가 여는 집회는 난동꾼들이 난입해서 난장판이 됐다. 반대파는 이번에도 역시 트로츠키가 주로 초안을 작성한 광범한 내용의 '강령'을 당 중앙위원회에 제출하면서 1927년 12월로 예정된 당대회 준비를 위해 인쇄해서 배포해 달라고 요구했지만 거부당했다. 비합법적으로 인쇄하려는 시도가 있었다. 9월 12일 통합국가정치부가 불법 신문을 발견해서 이 작업에 관여한 이들을 체포했다. 당원 14명이 제명됐고, 공모를 인정한 프레오브라젠스키도 제명자 명단에 포함됐다. 이 사건은 당내의 소수 반대파를 억누르기 위해 통합국가정치부의 경찰력이 동원된 최초의 사례로 의미심장하게 기억됐다.

이때부터 사태가 예정된 결론을 향해 꾸준히 움직였다. 대중 집회가 잇따라 조직되어 반대파를 비난하고 그 지도자들을 제명하라고 요구했다. 유명한 반대파 지지자들은 소련 외딴 지역의 직책이나 해외의 외교관직에 임명되는 식으로 활동 무대에서 사라졌다. 9월 29일 코민테른 집행위원회 간부회의에서 트로츠키는 두 시간 동안 스탈린의 정책을 고발하는 연설을 했다. 곧이어 그는 두 명만이 반대표를 던진 가운데 코민테른 집행위원회에서 축출됐다. 한 달 뒤에 당 중앙위원회에서 똑같은 경험이 되풀이됐는데 이번에는 분위기가 난폭했다. 스탈린이 직접 트로츠키와 지노비예프를 중앙위원회에서 제명하자고 제안했고, 표결도 없이 통과됐다고 한다. 모스크바 경찰은 11월 7일 혁명 10주년 기념일에 활약하면서 트로츠키를 비롯한 반대파 지도자들이 시내를 도는 내내 괴롭히고 반대파의 구호가 적힌 플래카드를 압수했다. 지노비예프도 레닌그라드에서 비슷한 대접을 받았다. 반대파 지도자들이 대중 앞에 모습을 드러내는 것은 적대적인 시위라고 비난을 받았다. 1주일 뒤 트로츠키와 지노비예프는 당 중앙위원회의 표결로 당에서 제명됐고, 카메네프를 비롯한 몇 몇 사람은 중앙위원회에서 축출됐다.

따라서 1927년 12월에 당대회가 열렸을 때 트로츠키와 지노비예프는 참석하지 않았고, 이 대회는 일종의 용두사미였다. 반대파 성원 12명이 당 중앙위원회에서 제명당했다. 카메네프와 라콥스키는 반대파를 대변하는 중요한 연설을 했는데, 도중에 계속 방해를 받았다. 그렇지만 막후에서 당 지도자들을 상대로 타협을 시도하다가 멸시만 받고 거부당했기 때문에 두 사람의 주장은 힘이 없었다. 대회는 "트로츠키주의 반대파의 적극적인 활동가" 75명과 기타 소수 반대파 15명을 제명했다. 정치국에서 트로츠키와 지노비예프는 쿠이비셰프와 루주타크로 교체됐다. 두 사람 모두 공식 노선의 충실한 지지자였다. 하지만 트로츠키는 제명에도 아랑곳하지 않고 침묵을 지키지 않았고 여전히 위험한 인물이었다. 정치국은 트로츠키와 30명 정도 되는 그의 주요 지지자를 모스크바에서 쫓아내기로 결정했다. 그들 대부분은 시베리아나 중앙아시아의 하급 공직에 임명됐다. 트로츠키는 임명을 거부했기 때문에 반혁명 활동에 관한 형법 조항에 따라 강제 추방됐다. 지노비예프와 카메네프는 예외적으로 — 두 사람은 어떤 위험도 되지 않는다고 인식됐기 때문이다 — 모스크바에서 불과 몇 백 마일 떨어진 칼루가로 추방됐다. 이런 판결조차 엄격하게 집행되지 않았다. 트로츠키의 유형지는 소비에트 중앙아시아의 경계선에서 가장 먼 도시로 철도에서도 멀리 떨어진 알마아타[카자흐스탄 알마티의 옛 이름]였다. 트로츠키는 1년 뒤 소련에서 추방당할 때까지 여기에 머물렀다. 여기서 그는 시베리아 각지에 흩어진 반대파 성원들과 시간이 걸리지만 방대한 분량의 편지를 교환하고, 이따금 아직 체포되지 않은 모스크바의 지지자들에게서 비밀 보고를 받았으며, 당국에 개인적·정치적으로 계속 항의문을 제출했다.

연합반대파의 패배와 당내에서 스탈린에 필적할 만한 유일한 인물의 추방은 역사적 이정표였다. 1921년 당대회에서 '분파주의'와 소수 반대파 견해의 선전을 금지했을 때 그 목적은 당의 통일성과 당원의 충성을 유지하는 것이었다. 당내 소수 반대파는 당의 제재를 받아야 했지만, 아직 국가에 대한 불충은 아니었다. 국가 기관에 속한 당 대표자들은 당의 노선을 따르고 단일한 목소리로 발언할 의무가 있었다. 하지만 이런 의무는 당 대표자가 아닌 사람들까지 확대되지 않았다. 1927년에 이르면 당과 국가의 구분이 점차 희미해진 상태였다. 정치적 비상 상황뿐 아니라 경제적 비상 상황 때문에도 확고하고 단일한 권위의 필요성이 커졌다. 1926년 10월 당 협의회의 결의안은 "사회주의 사회를 건설한다는 가장 중요한 역사적 임무는 당과 국가와 노동계급의 힘을 경제 정책 문제에 집중할 것을 절대적으로 요구한다."고 선언했다. 이제 당 중앙위원회와 소비에트대회 중앙집행위원회의 공동 명의로 법령이 수시로 공표됐다. 당의 지시를 집행하고 당원들에게 당의 규율을 강제하기 위해서도 국가의 권한을 발동할 수 있었다. 당과 국가의 최고 권위는 하나의 기관 — 당 정치국 — 에 집중됐고 이 권위는 절대적이었다. 트로츠키가 이끄는 반대파가 공식적으로 그런 이름이 붙여진 마지막 사례였다는 점은 의미심장하다. 서구 민주주의의 관행에서 익숙한 반대파라는 단어는 집권당에 대한 반대당, 즉 야당을 의미했고 국가에 대한 충성과 양립이 불가능하지 않았다. 다음 단계에서 소수 반대파는 '편향'이라는 이름을 얻었다. 정치적 차이가 아니라 이론상의 이단을 가리키는 언어였다. 결국 소수 반대파 그룹은 단순하게 '반당反黨'이라는 낙인이 찍혔는데, 당에 대한 적대는 국가에 대한 적대와 무조건 동일시됐다.

합법적 반대파의 제거는 당과 국가의 결합된 권위를 집적하고 집중하며 절대적인 것으로 만드는 과정의 일부였다. 그 결과는 대개 미리 계획된 것은 아니었지만, 저항은 불가능했다. 많은 영역에서 이와 동일한 힘이 작용했다. 이제까지 신문과 잡지는 주변적인 문제에 관한 독립된 견해를 제한적으로 허용했지만(간혹 편집부에서 글 옆에 단서를 붙였다), 이제는 이런 허용이 거의 완전히 사라지고, 직접적인 검열이 아니라 편집진과 편집위원회의 교체를 통해 조용히 통제했다. 혁명 이후 시기는 여러 문학 사조 — 전위파, 형식주의, 자칭 프롤레타리아 — 가 확산되는 특징을 보였다. 부하린이 초안을 작성하거나 영감을 준 것으로 보이는 1925년 당 중앙위원회의 성명은 문학에 대한 이런 다양한 접근법 — 어느 하나 체제에 직접 반대하지 않는 — 을 기꺼이 용인했고 그중 일부를 선택하는 것은 꺼려했다. 그런데 이런 문학 단체들 중 전러시아프롤레타리아작가협회VAPP가 있었는데, 야심 찬 문예 정치인 아베르바흐가 단체를 지배하고 있었다. 아베르바흐는 당에 연줄이 많았고, 1926년부터 줄곧 '문화혁명'이라는 이름 아래 모든 문예 작품을 전러시아프롤레타리아작가협회가 통제하고 다른 사조의 출판물을 억누르는 캠페인을 지휘했다. 오랜 저항 끝에 1928년 12월 당 중앙위원회는 모든 출판을 당과 국가의 통제 아래 둔다는 법령을 공표했다. 이 통제는 사실상 전러시아프롤레타리아작가협회가 행사했다. 이런 결말을 중앙위원회나 더군다나 스탈린이 계획한 것은 아니었고, 아마 바라지도 않았다는 사실은 분명해 보인다. 하지만 타락은 위에서부터 확산됐다. 하급의 소규모 독재자들은 상급의 권력자를 구워삶거나 아첨하고, 위의 독재자가 사용하는 방법을 모방하는 방식으로 경쟁자를 제거했다.

권한을 강화하고 집중하는 움직임은 특히 법의 영역에서 두드러졌다. 법 집행은 원래 소련을 구성하는 각 공화국에 위임됐기 때문에 공화국마다 자체 법원과 사법인민위원부가 있었다. 하지만 1923년 소련 헌법은 각 공화국의 최고법원이 제출한 법률문제를 판정하는 권한을 소련 최고법원에 부여했다. 그리고 소비에트연방대회 중앙집행위원회 간부회의는 소련 전역에서 법 집행을 감독하는 역할을 하는 검찰총장을 임명했다. 또한 헌법은 각 공화국의 국가정치부를 통제하기 위해 통합국가정치부 — 원래 체카의 후신으로 일상 언어에서는 종종 체카라는 이름이 계속 쓰였다 — 를 설립했다. 이제 공화국 국가정치부는 강력한 중앙 기관의 지방 지부가 됐다. 각 공화국은 자체 형법이 있었지만(러시아공화국 형법이 사실상 나머지 공화국의 모델이었다), 소련은 1924년 일련의 '형사 입법의 기초'를 발표했다. '국가 범죄', 일명 '반혁명 범죄'와 '행정 질서'를 위협하는 범죄를 소련의 배타적인 권한으로 남겨 두려는 시도였다. 각 공화국은 형법을 '형사 입법의 기초'와 일치시키라는 지시를 받았다. 공화국들이 마지못해 그 일을 수행했음은 자명했다. 러시아공화국에서는 1927년 중반에야 형법 정비가 마무리됐고, 나머지 공화국은 다소 늦었다.

권한의 집중과 나란히 법에 대한 일반적인 태도도 점차 바뀌었다. 계급 지배의 도구이며 결국 국가와 함께 사멸할 운명이지만 그때까지는 노동자와 농민에게 특히 유리하게 관리되어야 한다는 마르크스주의의 법 개념은 조용히 내팽개쳐졌다. 신경제정책의 시장 관행은 민법의 발전과 엄격한 집행을 요구했다. '혁명적 합법성'이라는 표어를 내건 법과 질서의 유지가 주요한 목적이 됐다. 형사 정책에서는 초기에 징벌적 측면보다 교정적 측면이 강조됐지만 이런 강조는 서서히 사라졌다. 경제적·정치적 긴장의 고조를 반영하는 변화였다. 1927년 6월 바르샤바에서 소련 대표가 암살되고 며칠 뒤 레닌그라드에서 폭탄이 폭발한 일 같은 사건은 왕정주의자와 선동가, 외국 정부의 첩자에 대한 거센 항의의 목소리로 이어졌고, '사회 방위 조치'라는 공식 명칭이 붙은 조치에 대한 요구는 자동적으로 통합국가정치부의 권한과 위신을 높여 주었다. 혁명 10주년 기념식 몇 주 뒤인 1927년 12월에 체카 창설 10주년 기념식이 열광적으로 거행됐다. 1928년 3월에 나온 〈형사 정책과 구금 시설 체계에 관하여〉라는 지침은 이제까지 통합국가정치부가 관리하던 정치범 '수용소'의 제한적 연결망을 확대하는 길을 열어주는 한편, "소수 반대파와 직업적 범죄자와 상습범"에 대해 가장 가혹한 조치를 규정했다. 반대파가 패배하고 이듬해이자 고조되는 산업화의 압력으로 특징지어지는 1928년에 사람들은 소비에트 사회 곳곳에서 강력한 전제적 권위와 경직된 통설이 강요되고 이 통설을 거스르는 이들에게 더없이 가혹한 형벌이 부과되는 모습을 목도했다.

13 농업의 딜레마

The Dilemma of Agriculture

1925년 수확의 경험(123~124쪽을 보라)을 통해 농업 정책 계획가들이 직면한 문제는 생산을 늘리는 일만이 아니라 생산물을 시장에 내놓는 일이기도 하다는 사실이 드러났다. 그리고 이 경험을 계기로 불길하게도 부유한 농민과 쿨락의 힘이 확인됐다. 하지만 시장의 위기는 극복됐고 낙관주의가 팽배했다. 1926년에 기록적인 수확량이 확인되자 최상을 기대하는 분위기가 고무됐다. 수확이 마무리되자 많은 농민들은 충분한 자원을 갖고 있었고 곡물 판매자가 됐다. 지난해와 같은 시장의 핍박은 되풀이되지 않았고, 가격은 적당한 수준이었다. 곡물 징수의 특징은 농산물 거래 협동조합이 점차 많이 참여했다는 점이다. 이 협동조합은 비록 국가의 재정 지원과 통제를 받았지만 국가 매입 기관보다 더 인기가 높고 효율적임이 입증됐다. 협동조합 운영의 성공적인 결과는 1926년 10월 당대회에서 반대파의 패배를 초래하는 데 도움이 됐다. 반대파가 예상한 위기는 발생하지 않았다. 또한 농업의 성공에 고무된 당 지도자들은 산업화 프로그램을 강화하는 한편, 이런 압력이 장래에 농민 시장에 미칠 영향을 무시했다.

1927년 소련을 덮친 대외적 위기 속에서, 그리고 계획화에 대한 열정이 처음으로 타오르는 가운데, 농업에는 관심이 많이 쏠리지 않았다. 수확량은 1926년보다는 적지만 만족스러운 수준이었고, 곡물 징수도 다시 순조롭게 진행될 것으로 예상됐다. 그렇지만 이런 자신감은 오산이었다. 지난해 이래 분위기가 바뀐 상태였다. 국제 상황의 불안과 전쟁과 침략에 관한 소문이 농촌에 퍼져 있었다. 2년 연속 풍년이 든 뒤 농민은 혁명 이후 어느 때보다도 형편이 좋았다. 부유한 농민은 곡물과 현금을 모두 비축해 두었다. 농민이 사고 싶어 할 만한 공산물 공급은 여전히 불충분했다. 통화는 또다시 인플레이션으로 가치가 떨어지고 있었다. 불확실성과 경계의 분위기 속에서 곡물은 가장 안전한 가치 저장물이었다. 비축물이 있는 농민들로서는 이 물건을 시장에 내놓을 이유가 전혀 없었다. 1927년 가을의 곡물 징수는 원래 가장 좋아야 하는데 1926년 양의 절반에도 미치지 못했다. 하지만 부유한 농민이 고개를 돌렸다 할지라도, 도발은 다른 쪽에서도 나왔다. 연합반대파는 1926년 여름에 결성된 이래 줄곧 쿨라크을 관용하는 정책을 비난했으며, 1927년 10월 당 중앙위원회는 이에 뒤질세라 "쿨라크에 대한 공세를 강화할 것"을 호소했다. 1927년 가을에 벌어진 일은, 양쪽 모두 처음에는 그 함의를 제대로 깨닫지 못했지만, 농촌에서 대량의 곡물을 비축해 둔 부유한 농민을 상대로 한 당국의 선전포고였다.

1927년 12월 당대회에서 기만적인 안도감의 분위기가 팽배했다. 반대파와 벌인 싸움이 최고조에 달했을 때, 나라가 엄중한 위기의 한가운데 서 있다는 사실을 인정하기란 어려운 일이었을 것이다. 몰로토프는 "대규모 생산의 이점이 사실상 부유한 농민과 쿨라크의 손에 놓여 있다."고 후회하며 말했다. 하지만 스탈린은 "탈출구는 소규모 영세 농민의 보유지를 점진적이지만 확실하게, 그리고 압력이 아니라 본보기와 설득을 통해 대규모 토지로 통합하는 것이며, 이 토지의 사용은 공동적·협동조합적·집단적 경작에 근거해야 한다."고 가볍게 말했다. 그리고 대회 결의안은, 비록 "독립적인 농민 보유지를 대규모 집단농장으로 통합하고 전환하는 것이 농촌에서 당의 기본적인 과제"라고 선언하긴 했지만, 이것은 "근로 농민"의 동의를 얻어야만 가능하다고 덧붙였다. 대회에서 쿨라크에 관해 험악한 말이 나왔다. 그러나 결의안은 부유한 농민에게 누진세를 더 높게 부과해야 한다고 권고하는 데 그쳤다. 비상 상황이 임박한 듯 보이지는 않았다. 그렇지만 대회가 끝나기가 무섭게 잇따라 법령과 비상조치가 선포되면서 도시와 공장의 식량 공급에 대한 위협이 치명적인 수준임이 밝혀졌다. 농촌 시장에 더욱 신속하게 섬유를 공급하기 위한 조치가 — 너무 뒤늦게 — 취해졌다. 당국은 지도적 당원들을 주요 곡물 생산 지역으로 순회를 보내 곡물 징수를 감독하고 강행하게 했다. 스탈린은 대규모 곡물이 비축되어 있다고 여겨진 시베리아 서부의 중심지 여러 곳을 3주 동안 순회했다.

'비상조치'라는 이름의 대책이 널리 적용됐다. 곡물 은닉을 몰수로 처벌하는 형법 조항이 발동됐다. 선전과 설득이 직접적인 강제와 교대로 실행됐다. 절망적인 상황이었다. 수단과 방법을 가리지 않고 곡물을 보유한 사람에게 곡물을 매입 기관에 인도하도록 권유했다. 당국도 인정했듯이, 말을 듣지 않는 곡물 보유자가 전부 쿨락은 아니었고, 수많은 이른바 '중농'들 역시 비축물을 토해 내라는 강요를 받았다. 이런 조치는 전시공산주의 시절의 무차별적인 징발과 별반 다를 바 없었다. 1928년 1월에서 3월 사이에 당국은 대량의 곡물을 입수했고, 3월에 리코프는 이제 곡물 위기가 "의제에서 제외"됐다고 발표했다. 첫 번째 곡물 전쟁은 정부의 승리였지만, 전쟁이 계속될 테고 그것도 대단히 격렬하게 벌어질 것이라는 조건이 붙었다. 한편에서는 부유한 농민들이 가혹한, 종종 야만적인 대우를 받았다. 다른 한편, 도시에서는 빵을 사기 위한 기다란 줄이 등장했다. 결국 산업화의 재정에 절실하게 필요하지만 얼마 되지 않는 외환을 식량 부족분을 메우기 위한 곡물 수입에 지출해야 했다. 곡물 부족의 고통을 누가 감당해야 하는가라는 질문에 대해 쉬운 답이나 납득할 만한 답은 없었다.

가혹한 '비상조치'가 당을 흔들고 갈라놓았다. 많은 노동자들이 여전히 농촌과 긴밀한 유대관계가 있기 때문에 무슨 일이 벌어졌는지 잘 알고 있었다. 농민 출신이 많은 붉은 군대 병사들 사이에서도 불만이 확산되고 있다는 소문이 돌았다. 리코프가 당 지도자 중 최

초로 우려를 표명했다고 하며, 신경제정책 시기 내내 농민과의 화해
를 앞장서 옹호한 부하린과 이제 산업화가 노동자와 노동조합에 가
하는 압력을 진지하게 고민하게 된 톰스키가 여기에 합세했다. 1928
년 7월 열린 중요한 당 중앙위원회 회의에서 산업화 속도를 늦추는
한이 있더라도 농민이 받는 압력을 완화하기를 바라는 이들과, 농민
에게 아무리 가혹한 강제 조치가 취해진다 할지라도 산업화를 무조
건 우선에 두어야 한다는 이들 사이에 선이 그어졌다. 부하린은 농
촌에서 나타나는 "불만의 물결"과 "폭동"을 거론하며 "전시공산주의
로 복귀"하는 것이 아니냐고 이야기했다. 스탈린은 임시변통으로 시
간을 끌자고 주장하고, 지나친 조치가 있었음을 인정했으며, 다음
부터는 곡물 징수 과정에서 이런 지나친 조치가 없을 것이라는 신념
을 표명했다. 당국은 농산물 가격의 상승을 어느 정도 용인했다. 결
의안은 "혁명적 합법성의 침해"와 "징발 수단의 빈번한 적용"을 비난
했다. 그러나 공허한 타협이었다. 스탈린과 몰로토프, 쿠이비셰프가
지휘하는 당 기구는 이제 단호하게 전면적인 산업화를 대비하고 있
었고, 도시와 노동자를 위한 식량 공급을 확보하는 데 필요한 어떤
조치든 취할 것이라는 점에는 의문의 여지가 없었다.

1928년 가을의 곡물 징수 경험은 전년도의 경험이 더 큰 규모
로 되풀이된 것이었다. 총 수확량은 그대로 유지됐다. 하지만 인간
소비에서 필수 작물인 밀과 호밀 수확량은 줄어들었다. 당국은 전
에 비해 중대한 상황을 제대로 인식했고, 더욱 단호하고 무자비했
다. 조직은 개선된 상태였고, 곡물 징수를 통제하기 위해 새로운 중

앙 기관인 소유즈흘렙Soyuzkhleb이 설립됐다. 농민의 수중에 있던 비축 곡물은 1928년 봄에 진행된 일제 단속으로 고갈된 상태였다. 농민들은 새로운 습격에 대비할 태세가 충분했고, 보유한 곡물을 숨기는 일에도 익숙해져 있었다. 무엇보다도 도시가 다시 절박한 상황에 빠져서 암시장이 확대됐다. 사적 상인들이 농촌 지역 곳곳을 돌아다니면서 약간 오른 공식 가격을 훌쩍 뛰어넘는 가격을 제시했다. 양쪽 모두에서 격렬한 싸움이 벌어졌다. 또다시 법률을 구실 삼아 몰수가 정당화됐다. 실제 범죄나 가상 범죄에 대한 보복이 빈번하게 벌어졌다. 우랄 산맥과 시베리아에서는 마을 소비에트나 마을 회의를 마을당 할당량을 합의하는 방향으로 유도하고 부유한 농민들을 가혹한 처벌로 위협하면서 할당량을 강요하는 체계가 고안됐다. '우랄-시베리아식' 곡물 징수라는 별칭이 붙은 이 체계는 이후 다른 지역으로 확대되어 농민을 희생양으로 삼는 강력한 수단이 됐다. 곡물 징수에 저항해 벌어지는 소동과 대중 시위 소식이 전해졌다. 지방 당국이 지역 내의 도시에 인도하기 위한 곡물 징수를 '분산적' 방식으로 할 수 있는 자유가 주어졌기 때문에 전년도 수치와 단순히 비교하면 오해가 생길 수 있다. 하지만 1928~1929년에 중앙 징수 기관이 징수한 곡물은 1927~1928년의 1030만 톤에 비해 830만 톤에 불과했다. 이 가운데 밀과 호밀은 530만 톤에 불과했는데, 1927~1928년의 820만 톤과 비교됐다. 확실한 점은 어느 정도의 강제나 공포가 가해지지 않으면 아무도 공식 기관에 곡물을 내놓지 않았다는 사실이다.

상황은 금세 절망적으로 바뀌었다. 빵은 농민에게나 산업 노동자에게나 기본 식품이었다. 모스크바는 베를린 인구의 5분의 2가 채 되지 않는데도 빵 소비량은 더 많았다. 산업화가 진전되면서 도시 인구가 급속히 늘어나고 있었다. 1927~1928년 겨울에는 도시에서 빵을 사려는 줄이 익숙한 풍경이 됐고, 버터와 치즈와 우유를 먹는 이는 드물었다. 국가가 비축한 곡물은 바닥을 보였다. 부족분을 보충하기 위해 곡물을 수입하고, 보리와 옥수수를 밀과 호밀에 섞어서 빵을 만들고, 제분을 거칠게 하고, 대도시에서 빵을 배급하고, 암시장에 의존했다. 도시에서는 사적 상인의 활동을 제한했지만 농촌에서는 이런 제한이 무용지물이었다. 저장과 수송 같은 시설 공급에서 사적 상인을 차별하려는 시도조차 대부분 무위로 돌아갔다. 1928년 수확물 중 시장에서 거래된 곡물 가운데 23퍼센트가 사적 상인에게 돌아갔다. 1928년 7월 당 중앙위원회는 이런 경쟁과 당내에 새로 등장한 '우익' 반대파의 요구에 직면해 공식 곡물 가격을 인상하기로 결정했다. 1928~1929년에 공식 징수 기관이 곡물에 지불한 가격은 전년도보다 20퍼센트 증가했다. 하지만 암시장의 가격은 한층 빠르게 치솟았다. 사적으로 거래되는 농산물 가격은 1927~1928년에는 공식 가격보다 40퍼센트 정도 높았는데, 이듬해에는 공식 가격의 두 배에 달하는 것으로 추산됐다. 이런 추산조차 아마 과소평가됐을 것이다. 이제 식량난은 만성 상태였다. 1928년 11월 레닌그라드에서, 1929년 3월 모스크바에서 빵 배급카드가 도입됐는데, 공급량에 따라 그 가치가 올라갔다. 노동자가 아닌 사람들은 배급카드를 받지 못했기 때문에 사적 시장의 처분에 내맡겨졌다. 누구랄 것 없이 허리띠를 졸라매야 했다. 장래에 좋아지리라는 보장도 없었다. 신경제정책이 토대를 두었던 믿음, 즉 국가에 대한 자발적인 농산물 인도와 시장의 자유 판매를 결합한 체계로 도시를 먹여 살릴 수 있다는 믿음은 이미 산산이 무너졌다.

이런 딜레마는 이제까지 일상적인 정치의 표면 아래에 숨어 있던 근본적인 문제를 만천하에 드러냈다. 보통 여기저기 분산된 기다란 땅뙈기로 나뉘어 있고 오래된 삼포식 농법으로 경작되는, 소규모 개별 농민 보유지를 유지하는 것은 효율적인 농업과 양립 불가능하다는 사실이 분명했다. 사회주의 사상에서 보든 상식으로 보든, 원시적인 농민 경제에서도 토지 경작자들 사이의 일정한 협력이 필요했다. 혁명 전 러시아에서는 국가의 대부분 지역에서 이런 협력이 두 차원에서 이루어졌다. 가장 작은 생산 단위는 개인이 아니라 가구, 즉 농가(드보르dvor)였다. 농가는 규모가 다양했는데, 과거에는 대개 한 세대 이상으로 구성되고 때로는 입양으로 보충되는 '확대'가족이었다. 러시아 대부분 지역에서 한 무리의 농가가 토지 보유 공동체(미르mir 또는 오브시치나obshchina)를 구성해서 목축, 윤작, 도랑 파기, 울타리 치기, 도로 깔기 등의 공통 관심사를 조율했으며, 대부분의 경우에 각 농가의 구성 변화를 고려해서 정기적으로 토지를 재분배했다.

혁명 이후 농가는 수가 늘어났지만, 가족 단위가 자주 쪼개져서 중요성은 줄어들었다. 젊은 세대가 독립을 요구하는 경우가 많아지고, 특히 여자들은 결혼을 하자마자 분가를 요구했기 때문이라고 한다. 하지만 미르의 전통적인 권위는 지주가 사라지고 농가가 약화되면서 오히려 높아졌고, 미르는 보통 새로 설립된 마을 소비에트의 성공적인 경쟁자였다. 정부 당국의 미르에 대한 태도는 양면적이고 일관성이 없었다. 한편으로 미르는 삼포식 농법이나 기다란 땅뙈기 보유 방식 같은 오래된 농업 관행을 바꾸려는 시도에 대체로 저항했다. 때로는 사업가 농민, 즉 쿨락이 자기 이익을 위해 미르에서 다른 농민들을 지배했다고 한다. 때로는 쿨락이 자기 몫의 토지를 가지고 미르를 이탈해서 독자적인 경작 단위를 만들었다. 이런 모든 방법으로 미르는 혁명이 근절하고자 한 과거의 전통을 영속시켰다. 다른 한편, 미르는 농민 공동체에서 현존하는 가장 효과적인 집단행동 기관이었다. 헤르첸 같은 나로드니키는 미르를 사회주의로 가기 위한 발판으로 간주했고, 마르크스는 "서구에서 노동자 혁명"이 일어나는 경우에 러시아의 미르가 "공산주의 발전을 위한 출발점" 구실을 할 가능성을 기대하며 말한 적이 있었다.(그렇지만 이런 잠정적인 언급은 지금과는 먼 오래 전 시기에 관한 것이었다.) 1920년대에 미르의 지위를 둘러싸고 모스크바에서 많은 논쟁이 벌어졌다. 하지만 직접 미르에 간섭하려는 시도는 없었고, 집단화가 진행될 때까지 미르는 어느 정도 자유롭게 살아남았다. 농촌에서 당과 정부의 권력은 여전히 매우 취약했다.

집단 경작을 장려하기 위해 고안된 여러 가지 조직 형태는 주로 소비에트 시기의 산물이었다. 혁명 전부터 번성하던 농업 협동조합은 계속 존재했지만, 집단 생산보다는 집단 판매와 신용 제공, 기계 구입 등에 관여했다. 전시공산주의 시절에 시작된 집단농장(콜호즈)과 소비에트농장(소브호즈)(45쪽을 보라)은 신경제정책 아래서 쇠퇴했다. 이 농장들은 소련 전체 토지의 2퍼센트 이하를 차지했다고 하며, 몇 년 동안 당국의 지원을 거의 받지 못했다. 많은 콜호즈가 느슨한 협동조합 형태로 살아남으면서 집단적 원리가 거의 존중받지 못했다. 많은 소브호즈가 비효율성의 상징이 됐다. 1920년대 중반에 곡물 위기가 발생하면서 두 기관에 대한 관심이 새롭게 일었다. 대규모의 집단적 단위는 주로 자신과 가족의 필요를 위해 일하는 개별 농민보다 시장에 잉여 생산물을 제공할 가능성이 높고, 곡물 징수 유도와 압력에 순순히 따랐기 때문이다. 혁명 이후 소규모 농민 보유지가 증가하면서 절박한 상황이 더욱 나빠졌다. 부하린과 그의 제자들은 여전히 농업 판매 협동조합을 유일한 희망으로 삼으면서 이 협동조합들이 점차 집단 경작의 확대로 이어질 것으로 기대했지만, 공식 정책은 콜호즈의 부활 쪽으로 돌아서기 시작했다. 중앙 조직인 콜호즈센터Kolkhoztsentr가 1926년에 설립됐다. 새로운 콜호즈를 결성하기 위한 운동이 벌어져서 1927년 중반에는 그 수가 빠르게 늘어났다. 이 농장들은 전시공산주의 시기의 원래 콜호즈보다 규모가 작았고, 회원들의 집단 노동 관행도 크게 확대되지 않았다. 그러나 집단농장은 번영하는 쿨락의 기득권에 근거한 저항뿐 아니라 농민 대중의 전통적인 보수주의도 극복하려는 의미심장한 시도였다.

소브호즈는 콜호즈에 비해 뒤떨어졌다. 소브호즈의 부활은 1927

년에야 시작됐는데, 간혹 '농업의 산업화'라는 표어로 상징되는 과정과 연결됐다. 전통적인 러시아 농민의 원시적인 농기구(농민이 직접 만들 수 있는 나무 쟁기가 전형적인 사례)를 매우 단순한 기계와 기구로 대체하는 것은 오래 전부터 시급히 필요한 일로 인식됐고, 농업 신용 협동조합과 국가가 재정을 대는 농민은행을 통해 이 요구를 충족시키려는 시도가 있었다. 레닌은 더욱 야심차게 농민을 공산주의로 개종시키려면 "10만 대의 최고급 트랙터"가 필요하다고 선언했었다. 1920년대 초 레닌그라드의 푸틸로프 공장은 미국형 모델 트랙터 몇 대를 만들었고, 1923년부터 계속 미국에서 트랙터 몇 백 대를 수입했다. 1925년 스탈린그라드에 대규모 트랙터 공장을 건설하는 계획이 처음 논의됐다. 계획이 최종 승인되어 공장이 가동된 것은 3년 뒤의 일이다. 공식 선전은 소브호즈가 주변 농민 보유지에 현대적인 경작 방법의 본보기를 제시할 뿐 아니라, 트랙터를 비롯한 농기계를 제공하는 모범 농장으로서 역할을 할 것이라고 강조했다. 이런 이상은 전혀 실현되지 않았다. 그렇지만 트랙터와 복잡한 기계를 사용해서 농업의 효율성을 한층 높이려면 개별 농민 보유지가 아니라 대규모 단위에서 작업을 수행해야 한다는 점이 점차 분명해졌다. 당의 권고에도 불구하고 기계화나 집단화 어느 쪽에서도 아직 진전이 거의 없었다. 이런 진전은 다음 시기의 과제가 되어야 했다.

14 산업화에 따른 진통의 고조
Growing Pains of Industrialization

1927년 내내 당내의 의견은 급속한 산업화와 5개년 계획을 선호하는 방향으로 꾸준히 움직였다. 그렇지만 적대적이거나 회의적인 반응들이 여전히 들렸고, 이런 야심 찬 기획이 어떤 전면적인 결과를 가져올지를 직시하거나 이해하는 이는 많지 않았다. 1927년 12월 당대회에서 반대파가 제명되자 비판에 재갈을 물리고 반대파가 과거에 옹호했던 여러 정책을 거리낌없이 채택하는 것이 가능해짐으로써 지반이 정리됐다. 당대회 이후 벌어진 곡물 징수 위기는 이 과정을 가속화했다. 산업화의 첫째 조건은 농민이 도시와 공장에 필요한 식량을 임금 수준에 견디기 힘든 부담을 주지 않는 가격으로 공급하고, 농민 시장을 위한 소비재 생산에 전용되는 산업 자원을 최소한의 수준으로 유지하는 것이었다. 이런 문제들은 1927년 수확 이후 곡물 징수를 어렵게 만들었는데, 처음에는 해결이 불가능해 보였다. 1928년 초 몇 개월에 걸친 성공적인 운영은 충분히 힘을 행사하면 농민에 대한 강제가 실행 가능할 뿐 아니라 필수불가결하다는 것을 보여주는 증거로 해석됐다. 사회주의 계획경제에서 다루기 힘든 요소인 농민은 이미 길들여져 있었다. 1928년을 지나며 당국은 서서히 자기억제를 극복하면서 산업화를 가차없이 추진했다. 길이 활짝 열렸다. 이러한 속도를 강요하기 위해서는 필요하다면 똑같은 강제의 방법으로 장애물을 극복하겠다는 철의 의지만 있으면 충분했다. 이 과정에서 영웅적인 결의와 냉정한 잔혹함이 드러났다.

강요된 산업화 때문에 생겨난 긴장은 농민의 세계를 훨씬 넘어서 확대됐다. 혁명 이후 새로운 사람들이 권력의 자리에 앉았다. 그러나 온갖 종류의 관리, 전문가, 과학자, 산업 경영자, 기사, 기술자 — 어떤 체제에서든 없어서는 안 되는 업무를 담당하는 사람들 — 의 새로운 세대를 육성하고 훈련할 시간은 없었다. 따라서 주로 마지막 차르 시기와 임시정부에서 업무를 수행한 바로 그 사람들이 그 일을 담당했다. 인민위원부를 비롯한 소비에트 기관에 배속된 관리와 전문가 집단에는 상당수의 전前 멘셰비키와 전前 사회혁명당원들도 있었다. 전 멘셰비키는 국가계획위원회와 재무인민위원부를 지배했고, 전 사회혁명당원들은 농업인민위원부를 장악했다. 이런 비당원 공무원의 대부분은 어쩔 수 없이 신경제정책의 원칙을 받아들이긴 했지만 새 정책을 뿌리깊이 혐오하고 불신했으며, 이 정책에 반대하는 조언을 하고 정책 실행에서도 기민하게 움직이지 않았다. 때로는 수동적으로 저항하기도 했을 것이다. 따라서 새로운 정책을 고의로 방해하는 적극적인 음모가 있다는 의심이 생기기 쉬웠고, 실제로 당내 여러 진영에서 이런 의심을 품었다. 강제적 산업화에 가장 완고하게 저항한 두 부처인 재무인민위원부와 농업인민위원부의 영향력 있는 직책에서 비당원 관리와 전문가를 대대적으로 해임하는 과정은 1928년 봄에 시작됐다. 가장 놀랄 만한 사건은 3월에 벌어졌는데, 당시 돈 강 유역의 석탄 광산에 고용되어 있던 기사와 관리자 55명이 생산 방해 혐의로 체포됐는데, 해외의 사주를 받아 벌어진 것으로 추정됐다. 대규모 공개 재판에서 피고인들이 죄를 자백한 뒤, 11명이 사형을 선고받고 5명이 실제로 사형됐다. 다른 사람들은 장기 징역형을 받았다. 처음에 공모 혐의를 받은 독일인 기사 3명은 무죄로 방면됐다. 이 재판은 이후에 벌어지는 보여주기식 고발과 여론 조작용 재판의 본보기가 됐다. 하지만 당국은 산업의 유지와 확장에 절대적으로 필요한, 부르주아 출신의 '전문가'들을 겨냥한 의심과 적대는 잠시 거두고 그들을 안심시키는 선언문을 몇 차례 발표했다. 자격 있는 기사로 노동자를 훈련시키는 과정은 더디게 진행됐다. 주요 건설 공사장의 외국인 기사 고용 — 처음에는 주로 독일인이다가 나중에 미국인으로 바뀌었다 — 은 이 시기의 특징이었다.

산업 관리자 쪽만 점증하는 압력에 시달린 것은 아니다. 아직 공언되지는 않은 산업화의 첫째 조건이 농민이 약간의 수익만 받고 곡물을 도시에 인도해야 한다는 것이라면, 공공연하게 공언된 둘째 조건은 노동자의 생산성을 임금보다 빠르게 증대해야 한다는 것이었다. 그래야만 산업 팽창에 필요한 재원을 일부나마 산업 이윤 자체에서 조달할 수 있기 때문이다. 이것은 농민에 대한 고삐 풀린 착취의 대안이었다. 바로 이것이 1926년과 1927년에 벌어진 '절약 체제' 캠페인과 '생산 합리화' 캠페인의 주된 목적이었다. 그리고 자본과 기술 자원이 부족한 탓에 다른 형태의 합리화가 제한된 조건에서, 이런 방식은 무엇보다도 노동의 물리적 강도를 높여서 생산성을 올리는 것을 의미했다.(171~172쪽을 보라.) 노동자의 효율성을 높이기 위한 캠페인이 모든 곳에서 벌어졌다. 과음, 무단결근, 꾀병은 진정한 프롤레타리아가 아니라 농촌에서 산업으로 징발된 농민의 특징이라고 얘기됐지만, 워낙 만연한 현상이라 발각되는 즉시 해고하겠다고 위협해도 막을 수 없었던 듯하다. 중앙노동연구소는 직업 훈련과 당 사상 교육을 결합한 공장 학교와 나란히 젊은 노동자들이 현대식 공장 기술을 집중적으로 교육 받는 학교를 설립했다. 한때 레닌이 '테일러주의'를 비판했듯이(48쪽을 보라), 비판론자들은 이런 학교가 노동자를 "생산의 창조자가 아니라 기계의 부속물"로 다룬다고 비난했다. 다른 형태의 유인책도 동원됐다. 공장이나 노동자 집단 사이의 '사회주의적 경쟁'이 선전과 상품 제시를 통해 장려됐다. 특별한 공적이 있는 노동자에게는 일정한 특권이 수반되는 '노동 영웅'이라는 칭호가 주어졌고, 공장이나 생산 기업, 노동자 공동체에 대한 상으로 노동자 적기 훈장이 생겼다. 혁명 10주년을 기념하기 위해, 레닌이 1919년에 도입한 공산주의자 토요일 — 무보수 특근 — 을 모방한 '공산주의자 토요일'이 소련 몇몇 지역의 공장과 광산에서 실시됐다.

이 시기에 시도된 방식은 노동자에게 가해지는 강한 압력의 징후를 보여주었다. 1927년 11월 혁명 10주년 기념일 전야에 당국은 하루 7시간 노동으로 전환한다는 계획을 발표했다. 혁명의 위대한 업적으로 찬양된 이 기획에 대해 반대파는 실체가 없는 먼 미래의 전망을 내세워 노동자들을 침묵하게 만들려는 선동적인 시도라고 비난했다. 하지만 얼마 지나지 않아 또 다른 목적이 있음이 밝혀졌다. 공장과 기계를 최대한 이용하기 위해 일부 공장은 이미 24시간 2교대로 돌아가고 있었다. 이제 청소와 유지보수를 위해 최소한 3시간을 남겨놓고 각 조가 7시간씩 연속 3교대로 작업해야 한다는 제안이 나왔다. 3교대 방식은 관리자와 노동자 모두 싫어했고, 처음에는 가장 저임금을 받는 집단인 여성만을 거의 배타적으로 고용하는 섬유 공장에서만 도입됐다. 공교롭게도 이 방식은 이상주의가 지배한 혁명 초기에 시행됐던 여성의 야간 노동 금지 조항을 완전히 포기하는 결과를 낳았는데, 오랫동안 이 조항은 준수하는 것보다 위반하는 것이 명예롭게 여겨졌다. 그 후 2년 동안 산업 전체에 걸쳐 3교대 방식을 확대하는 선언이 몇 차례 발표됐다. 하지만 이 과정에 수반되는 긴장과 압력도 강했다. 3교대 방식이 도입된 곳에서 고용 노동의 생산성이 작업 기간 동안 점진적으로 감소한다는 사실이 주목을 받았고, 섬유 산업 외에서 이 방식이 널리 채택된 것 같지는 않다.

그러나 임금은 여전히 산업 노동자와 고용주·국가의 관계에서 초점이었다. 신경제정책 아래서 임금은 원칙적으로 노동자와 고용주의 협정에 의해 — 명목적으로는 노동조합과 기업이나 관련 공공기관의 단체협약에 의해 — 고정됐다. 생산성과 소득을 연계한다는 내용이 단체협약에 기입되고 양쪽 모두 인정했지만, 임금 고정 원칙은 영향을 받지 않았다. 1926년부터 계속해서 상황이 근본적으로 바뀐 것은 계획화의 최우선적인 중요성이 수용됐기 때문이다. 임금 계산서는 경제에서 워낙 중요한 요소이기 때문에 계획가들의 계산에서 제외하거나 외적 요인에 의해 결정되는 변동에 종속시킬 수 없었다. 노동조합과 국가경제최고회의가 많은 논쟁을 벌이면서 양쪽 모두 계획화와 단체교섭의 양립성을 인정한다고 주장한 끝에, 임금 고정은 실제로 서로 구별되는 두 과정에 종속됐다. 무엇보다도 최고 당국 — 대개 정치국 자체 — 이 이듬해의 임금 기금 총액을 고정하고(인플레이션 시기에는 금전 단위의 일정한 인상이 불가피했다), 산업별로 어느 정도의 인상을 인정할지를 결정했다. 그리하여 당국은 이 계획에서 준비해야 하는 임금 지불 한도를 고정했을 뿐 아니라 어떤 산업의 확대를 장려해야 하는지도 결정했다. 둘째 단계는 노동조합 중앙위원회와 산업 전체, 또는 지방 노동조합 위원회와 개별 기업이 단체협약을 체결하는 것이었다. 하지만 이미 정해진 한도 안에 임금을 묶어두어야 하기 때문에 교섭의 자유가 여전히 거의 없었다. 그리고 단체협약에 관한 논의는 노동조건이나 생산 '노르마norm'[중앙집권적 계획경제를 실시한 소련에서 노동자가 1일분의 임금을 얻는 데 필요한 기준 노동량 또는 책임 생산량]를 중심 주제로 삼기 쉬웠다.

성과급 임금에 대한 원래의 제한은 사라진 지 오래였고, 성과급을 적용할 수 없는 곳에서는 생산성에 연동된 상여금이 임금 지급의 정규적인 부분이었다. 임금을 생산성에 연동시키는 캠페인의 필수적 일부인 이런 방식은 '노르마', 즉 기준 노동량을 지속적으로 고정할 필요가 있었다. 1926년 가을에 전반적인 임금 인상이 인정됐을 때, 국가경제최고회의는 노르마를 수정하기 위한 선동을 시작했다. 노르마 수정은 노동자에게 부담을 더 주지 않으면서도 생산성을 늘리는 합리화와 기계화 조치에 의해 어느 정도 정당화될 수 있었다. 그러나 노르마를 늘리는 것은 대개 임금을 인하하는 방법일 뿐이었다. 1927년 내내 국가경제최고회의와 노동조합 사이에 격렬한 논쟁이 벌어졌지만, 노르마의 전반적인 재검토 필요성을 인정하는 것으로 귀결됐다. 이 시기의 임금 통계는 분산적이고 복잡하며 때로는 오해를 야기한다. 인플레이션 상황에서 현금 지불 동결이나 심지어 인상은 실질임금 감소를 은폐하는 것이었다. 1923~1927년 사이에는 노동자의 실질임금이 느리더라도 꾸준히 증가한 반면, 1928년 이후 몇 년 동안은 실질임금이 감소하고 노동자가 사회의 다른 부문과 마찬가지로 산업화의 가혹한 압력에 종속되고 계획경제의 압제에 제약을 받은 것은 확실하다.

노동조합의 역할은 체제 초기에 논쟁의 대상이었다. 신경제정책의 타협은 '노동의 군사화'를 거부했으며, 공식적으로 노동조합에 국가로부터 독립된 지위를 부여했다. 그렇지만 결국 이런 독립성은 환상에 불과했다. 신경제정책 아래서 산업의 '관제 고지'는 국가가 확고하게 장악했고, 표면상 여전히 비당파적이지만 이제 전적으로 볼셰비키가 통제하는 노동조합이 노동자 국가의 이익과 정책에 반대하는 입장에 선다는 것은 상상조차 할 수 없는 일이었다. 노동조합의 독립성이 처음 잠식된 것은 노동조합이 생산성 증가에 헌신한 결과였다. 이 때문에 노동조합은 노동 규율을 유지하고 파업이나 작업장 이탈 같은 '무정부주의적 방식'을 예방한다는 책임을 받아들일 수밖에 없었다. 파업은 노동조합이 적절히 경계하면서 노동자들의 요구에 주의를 기울이지 못한 증거로 간주됐다. 그러나 이제 노동조합은 노동자들의 단기적 요구의 지지자로 무조건 나설 수 없었다. 노동조합의 역할은 당내의 고위급 토론에서 노동자들의 단기적 요구와 국가 산업의 장기적 요구 사이에서 중재자 노릇을 하는 것이었다. 공장 차원에서는 노동조합·경영진·당의 3자 대표로 이루어지는 '삼각형'이 통제권을 장악했다. 하지만 경영진과 당이 합의하는 경우에 노동조합 대표는 약자의 위치로 몰렸고, 노동조합은 때로 '경영자 편향'에 굴복한다는 비난을 받았다.

게다가 노동력과 노동조합원이 급속히 늘어나면서 노동조합의 성격 자체가 미묘한 변화를 겪었다. 대다수 공장 노동자가 계급의식적인 프롤레타리아이고 적극적인 당원 노동자가 소수이나마 제법 섞여 있다는 가정은 빠르게 타당성을 잃고 있었다. 정치적으로 적극적인 노동자의 다수는 경영자나 공직으로 승진한 상태였다. 산업에 새로 들어온 많은 이들은 농촌에서 바로 온 농민이었는데, 이 사람들은 당 사상부터 노동조합 업무까지 모든 것을 배워야 했다. 이 시기에는 노동조합의 교육적 역할이 크게 강조됐다. 하지만 또 다른 결과는 노동조합 중앙평의회로 대표되는, 기층 조합원에 대한 지도자의 권위가 빠르게 높아진 것이다.

신경제정책의 타협은 ─ 톰스키가 노동조합에서 독보적인 지도력을 발휘한 시기인 ─ 1922년에서 1928년까지 점점 어려워지면서도 유지됐다. 이 시기는 경제 회복기였고, 그 혜택의 일부는 노동조합의 도움으로 노동자에게 돌아갔다. 노동조합을 국가 기구로 가차없이, 그리고 완전히 통합하게 된 계기는 계획화의 등장이었다. 노동의 조직화와 보상은 어떤 경제 계획에서도 중요한 요소였다. 노동인민위원부는 이때쯤이면 노동조합의 조력자가 되어 있었다. 주요 정책 토론에서 계획의 다른 요소들을 책임지는 경제 기관들과 나란히 한 자리를 차지한 것은 노동인민위원부가 아니라 노동조합 중앙평의회였다. 하지만 모든 기관이 다 같이 정치국이라는 최고 권위에 종속된 채 정치국의 결정을 집행했다. 1920년대 중반에 이르면 노동조합 고위 관리들은 거의 모두가 당 규율에 직접 종속된 당원이었다. 그러나 시간이 지나면서 톰스키와 그의 동료 대다수는 계획이 산업 노동자에게 압력을 부과하고 유서 깊은 노동조합 전통이 무시되는 가운데 점차 참을성을 잃었다. 노동조합이 당시의 산업 확대 정책에 반대하고 나서야 했던 것은 전혀 역설적인 일이 아니었다. 1928년 7월 당 중앙위원회가 열렸을 때, 톰스키는 부하린, 리코프와 합세해서 산업화 속도를 늦추기를 원하는 정치국 내의 3인 소수파를 구성했다.

산업, 특히 중공업에 대한 투자가 급속히 증가하면서 공급이 달리는 농산물과 공산물 수요가 팽창했다. 1923년의 가위 모양 가격

위기를 통해, 시장의 자유로운 움직임이 거래 조건을 조정하게 내버려두는 것은 불가능하다는 사실이 드러났었다. 당국은 이 교훈을 배웠고, 가격 통제가 영구적인 정책 항목이 됐다. 농산물 가격 통제는 이론상 농산물을 고정된 가격으로 당국이 징수하는 방식으로 실행됐다. 그러나 1927~1928년 겨울부터 주로 강제적인 방식을 통해 생산자한테서 공식 가격으로 수매하는 곡물 공급량이 불충분했고, 사적 시장에서 더 높은 가격으로 매입해서 보충해야 했다. 공산물 가격 통제는 그에 비해 효과적이었지만 대단히 복잡한 문제가 제기됐다. 1926년부터 계속해서 산업화의 압력이 고조되는 가운데 가격 정책은 끊임없는 논쟁의 주제였다. 모든 주요 산업이 이제 국가의 수중에 있기 때문에 공산물 도매가격 통제는 아주 간단했다. 가위 모양 가격 위기 이래 농민과의 유대를 유지하기 위해 공산물 가격을 낮게 유지하는 정책이 당 사상에 확고하게 자리 잡고 있었다. 도매가격을 올려서 국유 산업의 수익성을 높이자는 호소가 1926년과 1927년에 반대파에게서 나왔지만, 그런 주장은 반대파가 농민을 무시하는 증거라고 격분하는 분위기 속에서 거부됐다. 잇따라 나온 5개년 계획의 여러 변종은 공산물 가격이 떨어진다는 예측에 근거한 것이었다.

그러나 도매가격 통제에 필적하는 효과적인 소매가격 통제는 이루어지지 않았다. 도매가격의 엄격한 통제와 소매가격의 변동이 결합된 체제는 단지 이른바 "도매가—소매가의 가위 모양 간격"을 확대하고 달갑지 않은 중간상인의 이윤을 부풀려준다는 점이 빈번히 지적됐다. 1924년 이래 점점 더 많은 수의 표준 상품에 대해 소매가격이 고정됐다.(92쪽을 보라.) 국가 상점과 협동조합 상점, 판매 기관들이 다소 미적지근하게 받아들인 이 가격은 사적 상인들에게 의무로 제시됐다. 실제 시행은 어려웠고 편차가 있었다. 하지만 인기 없는 네프맨을 겨냥한 활발한 선전과 단속 조치는 농촌보다 도시에서 사적 거래를 제한하는 데 더 성공을 거두었다. 가격은 상품 입수 가능성이나 공급 부족과 상관없이 고정됐다. 1926년 7월의 법령은 "공급이 부족한 국유 산업 제품의 소매가를 인하"하도록 요구했다. 1927년 동안 일련의 명령과 법령이 발표되어 1월 1일부로 유력한 기준 상품의 소매가를 10퍼센트 인하할 것을 지시했다. 이런 야심 찬 목표가 달성되지는 않았지만, 한 해 동안 일부 가격은 인하됐고 많은 네프맨들이 폐업했다.

그런데 이런 가격 인하의 성과는 실제로 거의 전적으로 환상에 불과하다는 사실이 드러났다. 가격이 내려가도 농민과 산업 노동자의 실질적인 공산품 구매력이 향상되지는 않았다. 이제 도시와 농촌 모두에서 만성적인 공급 부족 사태가 동반됐기 때문이다. 가격 수준은 이제 경제 상황의 중요한 지표 노릇을 하지 못했다. 1927년 동안 산업화의 압력과 중공업의 계획적인 발전을 위한 가용 자원의 흡수 압력 때문에 생활수준이 지속적이고 점진적으로 하락하기 시작했다. 공식 가격과 암시장 가격의 불균형은 공산물의 경우에 농산물만큼 극단적이지는 않았지만 소비재 부족이 식량 부족만큼이나 심각했기 때문에, 이런 현상은 소비자에게 별로 유리하지 않았다. 어떤 부류의 소비자든 간에 산업화에 따른 부담의 막대한 몫을 감당할 것을 요구받았다. 소비재가 아니라 주로 생산수단 생산에 집중된 성급한 산업화의 진전은 농민과 노동자, 경제 모든 부문에 끊임없이 커지는 긴장을 강요했다. 적극적인 저항보다는 무관심과 체념이 가장 막중한 부담을 진 사람들을 지배한 분위기였던 것 같다. 그러나 산업화론자들은 이런 희생을 치르고 성과를 얻었으며, 기꺼이 희생을 감내해야 하고, 감내할 의지가 없는 이들에게 희생을 강요할 수도 있다고 계속해서 열정적으로 믿었다.

1928년 동안 정치국 자체에도 의심이 침투하기 시작했다. 1928년 7월 당 중앙위원회 회의에서 벌어진 의견 충돌(189쪽을 보라)은 표면적으로 농업 정책과 농민에 대한 압력을 둘러싼 것이었다. 하지만 밑바탕에 깔린 쟁점은 이 정책의 지침이 되는 산업화의 속도 문제였다. 중요한 것은 강제적 산업화에 전념하는 정치국의 다수파와, 산업화 속도를 늦춰 모든 면에서 압력을 완화하고자 하는 리코프와 부하린, 톰스키 등의 소수 반대파 사이에서 드러나는 공공연한 분열이었다. 9월 말 부하린은 〈어느 경제학자의 노트〉라는 제목의 《프라우다》 주요 기사에서 자신의 견해를 상세히 설명했다. 부하린은 곡물 위기부터 시작해서 신경제정책을 통해 확립된 농민과의 유대, 농업과 산업의 균형 상태를 파괴한 현재의 산업화 계획을 전면으로 공격했다. 곡물뿐 아니라 모든 종류의 공산물이 부족한 가운데서도 산업 투자가 불합리하고도 부조리하게 가속화되고 있었다. 농업이 산업을 따라잡게 해야 하며, 산업은 "빠르게 성장하는 농업이 제공하는 토대 위에서" 발전해야 했다. 부하린은 이미 달성한 산업화의 규모를 받아들인다고 주장했다. 하지만 이제 산업화에 따른 긴장이 용인할 수 없는 수준이 됐고, 속도를 더 높이지 말아야 했다. 부하린은 현재의 5개년 계획 초안에서 의도하는 "광적인 압력"을 비판하는 말로 끝을 맺었다.

성급한 산업화 노선에 대해 반대파가 공개적으로 발표한 마지막 글이자 신경제정책을 옹호하는 최후의 승산 없는 싸움인 〈어느 경제학자의 노트〉는 공식 경제학자들뿐 아니라 트로츠키와 그 지지자들에게도 거센 공격을 받았다. 농업을 우선시하는 입장은 이제 용인되는 주제가 아니었다. 당시 캅카스 지방에서 휴가를 보내고 있던 부하린은 11월 당 중앙위원회의 중요한 회의에 맞춰 돌아왔다. 쿠이비셰프가 지휘하는 국가경제최고회의는 산업에 대한 자본 투자를 계속 늘릴 것을 끊임없이 요구했다. 산업화론자들은 이미 서구를 "따라잡고 추월하자"는 호소를 하고 있었다. 스탈린은 중앙위원회 주요 연설에서 이 주제를 꺼내들었다. 그는 기술은 선진 자본주의 국가들에서 "돌진하고 있을 뿐"이고 "우리가 이것을 달성하지 못하면 그들이 우리를 파괴할 것"이라고 주장했다. 그러면서 표트르 대제가 방위 수요를 충족시키기 위해 열정적으로 공장을 건설한 것은 "후진성의 틀을 박차고 도약하려는 시도"였다고 언급했다. 기술이 "우리가 발전하기 위한 생사가 걸린 문제"로 대두된 것은 소비에트 경제, 특히 농업 부문의 후진성과 소련의 고립 때문이었다. 중앙위원회는 한 해 동안 16억 5000만 루블을 산업에 투자하기로 승인했다. 부하린은 힘없이 저항하면서 사직서를 제출했다가 이내 철회했으며, 표결에 반대하지 않았고 결국 결의안 작성에 참여했다. 부하린의 패배는 합의와 화해라는 겉치레로 위장됐지만, 오해의 여지가 없는 패배였다. 산업화의 승리는 5개년 계획의 완성과 1929년 5월 소비에트연방대회 제출로 확정됐다.

15 1차 5개년 계획
The First Five-Year Plan

    1925년 8월 국가계획위원회가 처음으로 통제 수치를 발표한 때부터 1929년 5월 1차 5개년 계획이 승인된 때까지의 시기는 계획화의 원칙과 실행에서 중단 없는 전진의 시기였다. 이 시기 중간쯤 관심의 초점이 연간 통제 수치에서 5개년 계획으로 옮겨갔는데, 이런 변화는 소비에트 경제 정책과 장기적인 경제 발전 전망에 대한 목적의식적인 검토를 수반했다. 당은 이따금 발표한 선언을 통해 5개년 계획의 목표를 상세히 설명했다. 1925년 12월 14차 당대회는 "경제적 자급자족"이라는 목표를 선언했는데, 이 목표를 위해서는 소련을 "기계와 설비를 수입하는 나라에서 기계와 설비를 생산하는 나라로" 전환시켜야 했다. 이듬해 가을 열린 당 협의회는 "새롭고 더 발전된 기술을 토대로 한 경제재건"을 요구했다. 소비재보다 생산수단 생산을 우위에 둔다는 원칙은 이따금 산업화의 속도를 늦추려고

하는 이들의 도전을 받았고, 1927~1928년에는 농민 시장의 수요를 충족하기 위해 소비재 생산이 확대됐다. 하지만 이것은 비상 상황에 대한 일시적인 대응이었다. 1929년 4월 마침내 5개년 계획을 승인한 당 협의회는 "국가 산업화의 토대로서 생산수단 생산의 최대한 발전"을 계획 목표 목록의 최우선 순위에 두었다.

1926년 3월 국가계획위원회가 처음 작성한 5개년 계획 시안은 주로 — 그때까지 계획가들이 통제하고 있는 유일한 경제 부문인 — 국유 산업에 관한 것이었다. 국가계획위원회는 이 부문에서 산업 생산의 연간 증가율을 — 아직 사용하지 않은 생산 능력을 활용할 수 있는 — 첫해의 40퍼센트부터 5년째 해의 15퍼센트에 이르기까지 다양한 속도로 예상하고 예산 계획을 짰다. 이른바 성장 '감퇴 곡선'이었다. 산업 투자는 첫해에 7억 5000만 루블에서 5년째 해에 12억 루블로 증가될 예정이었다. 이 초안은 여전히 현실적인 제안이라기보다는 이론적인 연습으로 간주됐기 때문에 고위급 수준에서는 별로 관심을 끌지 못했다. 1년 뒤 국가계획위원회가 내놓은 두 번째 초안은 한층 더 자세하고 복잡한 문서로서 각 장을 할애해 여러 상이한 경제 부문을 다루었다. 이 문서의 산업 성장 예상치는 첫 번째 초안보다 상당히 소박했고, 5개년 계획이 시행되는 동안 산업 노동력이 100만 명 늘어날 것이라는 예상은 절반 넘게 축소됐다. 다른 한편 산업 투자를 늘려야 한다는 요구는 좀 더 높아졌다. 산업 확대를 위한 추가 자금은 노동생산성 증가를 통한 생산비용 감소로 공급될 예정이었고, 억지로 물가를 낮추기 위해 당국이 벌이는 캠페인에 많은 기대가 모아졌다. 계획화는 이제 중대한 쟁점이 됐고, 1927년 3월의 초안은 신랄한 논쟁을 불러일으켰다. 국가계획위원회에서는 초안의 주요 설계자인 볼셰비키 경제학자 스트루밀린이 멘셰비키 출신의 그로만과 대결했다. 농업인민위원부와 재무인민위원부의 경제학자들은 초안을 위험한 공상이라고 공격했고, 국가경제최고회의의 쿠이비셰프는 지나치게 소심하다고 비판했다. 공식 노선이 급속한 산업화로 급격히 바뀌자 허를 찔린 처지가 된 반대파는 너무 늦게 계획화로 전환해서 효과가 없다고 비난하는 정도에 그쳤다.

이 시점부터 계획 목표를 인상하라는 압력이 계속됐다. 반대파는 1927년 9월 강령(177~178쪽을 보라)에서 이제 기존의 국가계획위원회 안이 보잘것없고 불충분하다고 비난했다. 이미 1년 전에 공산주의아카데미에서 통제 수치를 토론할 당시에 반대파 대변인은 국가계획위원회와 국가경제최고회의의 대변인들보다 더 높은 산업화 속도를 요구했었다. 1927년 10월, 국가계획위원회는 세 번째 초안을 내놓으면서 회의론자와 낙관론자 양쪽을 조정하기 위해 '기본' 수치와 '최대' 수치를 제시했다. 최대 수치는 산업 생산과 투자 모두에서 두 번째 초안의 예상치를 훌쩍 뛰어넘는 규모였다. 이제 국가경제최고회의가 계획의 운영을 맡았는데, 국가계획위원회의 예상치를 훨씬 넘어서는 예상치를 산출했다. 결국 국가계획위원회는 다시 한 번 원래 예상치를 상향 조정해야 했다. 얼마 동안은 당 지도자들이 주저한 탓에 진전이 없었다. 트로츠키와 반대파에 맞선 투쟁이 한창이던 위기의 순간에 그들의 급속한 산업화 요구를 공공연히 인정한다면 당혹스러운 일일 것이다. 그리고 지도자들 사이에 공공연한 견해차가 존재하는 쟁점을 너무 열심히 압박하는 것도 불편한 일이었다. 10월 말 당 중앙위원회가 다가오는 당대회에 제출할 〈5개년 계획 초안 작성 지침〉을 승인하기 위해 모였을 때, 이 문서는 5개년 계획에 대한 무조건적인 열광으로 가득했지만 관련된 논쟁적인 문제들에 대해서는 분명한 입장을 취하지 않으려는 태도가 역력히 드러났다. "축적의 이익"과 "농민 경제", 중공업과 경공업 사이에 균형을 잡아야 했고, 후자에서 전자로 "자원을 **최대한** 이전하는 것"은 "전체 경제 체제의 균형을 해친다."는 이유로 배제됐다. 당해 연도에 "최대한의 축적 속도"를 달성한다고 해서 반드시 장기적으로 가장 신속한 발전이 보장되는 것은 아니었다. 국가계획위원회의 계획안이나 국가경제최고회의의 계획안에 대해 최종적인 판단을 내리려는 시도는 없었다. 이 회의는 트로츠키와 지노비예프를 중앙위원회에서 제명한 자리였다(178쪽을 보라). 얼마 남지 않은 반대파 대변인들은 단 하나의 수치도 담겨 있지 않은 이 모호한 〈지침〉을 공격했다. 하지만 다수파가 그들의 말을 가로막고 입을 틀어막았다.

1927년 12월에 열린 당대회는 일곱 차례의 개회를 5개년 계획에 관한 토론에 할애함으로써 그것의 중요성을 적나라하게 드러냈다. 2년 전 열린 이전 당대회에서 부하린이 "달팽이 걸음의 산업화"를 권고한 사실을 한 대의원이 짓궂게도 다시 상기시켰지만, 부하린은 발언하지 않았다. 몇 명이 회의적인 목소리를 냈지만, 5개년 계획의 원칙에 열광하는 전반적인 분위기에 압도당했다. 일부 열렬한 산업화 지지자들은 국가계획위원회가 소심하다고 비판하면서 국가경제최고회의가 경주에서 선두에 서 있다고 치켜세웠다. 하지만 당 지도자들은 특히 농업에 대한 언급에서 자제력을 발휘했다(187쪽을 보라). 대회는 몇 주 전에 당 중앙위원회가 초안을 작성한 신중한 내용의 〈지침〉을 수용하는 데 만족했으며, 계획에 대한 열광을 통계의 언어로 전환하려는 시도는 하지 않았다. 대회의 주요 임무는 반대파를 물리치고 추방하는 것이었다. 당 다수파가 만장일치로 이 과제를 수행하는 것을 어떤 논쟁적인 쟁점도 방해해서는 안 됐다. 유일하게 적극적으로 취해진 결정은 1929년 봄에 열리는 차기 소비에트연방대회에 제출하기 위해 계획안을 제때 준비한다는 것이었다.

일단 반대파가 분쇄되고 그 지도자들이 모스크바에서 쫓겨나 흩어지자, 최고 당 지도자들을 가로막던 자기억제가 사라졌다. 변화된 분위기는 1928년 초반 몇 달 동안 곡물 징수에 적용된 가혹한 '비상조치'에 반영됐다. 이제까지 5개년 계획 배후의 주된 추진력은 국가계획위원회와 국가경제최고회의에 자리 잡고 있던 당의 부차적 인물들에게서 나왔는데, 그들은 야심 찬 기획이 실행 가능하다는 점을 지도자들에게 설득하고자 했다. 특히 스탈린은 양 극단 사이의 중재자라는 역할을 선호하면서 이런 자세를 계속 유지했다. 그런데 이제부터는 예상치가 상향 조정될 때마다 그 배후에 당의 압박이 있다는 사실이 분명해졌다. 이제 추진력은 정치국과 스탈린 자신에게서 나왔다. 1928년 내내 새로운 자극을 받아 더 높은 수준에서 국가계획위원회와 국가경제최고회의가 끊임없이 상향되는 목표치를 놓고 경쟁하는 양상이 전과 똑같이 전개됐다. 그와 동시에 계획이 더욱 구체적으로 잡히면서 모든 경제 부문과 전체 산업, 전체 지역을 포괄하게 됐다. 계산은 모든 '유전자론'적 근거에서 점점 더 분리됐고, 갈수록 더 달성하려는 의지와 결단력의 표현이 됐다. 토론 과정에서 정치는 경제와 한데 얽혔고, 최종 결정은 경제적이기보다는 정치적이었다. 부하린이 패배하고 1929년 가을 그가 쓴 〈어느 경제학자의 노트〉가 비난을 받으면서, 이제부터는 신중한 태도가 우편향의 징후로 간주될 것임이 분명해졌다. 국가계획위원회와 국가경제최고회의의 오랜 토론 끝에 1929년 3월에 계획 초안이 완성됐다. 초안은 5개년 계획 기간(1928~1929년부터 1932~1933년까지)에 걸친 산업 생산과 산업 투자율의 '기본' 예상치와 '최적' 예상치를 제시했다. 최적 예상치에서는 생산 증가율의 '감퇴 곡선'이 사라졌고, 연간 증가율은 첫해의 21.4퍼센트에서 5년째 해의 23.8퍼센트까지 점진적으로 높아질 예정이었다. 첫해에 16억 5000만 루블로 계획된 산업 투자는 5년째 해에는 거의 두 배(기본 예상치)나 두 배 이상(최적 예상치)이 될 예정이었다. 5개년 계획의 초안을 작성한 경제학자들은 기본 예상치가 합리적인 기대의 한계라고 생각한 듯한 반면, 정치국은 "최적 예상치"의 계획이 "15차 당대회 지침에 완전히 부합한다."고 승인하는 결의안을 과감히 채택했다.

계획은 1929년 4월 말에 대규모로 열린 당 협의회에서 최종으로 승인됐다. 리코프는 이제 우편향 세력과 관계를 맺고 있었지만 5개년 계획을 협의회에 권고한 3인 보고자 중 하나였다. 하지만 그의 신중한 평가는 국가계획위원회 의장 크르지자놉스키의 호소력 있는 열의와 국가경제최고회의 의장 쿠이비셰프의 냉정하고 무미건조한 결단과 대비되어 불리하게 나타났다. 계획은 협의회가 끝나고 며칠 뒤에 세 권짜리 두툼한 책으로 출간됐는데, 틀림없이 수정할 시간이 없었기 때문이었겠지만, 기본 예상치가 이제 폐기됐는데도 3월에 국가계획위원회에서 채택한 두 예상치가 여전히 포함되어 있었다. 계획은 경제 전반에 대한 인상적이고 종합적인 검토였다. 일부 예상치는 조잡할 정도로 지나치게 낙관적인 것임이 드러났다. 특히 1년 뒤에 목표치가 한층 더 상향되고, 5개년 계획을 4년 안에 완수한다는 결정이 내려졌기 때문이다. 하지만 계획은 중공업 발전을 위한 야심 찬 기획에 강력한 추진력을 제공했다. 그리고 계획이 야기한 거대한 낙관주의의 물결이 없었다면, 이런 성과를 달성할 수 없었을 것이라고 주장해도 무방하다. 5개년 계획은 경제 전체가 그것을 중심으로 돌아가는 축이 됐다.

국가계획위원회는 레닌의 전력화 계획을 실행하기 위해 설립된 기관인 러시아전력화위원회의 후신이었고, 에네르게티카(에너지 energetika)는 여전히 이 기구의 열쇳말 중 하나였다. 국가계획위원회가 추진하고 1차 5개년 계획의 핵심 부분으로 실행한 가장 유명한 기획이 드네프르 강에 드네프로스트로이라는 이름의 대형 댐 겸 수력발전소를 건설하는 사업이었던 것은 적절할 뿐 아니라 우연의 일치를 넘어서는 일이었다. 1926년 여름, 테네시밸리 댐을 건설한 미국인 기술자 휴 쿠퍼가 현장에 와 보라는 초대를 받아들이고 그 가능성에 열의를 표했으며, 마침내 댐 건설을 감독하는 데 동의했다. 이 사업은 소련의 예산으로 재원을 충당할 예정이었고, 쿠퍼는 계약 업자가 아니라 컨설턴트 겸 고문으로 채용됐다. 하지만 댐 건설에는 미국 기술과 장비를 무한정 사용하고 소규모 미국인 기술자 집단도 채용해야 했다. 또한 이 사업으로 발생되는 전력을 사용할 새로운 산업과 공장을 세울 필요도 있었다. 전력은 돈바스의 광산과 신설되는 대규모 철강 공장들뿐 아니라 알루미늄과 고품질 철강, 철합금을 생산하는 공장 등 생산수단을 생산하는 거대한 새로운 산업단지에 공급될 예정이었다. 새로운 도시인 자포로제[현재 우크라이나의 자포리자]와 드네프로페트롭스크가 세워졌다. 1934년 무렵에야 댐 자체와 거기서 생산되는 전력을 소비하기 위해 계획된 공장들이 전면 가동됐다.

드네프로스트로이 댐은 1차 5개년 계획 아래 개시된 많은 야심찬 기획의 본보기가 됐다. 이 5개년 계획에서 전체 산업 투자의 7분의 1이 철과 강철의 생산에 투입됐다. 다만 그중 일부는 기존 공장과 생산시설을 현대화하는 데 활용됐다. 자동차 산업의 발전은 널리 명성을 떨쳤다. 혁명 전에는 러시아에서 자동차를 전혀 만들지 않았고, 1920년대 중반에 두세 곳의 제작소에서 처음으로 만들기 시작했지만 소량의 차만 제조했을 뿐이었다. 1927년, 5개년 계획으로 조성된 열광적인 분위기 속에서 소련 최초의 자동차 공장이 승인을 받았다. 모스크바 근처에 세워진 작은 회사는 연간 1만 대를 생산할 예정이었다. 1929년이 되어서야, 니즈니노브고로드에 10년 안에 연간 20만 대 생산량을 목표로 삼는 자동차 공장을 건설하기 위한 협정이 디트로이트의 포드와 체결됐다. 처음에는 승용차에 중점을 두었지만, 나중에는 산업용 트럭 생산을 우선시했다. 도로 건설 계획은 자동차 산업 성장의 당연한 결과물이었다. 이와 궤를 같이하면서도 독자적으로 트랙터 생산도 발전했다. 스탈린그라드에 있는 트랙터 공장(195쪽을 보라)의 예상 생산량은 공장 건설이 진행되는 중에도 몇 차례 늘어났고, 5개년 계획의 최종안에서 연간 5만 대로 정해졌다. 1930년 공장이 생산에 들어갈 때쯤, 다른 공장 두 곳이 추가로 승인을 받았다. 1928년부터 줄곧 트랙터는 농민 경제의 현대화와 집단화를 위한 계획에서 지도적인 역할을 했다. 트랙터는 1차 5개년 계획이 농업 생산 증진에 안겨준 가장 큰 기여였다.

한편 군수 산업은 5개년 계획의 공적인 논의에서 거의 언급되지 않았다. 내전 이후 붉은 군대는 몇 년 동안 휴식기를 보냈다. 그러나 1926년에 군대를 강화하고 재무장하기 위한 조치가 취해졌고, 1927년 봄의 전쟁 공포 이후 군사력의 산업적 기반을 인식하게 되면서 중공업을 강조하는 5개년 계획이 군의 관심사로 대두됐다. 독일과의 비밀 군사 협정에서 자극을 받은 것이 분명했으며, 전쟁 산업을 위한 별도의 비공개 5개년 계획이 존재했다고 한다. 항공기 산업이 앞장섰고, 탱크 생산이 그 뒤를 이었다. 군사 수요와 농업 수요를 모두 충족시키는 현대적인 화학 산업의 발전에 중점을 많이 두었고, 그 주창자들은 화학 산업이 경제 현대화에서 전력에 맞먹는 역할을 한다고 주장했다.

5개년 계획이 시작되기 전에 실제로 진행 중이었고, 다른 대규모 사업과 달리 수입 자재나 설비, 외국인 기술 고문에 의존하지 않은 사업은 중앙아시아와 카자흐스탄을 시베리아 서부와 연결하는 투르크시브 철도 건설이었다. 중앙아시아는 풍부한 목화 재배 지역이었다. 하지만 교통과 통신이 빈약했다. 면화를 운송할 새로운 교통로를 연 목적은 소련의 섬유 산업을 해외 제품 수입에 의존하지 않고 독립시키기 위함이었다. 다른 한편, 중앙아시아는 식량 작물 생산이 부족하고 목재도 나지 않았다. 새로운 철도가 생기면 시베리아의 생산지에서 곡물과 목재를 직접 공급할 수 있고 유럽 러시아에서 오는 공급물에 대한 압박이 완화될 터였다. 러시아 기술자들은 철도 건설에 관해 충분한 경험이 있었다. 예산 할당은 곧바로 가능했고, 쉽지 않은 농촌 지역에서 1500킬로미터의 선로를 건설하는 작업은 별다른 장애 없이 진척됐다. 철도 노선은 1931년 1월 1일에 정규 운행이 시작됐다.

끊임없이 토론되면서 때로는 중대한 결정을 늦추게 만든 계획화의 중요한 문제 하나는 새로운 산업의 입지에 관한 것이었다. 이 문제는 각기 다른 부지의 상대적인 실제 이점에 어느 정도 좌우됐다. 하지만 가장 큰 골칫거리는 지역 간에 벌어진 경쟁이었다. 특히 제철 산업에서 경쟁이 두드러졌다. 그 이유는 제철 산업이 5개년 계획에서 투자의 막대한 비중을 흡수했기 때문이기도 하고, 우크라이나가 주되게 근처에 대규모 석탄 매장량을 보유한 덕분에 1890년대 이래 철과 강철 생산에서 가질 수 있었던 지배적 지위를 유지하려고 열심히 싸웠기 때문이기도 하다. 우크라이나의 주장은 한때 번성했던 우랄 산맥의 제철 산업을 부활시키고 시베리아에 새로운 생산 중심지를 세우려고 하는 다수의 '동방파'에게 반박을 당했다. 1927년 여러 개의 경쟁적 기획들이 검토와 심사를 받았다. 계획이 가장 많이 진전된 첫 번째 기획은 우크라이나의 크리보이로크에 대규모로 신설하는 제철 복합단지였다. 두 번째는 우랄 산맥의 마그니토고르스크에 비슷한 규모로 지어지는 기획이었다. 이 사업은 동쪽으로 2000킬로미터 떨어진 쿠즈네츠크 탄전에서 철도로 점결탄粘結炭을 공급받아야 했는데, 쿠즈네츠크에는 세 번째 대규모 제철 공장이 건설될 예정이었다. 그 밖에도 우랄 산맥의 스베르들롭스크에 대규모 기계 공장이 계획되고, 드네프르 댐에 인접한 자포로제에 또 다른 제철 단지가 예정됐다. 하지만 크리보이로크 사업은 1차 5개년 계획이 끝날 때까지 연기됐다. 그리고 1928년 한 해 동안 계획된 투자가 점진적으로 증가한 사실은 시베리아의 빈 공간으로 소비에트의 권력과 활동을 확대하고 충분히 활용되지 않은 이 지역을 개발해 사람을 거주하게 하려는 '동방파'의 야심이 대체로 승리를 거두었음을 의미했다. 1927년의 전쟁 공포는 계획가들의 불안을 크게 부추겨서 주요 소비에트 산업의 미래 중심지를 우크라이나보다는 덜 취약한 지역에 배치하게 만들었다.

산업화 추진이 5개년 계획의 초점이었지만, 계획은 경제 전체를 위한 것이었고 그 이하가 될 수 없었다. 계획가들의 앞에 놓인 널리 알려진 주요 장애물은 농업이었다. 일찍이 리코프가 말한 것처럼, 5

개년 계획은 "쏟아지는 빗줄기에 좌우"됐다. 그리고 계획 기간을 5년으로 잡은 것은 이 정도 기간이면 풍작과 흉작이 균형을 이룰 테고 따라서 평균에 근거한 계산이 유효할 것이라는 주장으로 정당화됐다. 하지만 훨씬 더 큰 장애물은 농민의 행동이 예측 불가능하다는 점이었다. 전통적으로 대개 낮은 생활수준으로 자급자족을 하는 소토지 보유 농민 가족은 국가 경제에서 고립되기 때문에 계획가의 계산을 어긋나게 만들 수 있었다. 1920년대 중반에 당국이 몰두한 문제는 곡물을 생산하는 일뿐 아니라 징수해서 도시와 공장에 인도하는 일이었다. 따라서 5개년 계획이 농민에게 미치는 영향은 이중적이었다. 계획은 소농민 농업의 생산을 예측과 지침의 범위 안으로 끌어들이려고 했다. 그러나 이제까지 사용된 원시적인 경작 방식을 최신식 기계와 도구 설비로 교체하려고도 했다. 트랙터는 단지 더 효율적인 토지 경작을 장려하기 위해 산업이 공급할 수 있는 가장 발전되고 야심 찬 도구일 뿐이었다. 농업을 위한 생산수단의 생산을 산업화 프로그램에서 중요하지 않은 일부로 볼 수도 있다. 그렇지만 농업 산출량은 전체 계획의 토대였다. 1927년 12월 열린 당대회에서 어느 주요 관리는 곡물 생산을 향후 5년간 30~40퍼센트에서 10년간 100퍼센트로 증대할 것을 요구했다. 결국 5개년 계획에서 35퍼센트라는 수치가 등장했다.

산업화의 요구는 국가 재정이 경제 정책의 실행 가능성의 기준이라는 관념을 낡은 것으로 만들었다. 1924년에 새로운 통화가 안정된 이래 재무인민위원부는 국가 지출을 통제하는 연간 예산뿐 아니라 은행을 통한 신용 공급과 통화 발행 속도를 규제하는 분기별 신용 계획도 마련하는 책임이 있었다. 일단 계획적 산업화가 영속적인 목표가 되자 경제의 이런 중요한 요소들이 계획가들의 관심을 피할 수 없었다. 금을 기반으로 하는 안정된 국제 통화를 유지하기 위해 필요했던 신용 제한은 산업의 확대와 양립 불가능하다는 사실이 분명해졌다. 선택은 분명했다. 일찍이 1925년에는 예산이 엄격한 균형을 유지하는 한편, 산업을 위한 신용 확대와 그로 인한 통화 발행 증가로 체르보네츠의 신뢰도가 약해졌고, 국제 시장에서 체르보네츠의 금평가[금본위제도 국가 간의 통화 교환 비율]가 유지될 수 없었다. 1926년 여름 체르보네츠 수출과 해외 거래가 금지됐고, 이제부터 통화는 경제적 이익의 요구에 따라 조작되는 순수한 국내 거래 수단이 됐다. 이처럼 2년도 채 되지 않아 금본위제를 포기한 일은 소비에트의 위신에 큰 타격을 입혔고, 인플레이션의 징후가 커지면서 경계심이 생겨났다. 그 후 1년 동안 재무인민위원부는 신용에 대한 일정한 통제를 유지하는 데 성공했다. 그러나 산업화 속도를 높이라는 압력이 계속 고조됐고, 재무인민위원부가 부과한 신용의 구속복 안에 산업화를 제한하는 것은 절대 받아들일 수 없는 일이었다.

1927년 말 이전에 전투의 승자는 계획론자들이었고, 전통적인 재정 통제 정책은 폐물로 전락했다. 국가 예산을 국가계획위원회의 통제 수치에 맞춰 조정해야 한다고 정해졌고, 신용 수준, 통화 발행 규모와 더불어 예산은 사실상 5개년 계획의 일부가 됐다. 재정 운용은 5개년 계획의 규율에 종속됐고, 재무인민위원부가 인플레이션을 유발한다고 예측했는데도 국가경제최고회의와 국가계획위원회가 승인하는 산업 기획에 신용이 제공됐다. 자신감이 끝도 모르고 넘쳐흐르는 분위기였다. 아무리 대담한 예상을 해도 그 예상을 능가한 것 같았다. 1927~1928년에 국가경제최고회의의 통제 아래 대규모 산업에 투입된 투자는 13억 루블에 달했다. 전년도에 비해 20퍼센트 이상 증가한 수치였다. 그리고 국가경제최고회의가 계획한 산업 생산은 25퍼센트 이상 상승했다고 얘기됐다. 1차 5개년 계획의 윤곽이 1928년 가을에 최종 형태를 갖추기 시작했을 때, 1928~1929년도에 16억 5000만 루블의 투자가 예상됐다. 1928년 10월 반대파의 성원이었다가 입장을 바꾼 인물이자 '초산업화론자'로 알려진 퍄타코프가 국립은행 부총재로 임명됐다. 퍄타코프는 1929년 초에 국립은행 총재가 됐다. 이 임명은 산업 생산의 재정을 충당하는 데 필요한 수준까지 신용을 무한정 확대하겠다는 결의를 의미했다. 산업에 대한 전체 자본 투자는 국가계획위원회와 국가경제최고회의, 고위 당 당국의 논의 과정을 통해 정해졌다. 이런 수요를 충족시키기 위한 자금 제공은 행정적인 문제였다. 5개년 계획은 국가 재정이라는 용어로 표현됐지만, 재무인민위원부는 사실상 이제 더는 지출을 통제하지 않고 세입을 조달하기만 하는 부처가 됐다.

산업 발전을 위한 전통적인 재원이 샅샅이 탐색됐다. 1926~1929년 사이에 직접 과세 — 민간 부문에 대한 산업세, 농지세, 소득세 — 가 화폐 가액으로 거의 두 배 늘어났다. 하지만 간접 과세가 더 중요했다. 이 시기에 두 배 이상 인상된 소비세는 극빈층에게 부과되는 세금이었고, 보드카 독점에서 나오는 많은 수입은 당의 일부 양심적인 인사들을 괴롭혔다. 그러나 다른 세입원은 찾기 어려웠다. 1927년부터 계속해서 일련의 국채가 유통됐는데, 얼마 지나지 않아 공식 주장과 정반대로 국채 매입 신청이 준강제적 성격을 띠게 됐다. 이런 수단 덕분에 재무인민위원부는 매년 균형 예산을 제출할 수 있었다. 적자 재정은 용인할 수 없는 일로 여겨졌을 것이다. 그러나 이런 인습적인 겉모습의 이면에서 재정은 이미 규제자 역할을 빼앗긴 상태였고, 추가 신용은 국립은행에 의해 경제에 투입됐다. 화폐는 점차 단순한 교환 수단이자 회계 단위가 됐다. 이것은 화폐 자체가 사라지는 미래 공산주의 사회의 맛보기였다. 그러나 예산 할당과 국립은행의 신용 투입을 제외하면, 산업 투자 자금은 산업 이윤 자체에서 나올 수 있다고 가정됐다. 가격을 낮게 유지해야 한다는 최우선적인 요구의 관점에서 볼 때, 이 가정을 달성하는 유일한 방법은 생산 비용을 낮추는 것이었다. 이것이 '절약 체제', 합리화, 노동생산성 향상을 위한 캠페인의 일관된 목표였다(170~172쪽을 보라). 생산성 예상치는 5개년 계획이 수정될 때마다 계속 높아졌고, 계획된 증가분은 산업 전체보다 자본재 부문에서 더 컸다. 결국 최적 예상치로 채택된 5개년 계획은 계획 기간 동안 생산성 향상 110퍼센트와 생산 비용 감소 35퍼센트로 정해졌다. 5개년 계획이 노동자에게 제시한 전망은 실질임금 증가 47퍼센트와 소매가격 인하 23퍼센트였다. 하지만 이런 예상치는 문제에 대한 어떤 현실적인 평가가 아니라 계획의 통계적 일관성을 확보하려는 열망에 근거했던 것으로 보이며, 예상치를 실현할 가능성보다는 계획이 산업 노동자에게 부과하는 막대한 압력을 나타냈을 뿐이다.

1차 5개년 계획의 채택은 소련의 역사에서 획기적인 사건이었다. 신경제정책의 본질은 농민 경제에 일정한 자유를 양보하는 것이었다. 농민 경제의 종언을 선언하는 것은 무분별한 처사였을 것이다. 스탈린은 신경제정책이 "사적 상업에 **어느 정도의** 자유"를 제공하면서도 "시장에 대한 국가의 통제 역할"을 보증했다고 주장했다. 신경제정책의 목표는 "사회주의의 승리를 확보하는 것"이었다. 공식 당국은 신경제정책이 폐지됐다는 사실을 부인했다. 소규모 사적 산업의 생산물과 무엇보다도 농산물을 거래하는 자유시장은 여전히 남아 있었다. 하지만 모든 주요한 경제 활동이 계획의 지시에 종속되고 농민에게 점차 가혹한 압력이 가해지자, 신경제정책의 생존은 이례적인 동시에 불안정한 현상이 됐다. 신경제정책의 생존은 그것을 용인하는 것이 편리한 동안은 용인됐지만, 중요성은 거의 없어 보였다. 국민소득에서 사적 부문이 차지하는 비중은 1926~1927년에 50퍼센트를 넘었지만 5개년 계획이 끝날 때쯤이면 사소한 수준으로 축소됐다. 5개년 계획의 위신과 계획화의 주창자인 소련의 명성은 1929년 가을 자본주의 세계를 엄습한 경제 위기 때문에 더욱 높아졌다. 자본주의 질서가 내적 모순의 무게를 견디지 못하고 붕괴할 것이라는 마르크스주의의 예측이 입증됐다는 사실이 비단 소련뿐 아니라 많은 곳에서 감지됐다. 소련이 위기의 최악의 징후 — 특히 대량 실업 — 몇 가지를 면하자 이제 어느 국민경제도 시장의 철칙에 맡겨서는 안 된다는 믿음이 더욱 커졌다. 소련의 5개년 계획은 그것을 채택하고 운영하는 조건이 충분히 검토되거나 이해되지는 않았지만, 선구적인 모델을 제공하는 듯 보였다. 자본주의 각국 경제에서 계획화의 요소에 대한 요구가 모든 곳에서 높아지면서 소련을 대하는 서구의 태도에 상당한 영향을 미쳤다.

16 농민의 집단화
The Collectivization of the Peasant

1929년 봄 곡물 위기를 둘러싼 극심한 불안은 미래에 대한 믿음의 자족적인 고백 속에 감춰졌다. 봄 파종을 근거로 풍작이 예상됐다. 콜호즈(집단농장)와 소브호즈(소비에트농장)는 생산량이 많아질 것이라고 약속했고, 더 많은 양의 작물이 시장에 나오리라 예상됐다. 곡물 징수를 위한 새로운 방법이 도입됐다. 각 지역에서 징수 기관에 인도할 더 많은 할당량이 사전에 정해졌다. 할당량은 군郡과 마을별로 부과됐고, 마을 안에서는 할당량의 주된 부담을 쿨락에게 지우려는 압력이 있었다. 1929년 수확이 진행 중일 때 당 관리, 당원, 노동자, 노동조합원 등이 모스크바와 레닌그라드, 각 주 중심지에서 곡물 징수를 감독하고 독려하기 위해 집단으로 파견됐다. 이 활동에 얼마나 많은 인원이 관여했는지는 추측만 할 수 있을 뿐이다. 하지만 영토가 방대했기 때문에 10만 명에서 20만 명이라는 추정이 터무니없는 과장은 아니다. 농민들 — 단지 쿨락만이 아니라 필요한 이상의 잉여 곡물을 갖고 있다고 간주될 만한 모든 농민들 — 은 곡물을 귀신같이 감추고 기를 쓰고 자유시장에 내다 파는 식으로 이 캠페인에 대응했다. 은닉은 형사 범죄였는데, 합법적인 '거래'와 불법적인 '투기'의 구분선은 흐릿했다. 보복이 광범하고도 자의적으로 적용됐다. 할당량을 채우지 못하는 것은 그 자체로 처벌이 가능한 범죄였다. 쿨락과 쿨락으로 간주된 이들은 벌금을 물거나, 징역형을 선고받거나, 그냥 마을에서 추방당했다. 폭력과 야만의 풍경이 펼쳐졌다. 이런 수단을 동원해서 할당량이 채워졌고 때로는 초과되기도 했다. 그러나 이런 성과는 당국과 농민, 도시와 농촌이 공공연하게 적대하는 상태에서 이루어졌다. 가난한 농민들은 쿨락에게 취해진 조치에 때로 환호성을 보냈다고 한다. 하지만 일반적으로 농민들 사이의 유대가 우세했고, 쿨락과 빈농은 곡물 징수를 방해하려고 공모했다. 농촌에서 계급투쟁을 부채질한다는 당의 기대는 수포로 돌아갔다.

바로 이런 불운한 상황에서 농업의 집단적 조직화에 대한 요구가 먼 미래의 전망이 아니라 현재의 난국을 타개하는 해법으로 끈질기게 재촉됐다. 트랙터는 오래 전부터 집단화의 열쇠로 간주됐다. 1927년 가을 우크라이나의 대규모 셰프첸코 소브호즈는 트랙터 60~70대를 간신히 입수했는데, 이것들을 '트랙터 종대縱隊'로 조직해서 자신들의 밭과 이웃한 콜호즈나 농민의 보유지를 갈았다. 다른 곳에서도 이 사례를 모방했다. 1928년에 셰프첸코는 지역 내의 콜호즈와 소브호즈에 임대해주는 트랙터 주차장을 갖춘 최초의 기계트랙터정거장MTS을 설립했다. 1929년 6월에는 국가 기계트랙터정거장 네트워크를 조직하고 통제하기 위한 중앙 관청인 트랙터센터Traktorsentr가 모스크바에 설립됐다. 혁신에 대한, 그리고 혁신에 관여하는 국가 개입의 정도에 대한 농민의 편견은 극복하기 어려웠다. 트랙터는 때로 적그리스도의 소행이라고 비난받았다. 하지만 트랙터 도입은 주로 공급 부족 때문에 제한되는 듯했고, 1929년 가을에는 대부분 미국 제품인 3만 5000대만이 소련 전역에서 사용 가능했다. 도입된 곳 어디서나 트랙터는 집단화의 강력한 동인이었다.

1927년에 시작된 콜호즈의 부활은 처음에는 소규모로 느슨하게 조직된 콜호즈의 확산으로 이어졌는데, 그 성과는 만족스럽지 못했다. 그런데 1928년 중반 트랙터로 작업하기에 충분히 넓은 2000헥타르의 파종 지역을 보유한 크기라고 규정한 '대규모' 콜호즈를 건설하는 운동이 시작됐다. 하지만 이 시점에는 소브호즈가 콜호즈를 능가했다. 1928년 7월 열린 당 중앙위원회에서 스탈린은 산업적 계통에 입각해서 작동하는 '곡물 공장'으로 간주할 만한 대규모 곡물 재배 소브호즈를 창설할 것을 요구했다. 이 새로운 소브호즈의 원형에는 '기간트Gigant'라는 적절한 이름이 붙었는데, 그때까지 대부분 미개간지였던 캅카스 북부 지역의 땅 4만 1000헥타르를 보유했다. 그 뒤를 이어 볼가 강, 우랄 지역, 시베리아 지역에서 비슷한 사업이 생겨났다. 트랙터와 기계트랙터정거장은 이 사업의 필수 불가결한 전제조건이었는데, 이 사업은 훗날 '거대 광증狂症, gigantomania'이라고 종종 비판을 받았다. 집단화가 본격적으로 시작되자 소브호즈에 대한 열광은 기세가 꺾였고 다시 한 번 콜호즈에 밀려났다.

당내 여러 진영에서 격심하게 논쟁이 된 문제 하나는 쿨락, 또는 당국에게 그렇게 낙인찍힌 농민을 어떻게 다룰 것인지였다. 보통 마을에서 가장 넓고 좋은 땅을 경작하고, 가축과 기계를 잘 갖추고 있으며, 가장 많은 곡물 잉여를 생산하고 보유하는 이 농민들은 집단화를 비롯한 소비에트 정책에 가장 극렬히 반대했다. 의견은 날카롭게 갈렸다. 만약 쿨락과 그가 가진 토지와 재산을 콜호즈에 편입시킨다면 — 일부 당원들의 주장에 따르면 — 쿨락은 콜호즈의 생산과 효율에 중요한 기여를 할 것이었다. 하지만 쿨락은 — 다른 당원들이 합리적으로 예측한 것처럼 — 콜호즈에 지배적인 영향력을 발휘하고 당과 국가의 취지에 적대적인 방향으로 콜호즈를 이끌 수도 있다. 그렇지만 쿨락을 콜호즈에서 배제한다면, 그들은 어떻게 될까? 쿨락이 토지와 재산을 보유하고 콜호즈와 나란히 독립적인 생산 단위를 이루는 것은 허용할 수 없었다. 쿨락을 지역에서 퇴거시키고 쫓아내야 했다. 그렇지만 처음부터 이런 가혹한 조치를 생각한 사람은 거의 없었다. 만족스러운 어떤 해결책도 찾을 수 없었다.

1929년 여름과 가을 내내 중앙에서 집단화를 점점 확대하는 운동이 강도를 더해 갔다. 그러나 가장 열광적인 추진자들조차 계속해서 두 가지 가정을 염두에 두었다. 첫째는 지방 당국이 농민에게 아무리 압력을 가한다 할지라도 자발적으로 집단화를 해야 한다는 것이었고, 둘째는 이 사업의 긴급성을 아무리 강조한다 할지라도 완결까지는 어쨌든 몇 년이 걸린다는 것이었다. 그해 말에 이르기까지 지도자들은 이 두 가지 가정을 바탕으로 논의하고 있다가 갑자기 소비에트 농업 전체의 강제적·즉각적 집단화로 뛰어들 태세를 갖췄다. 두 가지 경향적 요인이 결정적으로 변화를 초래한 듯하다. 첫째는 곡물 징수라는 매년 반복되는 악몽으로 조성된 절망적인 분위기였다. 생산 증대 전망과 무관하게, 콜호즈는 개별 농민에 비해 공식 당국에 곡물을 인도하도록 강제하기가 더 쉬웠다. 둘째는 산업화의 성공과 5개년 계획의 전망으로 고무된 의기양양한 분위기였다. 농업 역시 산업의 한 형태였다. 만약 산업화 속도의 강요가 가장 낙관적인 사람의 희망까지 충족시켰다면, 강제적 집단화 속도의 약속을 거부하는 것은 믿음의 부족을 드러내는 일이었다. 위축되지 않는 결의야말로 급습해서 진지를 점령하는 데 필요한 자질이었다.

스탈린은 으레 그렇듯이 이 문제가 논쟁으로 분명해지고 결정의 순간이 무르익을 때까지 토론의 장에 등장하지 않았다. 1929년 4월부터 11월까지 스탈린은 계속 침묵을 지켰다. 그러다가 《프라우다》에 〈대약진의 해〉라는 제목으로 혁명 기념일에 관한 관례적인 논설을 발표했다. 산업화의 승리와 중공업의 발전을 찬양한 스탈린은 농업으로 주제를 바꿔서 "소규모 후진적인 **개인** 경제에서 대규모 진보적인 **집단** 농업으로 근본적인 약진"을 이루었다고 극찬했다. 그러면서 중농은 "**이미 콜호즈에 가담하고 있다.**"고 주장했다. 쿨락에 관한 언급은 거의 없었다. 미래에 관해서는 다음과 같이 말했다.

콜호즈와 소브호즈의 발전이 속도를 높여 진행된다면, 3년 정도 안에 우리나라가 세계 최대는 아닐지라도 거대 곡물 국가가 되는 것은 의심할 여지가 없다.

이 논설에는 미래에 대한 전망과 현재에 관한 분석이 담겨 있었지만 즉각적인 행동 호소는 없었다. 기념 성명이라는 글의 성격을 감안한, 조심스럽고 신중한 서술이었다. 당은 여전히 결정을 주저하면서 쉽게 결단을 내리지 못했다.

며칠 뒤 열린 당 중앙위원회 회의에서는 어조가 이미 더 격렬해졌다. 스탈린은 "쿨락에 맞선 빈농과 중농의 대중적 공세"를 언급하면서 논설에서 빼먹은 점을 보완했다. 몰로토프는 집단화 속도를 강제하고자 한 몇몇 발언자 가운데 가장 비타협적이었다. 그는 5개년 계획의 예상치(5년의 기간 안에 파종 지역의 20퍼센트가 집단화될 것이라고 조심스럽게 예상했다)가 기간을 지나치게 길게 잡는다면서 거부했다. 대부분의 지역이 1931년까지, 일부 지역은 1930년 가을까지 전면 집단화될 예정이었다. 쿨락은 콜호즈에 침투하도록 용인해서는 안 되는 "타파되지 않은 적"이라고 비난받았다. 그러나 집단화가 이미 진행될 때까지 어떤 발언도 발표되지 않았고, 따라서 점차 긴급해지는 발언의 어조는 당이나 대중에게 알려지지 않았다. 회의 막바지에 채택된 결의안은 일부 중앙위원들의 회의론을 반영이라도 하듯, 일정에 관해서 몰로토프의 선언만큼 명확하지는 않았지만, "콜호즈에 침투하려는 쿨락의 시도를 억제하고 차단하는, 쿨락에 맞서는 결정적인 공세"를 요구했다. 그렇지만 쿨락을 어떻게 할지의 문제를 직시하는 이는 아직 없었다. 그 후 2주 동안 주요 곡물 재배 지역의 당 기관들에서 집단화의 진행에 관한 열광적인 보고서가 쏟아져 나왔고, 1929년 12월 5일 정치국은 위원회를 임명해 2주일 안에 여러 지역의 집단화 속도에 관한 법령 초안을 제출하라는 지시를 내렸다. 위원회에는 지역별 대표자가 포함됐지만 정치국 성원은 없었고, 정책 입안 기구가 아니라 기술적인 기구로 분명히 간주됐다.

여러 해가 지난 뒤 공개된 위원회의 단편적인 기록을 보면 진행상의 혼란이 고스란히 드러난다. 위원회는 여러 대담한 제안을 토의하는 소위원회로 나뉘었는데, 그중 하나가 "하나의 계급으로서 쿨락의 청산"이라는 표현을 만들어낸 듯하다. 하지만 12월 22일 위원회에서 정치국에 제출한 초안은 여전히 비교적 신중한 내용이었다. 초안은 주요 곡물 재배 지역은 2~3년 안에, 다른 지역은 3~4년 안에 집단화할 것을 제안했다.(일부 군과 지역에서는 더 신속하게 진행할 수 있다는 단서가 붙었다.) "명령에 도취되어"서는 안 된다는 경고도 붙었다. 쿨락을 콜호즈에 받아들여서는 안 된다는 가정을 두었다. 그리고 쿨락이 보유한 생산수단, 즉 기계와 가축은 콜호즈에 양도되고, 쿨락에게는 외딴 열악한 땅이 할당될 예정이었다. 말을 듣지 않는 쿨락은 지역에서 추방하고, 복종하는 쿨락은 콜호즈에서 일정한 자격으로 일하도록 허용할 수 있었다.

정치국이 위원회의 보고서를 미처 검토하기 전에 모스크바에서 마르크스주의 농학자 회의가 열렸다. 스탈린은 이 기회를 빌어 몇 달 만에 처음으로 대중 연설을 했다. 이제까지 쿨락에 가해진 공격 중 가장 격렬한 공격이었다. 스탈린은 "탈脫쿨락화dekulakization" 또는 "하나의 계급으로서 쿨락의 청산"이야말로 "우리의 전체 정책에서 가장 결정적인 전환의 하나"라고 설명했다. 같은 무렵 칼미크족 출신의 적극적인 당 활동가로 정치국 위원회의 일원인 리스쿨로프가 정치국에 보낸 짧은 편지에서 위원회 보고서를 비판했다. 상부의 승인 없이는 좀처럼 하기 힘든 기묘한 행동이었다. 리스쿨로프는 집단화 속도를 높이고 초안에서 간과한 목화 재배 지역과 목축 지역까지 확대할 것, 그리고 초안에서 개별 농민의 소유로 남겨두자고 제안한 젖소와 가금류를 비롯한 가축까지 콜호즈에 인도할 것을 요구했다. 초안은 이런 의견을 참고해서 수정됐고, 1930년 1월 5일 중앙위원회에서 수정된 문서가 채택됐다.

1930년 1월 5일에 나온 결의안은 집단화 과정에서 핵심적인 결정이었다. 결의안은 "**대규모** 쿨락의 생산을 대규모 콜호즈 생산으로 **대체**"하고 "하나의 계급으로서 쿨락을 청산"하겠다고 선언했다. 주요 곡물 재배 지역 ― 볼가 강 중류·하류 지역과 캅카스 북부 ― 의 집단화가 "아마 대부분" 1930년 가을이나 1931년 봄까지 완료되고 다른 곡물 재배 지역은 1931년 가을이나 1932년 봄까지 완료될 예정이었다. 트랙터와 기계 공급도 신속히 처리할 예정이었지만, 이것을 집단화의 조건으로 여겨서는 안 됐다. 어색하게 표현된 한 구절은 과도기에는 "**기본적인** 생산수단"(가축과 도구, 농장 건물, 판매용 가축)을 콜호즈 내에 있는 농업협동조합에 귀속시켜야 한다고 규정했다. 쿨락의 운명 — 분명 여전히 논쟁적인 문제였다 — 은 아직 결정되지 않았다. 이 문제를 다루기 위해 몰로토프를 수장으로 또 다른 위원회가 설치됐고, 1930년 1월 30일 정치국은 결의안을 채택했다. 결의안 문서는 공표되지 않았지만, 〈전면적 집단화 지역에서 쿨락 가구를 배제하는 조치에 관하여〉라는 제목에서 그 내용이 충분히 드러났다.

1929~1930년 겨울 농촌에서 벌어진 일은 잇따른 결의안 문서가 아니라 결의안을 실행하기 위해 준비된 작전의 성격에 의해 결정됐다. 겨울 동안 산업 노동자 2만 5000명(지원자 7만 명 중 선발됐다고 한다)이 농촌 지역에서 계속 일하는 자리에 배정됐다. 이 노동자들은 당 활동가, 관리, 농업 전문가, 트랙터 정비사, 붉은 군대 군인 등으로 구성된 대부대의 중핵 집단으로서 농촌 각지에 분산 파견되어 농민을 새로운 콜호즈로 인도했다. 조직화에 상당한 관심이 집중됐고 '여단', '본부', '참모' 같은 군사 용어가 사용됐다. 관련된 모든 사람이 꼼꼼한 상황 설명을 들었다. 곳에 따라서는 농민들을 위한 강좌가 마련됐다. 하지만 책임자 가운데 농촌 경험이나 농민의 생활과 심리 상태에 관한 경험이 있는 사람은 거의 없었다. 지시 자체가 혼란스럽고 모순적이었으며, 지시를 해석하는 과정에서 나타나는 지나친 열정은 가벼운 오류로 간주됐다. 중농이나 빈농에게 강제를 행사하지 않겠다는 의도가 공표됐지만, 얼마 지나지 않아 공수표가 됐다. 체제의 적으로 간주되는 쿨락에게는 어떤 자비도 보여서는 안 됐기 때문에, 집단화에 저항하는 농민은 걸핏하면 쿨락이나 쿨락

과 한통속이라는 낙인이 찍혀서 쿨락과 똑같은 처벌을 받았다. 쿨락 수만 명이 보유지와 주거지에서 쫓겨나 어떻게든 살려고 유랑하든가 외딴 지역으로 추방당했다. 쿨락이 보유한 가축과 기계, 도구는 콜호즈에 인계됐다. 어떤 부류의 농민이든 콜호즈에 자발적으로 들어간 이는 거의 없었다. 농민들이 가장 분개한 것은 가축을 내놓으라는 요구였다. 많은 농민들이 가축을 넘겨주느니 차라리 도살하는 쪽을 택했다. 집단화 운동이 진행되는 내내 설득과 강제의 구분선이 불분명했다.

이 작전의 특징 하나는 점점 더 큰 콜호즈가 요구됐다는 점이다. 소브호즈와 함께 시작된 '거대 광증'의 연장선이었다. 주요 곡물 재배 지역에서 잇따라 거대한 콜호즈가 건설됐는데, 가장 큰 규모는 8만 헥타르에 달했다. 그러나 소브호즈와 구별되는 콜호즈의 주된 목적은 미개간지를 경작하는 것이 아니라 기존의 소규모 콜호즈와 농민 보유지를 대규모 단위로 결합하는 것이었다. 마을 몇 개와 수천 개의 농민 가구를 아우르는 이런 콜호즈는 집단화로 가는 도정에서 의식적으로 취해진 조치였고, 해당 지역의 토지 전체가 하나 이상의 종합적인 콜호즈에 포함될 것이라는 의미였다. 이런 곳은 '전면적 집단화 지역'이라는 이름이 붙었다. 볼가 강 하류 지역의 호표르 군에서 1차 5개년 계획 기간 안에 과정이 완료되는 전면적 집단화 지역에 포함시켜 달라며 제출한 청원서가 널리 홍보됐다. 이 일은 본보기로 환영받았다. 그러나 두 가지 주요한 장애물 때문에 콜호즈의 확대가 방해를 받았다. 자기 땅과 가축을 집요하게 소유하려고 하는 대다수 농민 사이에서 콜호즈는 인기가 없었고, 집단화 정책에 의미와 취지를 부여하는 유일한 담보인 트랙터를 비롯한 기계 공급이 부족했다. 또 다른 엄중한 장애물은 인력 부족이었다. 농촌과 연계가 있거나 농촌 문제에 관한 지식이 있는 당원과 소비에트 관리도 부족하고, 이런 거대한 전환을 작동하는 데 필수적인 농경학자, 수의사 보조원, 숙련 기계공도 부족했다.

이런 진행 과정에서 널리 퍼진 혼란과 농민들 사이에서 산발적으로 벌어진 소요 때문에 봄 파종에 어려움을 겪고서 당국이 흠칫 놀랐다. 1930년 3월 2일 스탈린은 〈성공의 현혹〉이라는 제목으로 발표한 논설에서 추가적인 집단화를 멈출 것을 호소했다. 압력이 완화됐고, 콜호즈에 강제로 들어온 많은 농민들에게 봄철 동안 이탈이 허용됐다. 소규모 개인 보유지와 일부 가축의 개인 소유가 다시 용인됐다. 이런 후퇴를 신호탄으로 파종이 제때에 어느 정도 정상적으로 진행된 듯하다. 이런 다행스러운 조치 덕분에, 그리고 때맞춰 이례적으로 날씨가 좋았던 덕분에 1930년에는 혁명 이래 최대인 기록적인 곡물 수확이 가능했다. 그러나 가축 수가 급감한 사실은 미래에 대한 불길한 징조였고, 유예 기간은 짧았다. 그해 초반 몇 달 동안 맹타를 당하면서 농민 저항의 고비가 꺾였고, 농민의 유구한 질서는 돌이킬 수 없이 산산조각 났다. 쿨락은 이미 쫓겨나거나 박살이 났다. 전면적 집단화 지역에서는 미르가 1930년 1월 30일 포고령에 의해 공식적으로 폐지됐다. 그해 말에 재개된 집단화 추진은 적극적인 반대에 거의 부딪히지 않은 채 더욱 빠르게 진행됐다. 1931

년 중반에 이르면 주요 곡물 재배 지역의 전체 보유지 가운데 3분의 2가 콜호즈로 편입됐고, 나머지 토지도 이후 몇 년에 걸쳐 뒤를 이었다.

그러나 얼마 지나지 않아 전환의 전체적인 비용이 드러났다. 생산은 혼란 상태에 빠졌다. 가장 효율적인 생산자들이 밀려나고 없었다. 트랙터와 기계 공급은 서서히 증가했지만, 콜호즈는 그 전까지 간극을 메울 만한 장비가 없었다. 가장 효율적인 부문은 곡물 징수였다. 개별 농민들한테서 조달하던 것보다 콜호즈에서 얻는 수확물의 비율이 더 높았다. 농민들은 굶주렸다. 가축을 먹일 사료가 떨어지자 점점 더 많은 가축이 도살됐다. 1931년과 1932년 두 차례의 흉년은 재난의 절정이었다. 최악의 흉작을 겪은 지역에서도 당국은 가차없이 곡물을 징수했고, 이어지는 겨울 동안 한때 가장 풍요로운 곡물 재배 지역이었던 곳들이 기근의 먹잇감이 됐다. 11년 전 내전 이후 겪은 것보다도 더 심한 기근이었다(62쪽을 보라). 굶어죽은 사람의 수를 집계할 수도 없었다. 100만 명에서 500만 명까지 추정치가 제각각이었다.

집단화는 토지 혁명을 완성했는데, 이 혁명은 1917년에 농민들의 지주 토지 강탈로 시작됐지만 오랜 경작 방식과 농민의 생활방식을 고스란히 남겨 놓았다. 최종 단계는 첫째 단계와 달리 농민의 자발적인 반란에 전혀 기대지 않았으며, 스탈린은 여기에 "위로부터의 혁명"이라는 적절한 이름을 붙이면서도 "아래로부터 지지를 받았다."는 잘못된 평가를 덧붙였다. 지난 12년 동안 농업은 여전히 경제

내에서 준^準독립적인 고립지대로 남았고, 자체의 궤도를 따라 기능하면서 그 궤도를 변경하려는 외부의 모든 시도에 저항했다. 이것이 신경제정책의 본질이었다. 신경제정책이라는 불편한 타협은 지속되지 않았다. 일단 모스크바의 강력한 중앙 당국이 경제 계획화와 재조직화를 장악한 채 산업화의 길에 착수하고, 기존 체계 아래서 농업이 급속히 팽창하는 도시와 공장 인구의 수요를 공급하는 데 실패했다는 사실이 자명해지자, 과거와의 단절이 논리적인 필연이었다. 전투가 시작되면서 양쪽 모두 대단히 집요하고 격렬하게 싸움을 벌였다.

계획론자들의 야심은 농업에 산업화와 근대화라는 2대 원칙을 적용하는 것이었다. 소브호즈는 기계화된 곡물 공장으로 인식됐다. 농민 대중은 동일한 모델에 따라 구성된 콜호즈로 조직되어야 했다. 그러나 그런 기획을 실제로 실행 가능하게 만드는 데 충분한 양의 트랙터와 기타 기계의 공급을 확보한다는 사치스러운 기대는 수포로 돌아갔다. 당은 농촌에 확고한 기반을 전혀 갖지 못했다. 모스크바에서 결정을 내린 지도자들과 그 결정을 실행하기 위해 농촌으로 내려간 당원과 지지자 집단 모두 농민의 심리 상태를 이해하지 못하거나 농민 저항의 근저에 놓인 오랜 전통과 미신을 공감하지 못했다. 당국과 농민은 서로 전혀 이해하지 못했다. 농민은 모스크바에서 온 사절단을 자신의 소중한 생활방식을 파괴할 뿐 아니라 혁명의 첫 단계에서 자신이 벗어났던 노예제 상태를 재건하려고 온 침략자로 보았다. 힘을 가진 쪽은 당국이었고, 당국은 잔인하고 무자비하게 힘을 행사했다. 농민 — 비단 쿨락만이 아닌 농민 전체 — 은 노골적인 공격의 희생양이 됐다. 위대한 업적으로 계획된 시도는 결국 소비에트 역사에 오점을 남긴 커다란 비극으로 끝났다. 토지 경작자는 집단화됐다. 하지만 소비에트 농업이 이 과정에 수반된 재난에서 회복하는 데는 오랜 시간이 걸렸다. 1930년대 후반이 되어서야 곡물 생산이 강제적 집단화가 시작되기 전 수준을 회복했고, 감소된 가축 수가 제자리를 찾기까지는 훨씬 더 오랜 세월이 필요했다.

17 독재의 양상
Patterns of Dictatorship

1927년 12월 당대회에서 연합반대파가 패배하고 추방되면서 스탈린이 절대 권력으로 나아가는 길을 가로막는 최후의 만만찮은 장애물이 사라졌다. 얼마 지나지 않아 반대파 자체 내에서 불화가 나타났다. 카메네프가 당대회에서 보인 태도는 이미 굴복의 기미가 있었다. 한 달 뒤 지노비예프와 카메네프는 이미 자신들은 트로츠키 그룹과 "결별했고", 이 그룹의 정책을 거부하며, 이제 "다시 당으로, 다시 코민테른으로"라는 표어를 내세운다는 성명을 발표했다. 트로츠키의 일부 추종자를 비롯해서 다른 사람들도 잇달아 변절했다. 이 과정은 공식 정책에서 새로운 전환이 뚜렷해지면서 더욱 가속화됐다. 트로츠키는 스탈린과 부하린의 승리는 우파로 급격하게 돌아서는 전조가 될 것이라고 확신에 차서 예측한 바 있었다. 그런데 실제로 일어난 일은 정반대였다. 1928년 초반 몇 달의 곡물 징수는 스탈린이 반대파가 비난했던 농민에 대한 유화 정책을 포기했음을 입증했다. 스탈린은 트로츠키를 당과 모스크바에서 추방하자마자 이제까지 트로츠키나 그 누군가가 생각한 수준을 훌쩍 넘어서는 속도로, 그리고 경제의 다른 부문을 희생시키면서 강제적 산업화 정책에 착수했다. 시베리아에서 참혹한 생활을 하는 유형자들은 이제 스탈린이 반대파의 정책을 채택했고, 자신들의 역할은 이 과업에 관여하는 사람들을 돕고 지원하는 일이라고 자기 자신을 설득할 수 있었다. 어쨌든 이런 결론은 명예롭게 굴복하는 근거가 됐다. 변절자들에게는 위협뿐 아니라 권유의 손길도 다가왔다. 1928년 6월 지노비예프와 카메네프는 다른 회개자들과 함께 재입당을 허락받았다.

그해 내내 트로츠키는 알마아타에서 시베리아 각지에 흩어져 있는 유형자들과 장거리 서신을 교환하면서 저항을 강화하려고 노력했지만 성공 가능성은 점점 희박해졌다. 트로츠키는 특히 이제까지 자신의 가장 확고한 지지자로 여겼던 프레오브라젠스키와 라데크가 자신과 견해가 다르다고 발표하고 모스크바 당국에 협조를 제안하자 큰 타격을 받았다. 예전의 저명한 반대파 지도자들 가운데 라콥스키만이 스탈린의 개인 독재와 당의 타락은 일체의 타협이 불가능한 핵심 쟁점이라는 트로츠키의 견해를 여전히 지지했다. 트로츠키 자신은 지칠 줄을 몰랐다. 1928년 여름, 트로츠키는 코민테른 대회에 제출된 강령 초안에 대한 장문의 《비판》을 코민테른 서기국에 보냈다. 이 글은 외국인 대표단들에게 숨길 수 없었다. 글은 일국사회주의 이론이 코민테른 정책의 모든 재앙을 낳았다는 신랄한 비판이 주된 내용이었다. 스탈린이 보기에, 트로츠키는 소련의 외딴 구석에 고립된 신세라 할지라도 여전히 소수 반대파의 초점이자 자신의 권위에 대한 조직적인 도전을 대표했다. 스탈린은 트로츠키를 제거하기로 결심했다. 당시에는 혁명의 영웅 중 한 사람을 감옥에 가두는 것은 상상도 할 수 없는 일이었다. 이는 이 시기가 여전히 대숙청 시기와 구별됨을 보여주는 척도였다. 문제는 트로츠키를 보낼 장소를 찾는 일이었다. 독일이나 다른 유럽 나라는 이 악명 높은 혁명가를 받아들이려고 하지 않았다. 그렇지만 터키가 생각이 있음이 알려졌고, 1929년 1월 트로츠키는 오데사로 옮겨져 이스탄불행 선박에 승선하게 됐다. 거의 4년 동안 트로츠키는 프린키포 섬에서 은신했다.

스탈린이 트로츠키가 외부 세계에서 뜻을 굽히지 않고 자신을 겨냥해 벌인 반대 운동의 파괴적인 효과를 과소평가했는지 여부는 차치하고라도, 소련 내에서 최후의 중대한 경쟁자를 없앤 것은 사실이었다. 그 후로 스탈린의 권위에 이의를 제기하는 당내 그룹들은 그의 권력 독점에 어떤 위협도 가하지 못했다. 이 그룹들은 동조자들을 조직하지 않았고, 연합반대파와 달리 대안적인 강령을 내놓을 능력이 없었다. 연합반대파와 나중의 소수 반대파는 전통적인 언어를 사용해서 관료제의 폐해와 독립적인 견해에 대한 억압을 비난했다. 1928년 6월 부하린은 카메네프에게 "스탈린과 우리의 견해차는 당신과 우리 사이에 있었던 차이보다 훨씬 더 심각하다."고 말했다. 하지만 엄밀히 말해서 이것은 사실이 아니다. 부하린과 카메네프 사이에는 중대한 차이가 있었는데, 스탈린 자신이 1927년 말에 승리한 뒤 태도를 바꾼 데서 부분적으로 연유한 차이였다. 트로츠키와 지노비예프, 카메네프는 스탈린이 혁명의 목표를 배신하고, 국내에서는 쿨락과, 해외에서는 민족주의자·사회민주주의자와 타협한다고 비판했다. 이것은 좌파로부터 나온 공격이었다. 부하린과 리코프, 톰스키는 스탈린이 혁명의 목표를 성급하고 무자비하게 추구한다고 비난하면서 속도와 강도를 줄이려고 했다. 이것은 당시의 용어법으로 하면 우파로부터 나온 공격이었다. 나중의 소수 반대파 또한 앞서의 반대파와 마찬가지로 스스로를 당의 틀에서 자동적으로 배제하지 않았다. 흔히 그들은 반대의 죄가 아니라 '편향'의 죄를 범했다고 낙인찍혔다.

새로운 우'편향' 그룹은 연합반대파가 붕괴하고 몇 주일 안에, 트로츠키가 소련에서 최종적으로 추방되기 훨씬 전에 결성되기 시작했다. 당에서 오랫동안 우파였던 리코프는 1928년 1~2월의 강제적 곡물 징수에 대해 공공연히 반감을 나타냈고, 많은 당원들도 그와 같은 생각이었다. 부하린은 뒤늦게 소신을 밝혔다. 일찍이 그는 트로츠키에 반대하는 운동에서 스탈린과 한통속으로 활동했다. 하지만 반대파가 패배하자 부하린은 소모품 신세가 됐고, 스탈린은 이내 그의 영향력을 깎아내리는 작업에 착수했다. 이미 12월에 반대파를 제명한 당대회에서 부하린은 이른바 "우파의 위험성"을 무시한다는 비열한 조롱을 받았다. 이런 조롱은 특히 코민테른의 상황을 가리키는 것이었지만 또 다른 함의가 담겨 있었다. 1928년 5월, 스탈린은 부하린이 이사로 있던 적색교수학원[마르크스주의자 교수가 부족한 상황을 타개하기 위해 1921년에 설립한 대학원 교육 시설. 1938년에 폐지됐다.]에서 연설하면서 산업화 진행 속도를 늦추자는 제안을 비난하는 한편, 콜호즈와 소브호즈를 강화하고 곡물 징수를 개선할 필요성을 거론했다. 부하린의 이름을 들먹이지는 않았지만 그의 견해에 이의를 제기한다는 사실이 분명했다. 거의 같은 무렵 부하린은 정치국에 두 개의 의견서를 보내 농민에게 압력을 가하는 산업화 속도와 집단 농업의 실행 가능성에 이의를 제기했다. 그리고 톰스키는 산업화가 노동자들에게, 그리고 노동조합 내에서 자신의 역할에 미치는 영향에 관해 불안감을 느꼈다. 부하린은 여러 직책 중에서도 당 기관지 《프라우다》의 편집장이자 당 저널인 《볼셰비크》의 편집위원이었다. 두 기관지의 편집위원회에 새로운 인물들이 임명됐는데, 부하린의 권위를 억제하려는 의도가 분명했다. 7월에 열린 당 중앙위원회의 중요 회의에서 모두 정치국원인 리코프, 부하린, 톰스키가 현행정책에 이의를 제기하는 3인조 소수파로 나타났다. 부하린은 지도적인 당 이론가이자 논쟁 기술의 대가로 명성을 얻은 덕분에 이 그룹의 지도자로 부상했다.

공개적으로 단절하기에는 아직 때가 무르익지 않았다. 회의 진행은 공허한 타협 속에 끝났고, 정치국에서는 만장일치의 겉치레가 유지됐다. 하지만 부하린은 이제 신호를 탐지한 상태였다. 회의가 한창 진행되는 중에 부하린은 리코프와 톰스키에게 귀띔을 준 뒤 몰래 카메네프를 찾아가서 스탈린에 대항한 예전 반대파의 잔존 세력과 연합하자고 제안했다. 부하린은 스탈린을 "우리가 토론을 시작하기를 기다렸다가 배반을 할 징기스칸" 같은 인물이라고 설명했다. 그렇지만 이미 때늦은 쓸데없는 몸짓이었다. 연합반대파는 이미 산산이 부서져 흩어진 상태였고, 카메네프는 믿을 수 없는 사람이었다. 부하린은 전술가가 아니었다. 그러나 얼마 뒤에 이 일을 알게 된 스탈린은 부하린을 짓밟고 모욕을 주겠다는 결심을 확고히 굳힌 것이 분명했다. 7월 말에 부하린이 코민테른 6차 대회를 주재했다. 그런데 스탈린은 부하린이 대회를 위해 작성한 테제를 수정할 것을 고집해서 공개적으로 타박을 주었다. 많은 대표단은 부하린의 운세가 기울고 있음을 느꼈다. 9월 말 부하린은 스탈린의 경제 정책에 대한 일제 공세인 〈어느 경제학자의 노트〉를 내놓고 휴가를 떠났다. 그러나 지지자들을 조직하려는 시도는 전혀 하지 않았고, 그의 견해에 반대하는 격렬한 선전 캠페인이 벌어져도 아랑곳하지 않았다. 아직까지 소수 반대파의 주요 인물 이름은 거명되지 않았다. 11월에 열린 당 중앙위원회 회의는 표면상으로 보면 다시 한 번 타협으로 귀결됐다(208~209쪽을 보라). 그러나 이번에는 형식적인 통일을 유지하기 위해 후퇴하고 압도적으로 패배를 당한 쪽은 분명 부하린이었다.

톰스키는 융통성이 없음이 밝혀졌고, 결국 3인조 가운데 처음으로 공개적인 망신을 당했다. 그는 당 중앙위원회에서 패배하고 한 달 뒤인 1928년 12월, 논쟁적인 문제들을 검토하려는 시도도 하지 않은 채 노동조합 대회를 열었다. 하지만 톰스키뿐 아니라 다른 노동조합 지도자들도 산업화 문제를 직시하려고 하지 않은 것이 분명하다. 《프라우다》는 노동조합들이 "탈정치적인" 노선, 즉 노동자의 일상적 이해에 집중하면서 "재건기의 새로운 임무"를 게을리 하는 노선을 취한다고 비난했다. 정치국은 스탈린의 가장 호전적인 심복으로 꼽히는 카가노비치를 당 중앙위원회 대표자로 노동조합 중앙평의회에 임명함으로써 톰스키를 굴복하게 만들겠다는 결의를 보였다. 톰스키는 노동조합 중앙평의회 의장에서 사임하고 대회 최종 회의에 출석하지 않는, 대담하지만 무의미한 행동을 취했고, 이 때문에 매서운 질책을 받았다. 톰스키는 중앙평의회 성원 자격을 석 달 동안 유지했지만, 노동조합 연단에는 다시 모습을 드러내지 않았다.

부하린은 톰스키보다 오래 살아남지 못했다. 1929년 1월, 절망에 빠진 부하린은 카메네프와 두 차례 더 만났지만 아무런 소득도 없었다. 지난번 회동에 관해 카메네프가 기록한 글이 당내 여러 진영에서 회람되고 있었다. 이제 더는 단절을 피할 도리가 없었다. 1월 말 정치국과 당 통제위원회 합동회의가 결전의 자리였다. 소수 반대파 세 명은 사표를 제출했고, 부하린은 비록 이름을 거론하지는 않았지만 당내의 억압적 체제와 "당 지도부의 결정을 한 사람이 내리는" 사실에 대해 항의하면서 스탈린을 직접 공격했다. 스탈린은 오락가락했던 부하린의 과거 경력과 그가 초기에 레닌과 논쟁한 일을 독설적으로 꼬치꼬치 따지고는 소수 반대파의 "우파 기회주의적, 항복주의적 강령"을 비난했다. 2월 9일 회의 말미에 채택된 결의안은 부하린이 저지른 오류를 열거하면서 당에 불충한 죄를 선고했다. 하지만 결의안은 공개되거나 당 중앙위원회에 공식적으로 전달되지도 않았기 때문에 부하린의 지위는 여전히 형식적으로 유지됐다. 4월이

되어서야 중앙위원회가 열렸는데, 부하린의 과거 기록에 대한 스탈린의 철저한 고발 내용을 들은 중앙위원회는 2월 9일 결의안을 승인하고, 부하린이 《프라우다》와 코민테른에서 더는 활동하지 못하게 해임했으며, 톰스키를 노동조합 중앙평의회에서 해임했다. 그러나 이 조치는 이미 존재하는 상황을 형식적으로 승인한 데 지나지 않았다. 중앙위원회 회의 이후, 1차 5개년 계획을 승인하기 위해 소집된 대규모 당 협의회에 몰로토프가 결정 내용을 전달했다. 하지만 몰로토프의 보고 내용이나 결정을 승인하는 결의 내용 모두 공표되지 않았다. 부하린이 실각했다는 소식은 아직 언론에 실리지 않았고, 외부 세계에도 알려지지 않았다.

이런 극단적인 신중함이 스탈린의 특징이었다. 스탈린은 부하린을 위험한 적수로 보지 않았고, 이 문제를 시급하게 강행할 이유도 못 느꼈다. 그러나 이러한 신중함은 기층 당원들, 특히 부하린처럼 온건한 경향을 가진 사람들이 많은 농촌 당원들 사이에서 부하린이 인기가 있다는 사실을 보여주는 증거였다. 이 문제는 1929년 7월 코민테른 집행위원회가 회동했을 때 다시 발생했다. 처음에는 누구도 부하린이 참석하지 않은 사실을 언급하지 않았다. 하지만 회의 도중에 몰로토프가 도착해서 "우편향"에 가담해 "우리 사회주의 경제"를 공격한 소수 반대파 세 명, 그중에서도 특히 부하린을 공공연히 비난했다. 그 뒤 소련과 외국의 많은 대표자가 이구동성으로 목소리를 높였고, 부하린을 비난하고 이제부터 그를 코민테른과 산하 기관에 참여하지 못하게 한 당 중앙위원회의 결정을 지지하는 결의안이 회의 막바지에 통과됐다. 그러나 이번에도 역시 이 결의안은 다른 결의안과 마찬가지로 공표되지 않았고, 몇 주 뒤에야 《프라우다》에 내용이 실렸다. 그러나 이제 언론에서 전면적인 탄핵 캠페인이 시작됐다. 이 캠페인은 11월의 당 중앙위원회 회의에서 정점에 달했다. 소수 반대파 3인은 기존의 견해를 철회하는 문서에 서명하라는 권고를 내키지 않지만 따랐고, 이 글은 《프라우다》에 게재됐다. 부하린은 정치국에서 해임된 반면, 톰스키와 리코프는 단지 견책을 받고 다시는 당의 규율을 위반하지 말라는 경고를 받았다. 서서히 소모되는 과정을 거치면서 소수 반대파는 신뢰를 잃었고, 무력하고 무해한 존재로 전락했다.

한 달 뒤인 1929년 12월 21일, 스탈린은 50번째 생일을 기념했다. 이 날은 스탈린이 경쟁자들과 싸우면서 최고 권력으로 부상하는 과정에서 무의식적으로 자라난 경향이 압축적으로 나타난 자리였다. 레닌이 활동한 마지막 해에 스탈린이 당 총서기로 임명된 이래, 그의 힘은 당과 국가의 요직 임명을 통제하는 당 기구를 엄격하고 꼼꼼하게 관리한 것에 기반을 두었다. 스탈린에게 인정을 받는 것은 출세로 이어지는 확실한 길이었다. 그는 자기 주변에 충실한 심복 집단 — 대부분 이급 당 지도자들이었다 — 을 끌어모았다. 심복들은 스탈린과 정치적 운명을 함께했고, 그에게 무조건적으로 개인적 충성을 바쳤다. 1924년 레닌입당으로 시작된 당원 충원 정책 덕분에 당 노선에 언제든 복종하는 믿음직스러운 노동자들로 이루어진 기층 당원 집단이 구축된 상태였다. 자신과 별로 어울리지 않는 당 이론의 영역에서 스탈린은 혁신자가 아니라 레닌의 헌신적인 사도이자 당 정통성의 수호자로 행세하려고 노력했다. 일국사회주의 이론을 레닌의 업적으로 돌리려 한 그럴듯한 시도는 스탈린이 스승의 권위에 편승해서 권위를 세우는 데 얼마나 열심이었는지를 보여주는 한 사례였다. 스탈린의 측근들도 그와 레닌의 비슷한 점을 의식적으로 찾아냈다. 스탈린의 말은 레닌의 말처럼 언론과 추종자들의 연설에서 끊임없이 인용됐고, 권위 있는 발언으로 대접받았다. 스탈린의 초상화가 공공장소 어디서나 나타났고, 종종 레닌의 초상화가 나란히 걸렸다. 이런 관행은 탄생 기념일 찬사에서 절정에 달했는데, 이제까지 유례를 찾아보기 힘든 개인적 찬양과 아부가 노골적으로 나타났다.

그러나 스탈린 통치의 성격은 레닌 시절에 상상할 수 있었던 그 어떤 특성과도 여러 면에서 구별됐다. 스탈린은 레닌과는 전혀 어울리지 않는 허영심이 있었는데, 이 때문에 지위 자체나 지위에 따르는 과시적인 요소들뿐 아니라 절대적인 복종과 자신의 무오류성에 대한 인정까지 요구했다. 공공연한 비판이나 소수 반대 의견의 표현은 이제 더는 당 언론이나 심지어 전문 잡지에서도 보이지 않았다. 그나마 남아 있는 당면한 문제에 관한 토론은 지도자에 대한 품위 없고 획일적인 찬사와 종종 신비스러운 업적에 대한 찬양 일색이었다. 스탈린은 언젠가 죽음을 맞는 평범한 인간보다 훨씬 높은 곳에 있는, 가장 가까운 동료들보다도 높이 우뚝 선, 고립되어 동떨어져 있는 인물이 됐다. 그는 동료들에 대한 따뜻한 마음이 전혀 없었던 것 같다. 자기 의지에 방해가 되는 이들이나 분노나 반감을 불러일으키는 이들에게는 잔인하게 보복을 가했다. 마르크스주의와 사회주의에 대한 그의 헌신은 표피적인 것에 불과했다. 사회주의는 객관적인 경제 상황과 자본주의의 억압적 지배에 대항하는 계급의식적인 노동자들의 반란에서 생겨나는 것이 아니었다. 그보다는 위로부터 자의적이고 강제적으로 부과되는 어떤 것이었다. 스탈린은 대중을 경멸하는 태도로 바라보았고, 자유와 평등에 무관심했으며, 소련 이외의 어떤 나라에서든 혁명의 전망에 대해 비웃음으로 일관했다. 그는 일찍이 1918년 1월에 당 중앙위원으로는 유일하게 레닌에 반대해 "서구에는 혁명 운동이 전무하다."고 주장했었다.

일국사회주의에 대한 몰두는, 비록 이 새로운 이론으로 구체화된 태도가 오로지 스탈린의 작품이라고는 할 수 없지만, 그에게 완벽하게 들어맞았다. 일국사회주의 덕분에 스탈린은 사회주의에 관한 주장들을, 어쨌든 본인을 깊이 감동시킨 유일한 정치 신조인 러시아 민족주의와 조화시킬 수 있었다. 소수민족이나 작은 나라에 대한 스탈린의 처리 방식에서 민족주의는 쉽게 국수주의로 변질됐다. 레닌과 초기 볼셰비키에게 준엄하게 비난받았던, 러시아의 오랜 반유대주의의 가락이 들렸다. 공식적으로는 반유대주의가 계속 비난을 받았지만 어조의 단호함은 점점 약해지기 시작했다. 미술과 문학에서 혁명 초기의 열정적인 실험주의가 포기되고, 그 대신 점점 더 엄격해진 검열 때문에 어쩔 수 없이 러시아 전통 양식으로 회귀해야 했다. 마르크스주의 역사학파와 법학파는 빛을 잃었고, 과거 러시아와의 연속성을 찾는 일은 이제 질책의 이유가 되지 않았다. 일국사회주의는 레닌뿐 아니라 마르크스도 거부했던 과거 러시아의 민족적 배타성으로 복귀하는 신호였다. 이것은 스탈린 체제를 러시아 역사의 맥락 속에 자리매김하는 것과 결코 모순되지 않았다.

이처럼 혁명을 민족주의라는 꽉 끼는 구속복에 욱여넣은 행동에는 이면이 있었다. 오로지 개인적 권력에 대한 욕망으로만 움직이는 사람으로 스탈린을 묘사하는 것은 불공정한 처사일 것이다. 그는 원시적인 농민의 러시아를 주요 자본주의 열강과 동등하게 대면할 수 있는 현대적인 산업 강국으로 전환시키기 위해 지치지 않고 에너지를 쏟아부었다. 자본주의 국가를 '따라잡'거나 '추월해야' 한다는 사실은 강박적인 주제였고, 스탈린의 단조로운 산문 중에서 보기 드물게 화려한 구절은 대부분 이 문제와 관련된 내용이었다. 이런 강박관념은 1929년 11월의 혁명 기념 논설인 〈대약진의 해〉 결론 부분의 열변에서 드러난다.

우리는 산업화의 길을 따라 사회주의를 향해 전속력으로 달리면서 '러시아'의 오랜 후진성을 벗어나는 중이다.

우리는 금속의 나라, 자동차의 나라, 트랙터의 나라로 변신하는 중이다.

그리고 우리가 소련을 자동차에, 농민을 트랙터에 앉히게 되면, 자신들의 '문명'을 뽐내는 저 훌륭한 자본가들이 기를 쓰고 우리를 따라잡게 내버려 두자. 그때가 되면 어떤 나라가 후진국이고 어떤 나라가 선진국인지 알게 될 테니.

그리고 나중에는 다소 냉정하게 러시아가 여러 시대에 걸쳐 "몽골의 여러 칸"부터 "영국과 프랑스의 자본가들"과 "일본의 귀족들"에 이르기까지 일련의 외국 침략자들에게 "후진성 때문에 두드려 맞은" 역사를 그림처럼 그려보이고는 다음과 같이 결론지었다.

우리는 선진국보다 50년이나 100년 뒤처져 있다. 10년 안에 이 간극을 메워야 한다. 간극을 메우지 못한다면, 그들이 우리를 짓밟을 것이다.

신념으로 무장한 마르크스주의자들에게 사회주의로 향하는 도상의 결정적인 한 걸음으로서 호소력을 발휘한 산업화와 경제 근대화에 대한 헌신과, 군대, 관료, 기술 엘리트, 새로운 체제에 복무하게 된 구체제의 모든 생존자들에게 호소력을 발휘한 러시아 민족의 힘과 위신의 부활에 대한 헌신이 이렇게 이례적으로 결합됨으로써, 스탈린은 당과 국가와 행정을 확고하게 장악하게 됐다. 이런 결과를 단지 스탈린의 정치적 교활함이나 통치 기구의 효율성, 소수 반대파를 탄압하기 위해 취해진 가혹한 조치 등의 덕으로 돌린다면 그릇된 생각일 것이다. 오랫동안 바라던 목표를 추구하려 한 스탈린의 단호한 결의가 그의 정책을 실행하기 위해 사용된 가혹한 방법보다 중요하다고 느낀 것은 비단 1928년과 1929년에 반대파에서 이탈한 이들만이 아니었다. 어떤 사람들은 이런 방법을 쓰지 않으면 목적을 달성할 수 없다고 주장했고, 다른 이들은 스탈린의 강력한 지도력이 없으면 목적을 이룰 수 없고, 따라서 그의 특이한 성격이 달갑지 않더라도 참아야 한다고 주장했다. 이것이 위로부터 이루어진 혁명이며, 혁명의 수혜자라고 공언된 바로 그 계급들에게 가장 막중한 부담을 안긴다는 사실은 전체 그림에서 그다지 중요하지 않았다. 많은 당원들과 원대한 구상을 추진하는 데 이런저런 자격으로 가담한 다른 이들은 대약진에 대한 열광에 흠뻑 빠진 나머지 다른 문제들에는 무관심했다. 소련은 정부를 억압과 결합하고 그것을 불가피한 악으로 간주하는 일에 무척 익숙한 사회였다.

스탈린은 50세 생일에 야망의 정점에 올라섰다. 이미 그의 거칠고 독단적인 권력 행사에 대한 레닌의 우려를 입증할 만한 일들이 충분히 많았다. 스탈린은 이미 자신의 의지를 강요하고 그에 대한 모든 반대를 짓밟으면서 놀라울 정도로 무자비함을 보여주었다. 하지만 스탈린 독재의 특성이 완전히 드러나려면 좀 더 시간이 필요했다. 집단화, 강제수용소, 대규모 여론 조작용 재판, 그리고 과거에 그에게 반대했던 이들뿐 아니라 그가 권력에 오르게 도와준 많은 이들까지 겨냥한, 재판 여부와 무관한 무차별적 학살, 여기에 동반해 언론, 예술과 문학, 역사와 과학에 대한 경직되고 획일적인 정통 이념의 부과와 모든 비판적인 견해에 대한 탄압 등의 참혹한 과정은 전쟁 승리나 그 후의 결과로도 지울 수 없는 오점을 남겼다. 스탈린이 사망한 이래 소련 국민들의 눈에 비친 그의 평판이 동요를 거듭한 것은 감탄과 치욕이라는 혼란스럽고 상충하는 감정의 반영인 듯보인다. 이런 상반된 감정은 오랫동안 지속될 것이다. 표트르 대제의 선례를 들먹이는 경우가 종종 있는데, 놀라울 정도로 적절하다. 표트르 역시 가공할 만한 에너지와 극단적인 광포함을 지닌 사람이었다. 그는 선대 차르들이 보여준 최악의 잔인성을 부활시켰고 그것을 능가했다. 그리고 그의 기록은 후대 역사학자들에게 혐오감을 불러일으켰다. 그렇지만 표트르가 서구에서 문물을 받아들이고, 원시적인 러시아에 근대 문명의 물질적 토대를 강요하고, 러시아를 유럽 열강의 반열에 올려놓은 업적 때문에 역사가들은 내키지 않으면서도 그에게 대제라는 칭호를 부여할 수밖에 없었다. 스탈린은 표트르 이후 러시아에 등장한 가장 무자비한 전제군주이자 위대한 서구화론자였다.

18 소련과 세계(1927~1929년)
The USSR and the World(1927-1929)

1927년 5월 영국과 관계를 단절하고 중국의 혁명 운동과 소비에트의 중국 개입이 붕괴한 뒤 거의 2년 동안, 소련의 대외관계는 침체 상태였다. 모스크바는 잇따라 접근을 시도했지만 영국 정부는 냉랭하게 퇴짜를 놓았다. 채무와 신용 대부에 관한 프랑스와의 교섭은 실패했고, 프랑스 정부는 비록 외교 관계를 단절하지는 않았지만 소련 대사 라콥스키의 소환을 요구할 구실을 찾아냈다. 독일과의 관계는 로카르노 조약 체결과 국제연맹 가입으로 일시적으로 교란됐고, 이따금 성난 막간극이 벌어져서 양국 관계의 평탄치 않은 흐름을 특징적으로 보여주었다. 그러나 양국이 체결한 비밀 군사협정, 배타적인 서구 지향을 피하려는 독일의 욕망, 폴란드에 대한 공통의 적대감이라는 굳건한 토대를 바탕으로 양국 관계는 여전히 다른 어떤 나라와의 관계보다 더 가깝고 더 생산적이었다. 폴란드와의 관계는 1926년 5월 피우수츠키의 쿠데타 이후 더욱 악화됐다. 그리고 피우수츠키가 서구 열강이 벌이는 반소련 음모의 앞잡이 노릇을 할 것이라는 두려움과, 나중에는 소련의 다른 서구 이웃 나라들 — 핀란드, 발트 3국, 루마니아 — 을 폴란드가 지도하는 협정이나 동맹으로 조직하려 한 폴란드의 지속적인 — 그렇지만 성공하지 못한 — 시도가 관계를 더 나쁘게 만들었다. 일본과의 관계는 일본의 모호한 중국 정책과 일본이 자신들의 지원을 받는 중국 군벌 장쭤린을 통해 만주를 악착같이 통제한 사실 때문에 불편했다.

역설적으로, 당시에 소련 외교가 착수한 한 가지 중요한 사업은 제네바에서 국제 활동에 참여한 일이다. 이때까지 소련과 국제연맹의 협력은 연맹 산하 보건기구와의 느슨한 연계에 국한됐다. 전에 모스크바는 국제연맹이 1919년의 억압적인 베르사유 강화조약의 필수 구성요소이자 연합국의 군사 준비 태세를 위선적으로 은폐하는 도구라고 줄곧 비난해 왔다. 이런 저주는 여전했다. 그러나 독일이 국제연맹에 가입한 터라, 국제연맹 현장에 가지 않는 것은 고립감을 고조시켰다. 1927년 5월, 대규모 소련 대표단이 처음으로 세계경제 회의에 참석하기 위해 제네바에 도착했다. 소련 대표단은 총회와 회의 주최 측에서 구성한 각종 위원회에 참석해 자본주의의 방식을 혹평하고 대외무역 독점을 옹호하면서도 "두 경제 체제의 평화로운 공존"을 요구해 이름을 떨쳤다. 구체적인 성과는 없었지만, 양쪽 모두에게 이제 관계가 수립됐으니 향후에 더 발전시킬 수 있다는 인상을 남겼다.

더욱 놀라운 일은 그로부터 6개월 뒤에 열린 군축준비위원회 회의에 참석하기 위해 외무인민위원 대리 리트비노프를 필두로 한 소련 대표단이 제네바에 나타난 것이었다. 리트비노프는 육해공군의 모든 무기를 전면 폐기하자는 제안을 내놓아서 이목을 집중시켰다. 충격적이고 당혹스러운 행동이었다. 위원회는 서둘러서 1928년 3월의 다음 회의까지 논의를 연기한다고 결정했다. 그러자 끈질긴 리트비노프는 단계적으로 전면 군축하는 수정안을 제출했다. 이 제안 역시 묵살되자 그는 군비를 제한하기 위한 다른 초안을 내놓았는데, 앞의 두 안보다는 유토피아적인 성격이 약하지만 서구 열강이 생각하는 수준을 훌쩍 뛰어넘는 내용이었다. 베르사유 조약으로 군비가 엄격히 제한된 독일과 위원회의 새로운 성원인 터키만이 일부 공감하면서 환영했다. 이런 과정을 거치면서 계속 논의를 연기하는 것 말고는 다른 방법이 없는 대다수 대표단은 당혹감을 떨치지 못했고, 리트비노프와 소련은 군축에 관심이 있는 서구 각국의 급진 진영에서 우호적인 명성을 크게 얻었다. 급진 진영은 군축준비위원회가 지지부진한 상황에 조바심을 느끼고 있었기 때문이다.

소련과 서구의 관계에서 더욱 중요한 진전은 1928년 여름에 이루어졌다. 미국 국무장관 켈로그는 "국가 정책 도구"인 전쟁을 포기하는 국제 협정을 체결하자고 제안했다. 소련은 처음에 참가 초청을 받은 15개국에 들지 않았다. 그러나 1928년 8월 27일 조인하는 날에 다른 모든 비非조인국뿐 아니라 소련도 협정에 가입하라는 초청장을 받았고, 소련은 즉시 열렬히 수용했다. 게다가 서구 열강의 협정

비준이 지연되자 소련 정부는 이웃 나라들에게 켈로그 협정의 조항을 곧바로 발효시키는 협정을 체결하자고 제안했다. 이 보조 협정은 1929년 2월 9일 모스크바에서 대대적인 홍보 속에 소련, 폴란드, 라트비아, 에스토니아, 루마니아가 조인했고, 리투아니아, 터키와 페르시아는 나중에 참가했다.

이 책략에서 리트비노프의 영향력이 분명히 드러났다. 리트비노프는 이제 사실상 치체린을 대신해 외무인민위원을 맡고 있었지만, 1930년이 되어서야 공식적으로 직함을 승계받았다. 유서 깊은 가문의 괴짜 후손으로 당에 가입했던 치체린은 레닌의 신임을 얻었다. 하지만 리트비노프처럼 투박하고 무뚝뚝한 성격을 좋아하는 스탈린과 서로 반감이 심해서 거리가 멀어졌다. 1928년 치체린은 병을 앓게 되어 활동적인 삶에서 물러났다. 이런 변화의 의미는 치체린은 서구 국가, 특히 1918년에 불명예스럽게 추방당했던 영국을 불신하고 독일에 대해서만 편하게 느낀 반면, 리트비노프는 영국에서 여러 해를 보낸 적이 있고 영어를 유창하게 구사하며 영국인 아내가 있다는 사실에서 드러난다. 몇 년 동안 리트비노프는 소련과 서구 세계의 친선 관계를 위해 소련 정책의 한계 안에서 활동하면서 어느 정도 성공을 거두었다.

1926년 총파업 이래, 영국 유명 정치인들의 연설 때문에 모스크바에서는 영국이 소련의 불구대천의 적이라는 이미지가 널리 굳어져 있었다. 이 시기에 영국 보수당 정부의 태도는 소련에 대한 깊은 불신과 가급적 모스크바와 거래하고 싶지 않다는 바람이 우세했다.

그러나 1928년 말에 이르면 냉대 정책이 아무런 성과도 얻지 못하자 온화한 분위기가 생겨났다. 미국과 독일이 현대 산업 기술에서 영국을 추월하기 시작하던 때에 영국 시장을 소련에서 잃은 것은 불안한 일이었는데, 그 원인은 양국 관계의 파열에 있었다. 1929년 3월 말, 총 80명에 달하는 영국인 사업가 일행이 소련 방문길에 올라 열렬한 환영을 받고 몇 가지 주문도 받았다. 이제 영국 총선이 임박해 있었다. 노동당과 자유당 모두 정강에 소련과의 관계 재개를 집어넣었다. 노동당이 세 당 중 가장 강력한 당으로 부상했고, 결국 정부를 구성해서 약속을 실행했다. 약간 미뤄지긴 했지만 그해 말에 다시 소련과 전면적인 관계가 수립됐다. 하지만 이 화해는 피상적인 수준에 그쳤고, 소련과 서구 세계 사이의 근저에 흐르는 긴장을 깨뜨리지는 못했다.

미국과의 관계는 양면적이었고, 그 나름의 특별한 성격이 있었다. 소련 지도자들은 영국이 주요 자본주의 강대국의 자리를 급속하게 미국에 내주고 있음을 인식했고, 일부는 이런 상황이 두 영어 사용국 사이의 극심한 적대로 귀결될 것으로 기대했다. 그런데 미국 정부, 미국노동총연맹, 미국 언론이 한 목소리로 소련에 적의를 보이는데도, 모스크바의 반응은 놀랍도록 차분했으며 미국 산업이 이룬 업적을 경탄하고 부러워했다. 미국은 세계에서 산업기술, 대량생산, 표준화가 가장 발전한 나라였고, 대규모 생산 단위의 조직화 덕분에 다른 어떤 나라보다도 소련의 상황과 요구에 근접해 있었다. 미국의 기계와 장비에 대한 의존은 소련의 산업화 정책에서 중요한 요소였고, 1927년 이래 줄곧 미국은 소련 산업 제품의 주요 공급자로서 독일에 도전하기 시작했다.

한층 더 중요한 것은 미국인 기술자의 대규모 고용이었다. 소련 공장과 광산에 자격 있는 기사와 기술자를 채워 넣는 일은 처음부터 대두된 문제였다. 혁명 전에 기사나 기술자로 일하던 많은 이들이 종적을 감췄고, 나머지 사람들은 충성심이 의심스러웠다. 빈자리를 채울 새로운 세대를 훈련시킬 시설은 거의 없었다. 많은 독일인 기사가 초창기에 소비에트 산업에서 일했다. 하지만 1차 5개년 계획이 도입되고 소비에트 산업이 급속히 팽창하면서 최상급의 전문가에 대한 수요가 커졌고, 그 간극을 메운 것은 대부분 미국인 기사였다. 드네프로스트로이 댐은 부하 직원들을 거느리고 온 미국인 선임 기사가 계획하고 지휘한 몇몇 주요 건설 사업의 첫 사례였을 뿐이다. 소련 당국은 소련인들의 미국인 동료들에 대한 질투심이 폭발하지 못하도록 막아주었으며, 구식의 소련인 기사들보다 미국인 기사들의 효율성과 충성심을 더 신뢰했다. 1929년에 이르면 자격 있는 유능한 미국인 기사 수백 명이 소련에서 일하고 있었다. 하지만 이 수는 "전혀 충분하지 않다."고 여겨졌고 조만간 더욱 늘어나게 된다. 미국의 공식 진영에서 모스크바를 바라보는 적대감은 여전히 완고했지만, 산업과 상업의 전선에서는 이미 돌파구가 열린 상태였다.

소비에트 정책 전체를 지휘하는 바로 그 당 지도자들이 모든 주요 문제를 다루고 있던 코민테른의 활동은 이 시기 소비에트 대외관계의 불안과 모호성을 반영했다. 1927년, 한정된 목표를 위해 공산주의자들이 자본주의 각국의 다른 좌파 정당이나 그룹과 협력하는 것을 뜻하는 '공동전선'이 여전히 코민테른의 지침 중에 두드러지게 부각됐다. 하지만 그해에 공동전선 전술에서 가장 널리 알려진 실험 두 가지, 즉 중국 공산당과 국민당의 동맹, 그리고 영국–러시아 노동조합 위원회가 불명예스러운 방식으로 완전한 실패로 끝났다 (144~145쪽과 155~158쪽을 보라). 이 기획에서 협력을 추구하는 상대였던 쪽은 이제 배신자라는 비난을 받았고, 이제까지 공동전선이라는 이름으로 의미를 부여하던 전술은 암묵적으로 방치됐다. 이 분열이 발생한 순간은 소련과 서구 열강의 관계가 급격히 나빠지고 소련 지도자들이 전쟁의 공포에 사로잡힌 때였다. 그리하여 코민테른의 좌선회는 자본주의 국가에서 공산당과 다른 좌파 정당의 관계뿐 아니라 소련 외교의 화해 전술도 붕괴한 상황이 낳은 자연스러운 결과처럼 보였다. 스탈린이 연합반대파를 물리친 뒤 이제 국내 정책에서 왼쪽으로 움직이면서 부하린을 비롯한 우편향과 대결할 준비를 한 것은 대외관계의 상황과 들어맞는 우연의 일치였다.

1928년부터 줄곧 새로운 노선이 코민테른의 행동을 지배했다. 자본주의 국가들이 아무리 '일시적'이고 '상대적'이며 '불안정'할지라도 '안정' 단계를 달성했다고 인정하는 일은 더 드물어졌고 점점 내키지 않는 일이 됐다. "계급 대 계급"이 새로운 시기의 구호였다. 공동전선은 '아래로부터의 공동전선'으로 해석됐는데, 사회당과 사회민주당의 기층 당원들과 협력해서 그들의 부패한 배신자 지도자들을 무너뜨린다는 의미였다. 1928년 7월 열린 코민테른 6차 대회 — 가장 오랜 공백을 거쳐 4년 만에 열렸다 — 는 코민테른의 역사를 3기로 기록했다. 1기는 1917~1921년의 극심한 혁명적 소요의 시기였고, 2기는 1921년부터 1927년까지 자본주의의 회복기였다. 6차 대회에서 시작된 3기는 어느 때보다 증대하는 자본주의의 모순이 임박한 붕괴를 예고하고 혁명의 새로운 전망이 열리는 시기였다. 공산주의의 최악의 적은 이제 타협적인 사회민주주의자들이었다. 독일 대표단은 그들을 대놓고 '사회파시스트social-Fascist'라고 지칭했다. 대회 결의안은 그들이 파시즘 이데올로기와 일정한 접촉점이 있다고 인정했고, 대회에서 채택된 코민테른의 새로운 강령은 사회민주주의와 파시즘을 부르주아지의 쌍둥이 첩자라고 뭉뚱그려 규정했다. 대회가 개회 중인 가운데 리트비노프는 신중하게 소련 정부를 켈로그 협정 — 협정은 대회가 끝나기 전에 발표됐다 — 에 동의하는 쪽으로 조종했다. 대회에 참석한 소련 공산당의 어떤 대표도 협정에 관해 언급하지 않았다. 하지만 다른 나라 당의 몇몇 대표들과 서구 각국의 공산주의 언론은 협정을 제국주의 침략을 감추는 위선적인 가면이라고 공격했고, 대회 결의안에는 협정이 언급되지 않은 채 "자본주의 각국 정부가 책략을 은폐하기 위해 구사하는 공식적 평화주의"의 한 예로 "전쟁 폐지"(인용 부호 포함)를 거론하는 아이러니한 언급이 담겨 있었다. 정부 정책과 코민테른 정책이 확연히 불일치한 것은 소련 지도자들 사이에 확신이 없거나 견해차가 해소되지 않았기 때문일 것이다. 하지만 결국 두 노선이 나란히 추구됐고, 외무인민위원부와 코민테른은 양자의 모순을 전혀 의식하지 않은 채 각자의 길을 갔다.

부하린의 실각은 1928년 '3기'의 선언에서 부차적인 요소였다. 부하린과 스탈린의 언쟁은 주로 경제 문제에 관한 것이었다. 그러나 부하린이 코민테른에 재직한 기간은 공동전선의 화해 정책과 연관 있었고, 그가 치욕스럽게 물러난 뒤 노선은 한층 더 격렬하게 반대 방향으로 움직였다. 세계 경제 위기가 발발해서 혁명의 기미가 조금이라도 보이기 전부터 주요 자본주의 국가들에서 "객관적인 혁명적 상황"이 조성됐다는 진단이 나왔다. 혁명적 계급 전쟁은 모든 공산당의 주된 임무였다. 독일에서 고안된 '사회파시스트'라는 용어가 이제 모든 좌파 '개혁주의' 정당에 붙여졌고, 그들과 조금이라도 타협을 추구하거나 묵인하는 것은 '기회주의'와 '우편향'이라는 범죄의 낙인이 찍혔다. 이런 명령은 서유럽 공산당을 당혹스럽게 만들었다. 영국과 프랑스에서는 이런 명령에도 불구하고 공산당이 선거에서 은밀하게 노동당과 사회당 후보를 지지했다. 명령을 엄격하게 적용해서 재앙과도 같은 결과를 낳은 곳은 독일이었다. 독일 사회민주당은 로카르노 조약과 독일 정책의 서구 지향을 지지함으로써 소련 정부와 코민테른에게 무자비한 적대감을 불러일으켰다. 독일 공산당과 사회민주당의 불화는 계속됐고, 나중에는 간극이 너무 깊어져 히틀러가 권력을 장악할 위험이 눈앞에 닥쳐와도 협력해서 대응하지 못했다.

다른 좌파 정당과의 관계 단절은 비공산주의 좌파를 공통의 대의를 지지하기 위해 공산주의자와 협력하게 끌어들이는 국제 '전선'을 조직하는 사업에 치명타가 됐다(140쪽을 보라). 이런 공동 사업을 추진하고 지휘하던, 성실하고 다재다능한 독일의 공산주의자 뮌첸베르크는 코민테른 6차 대회에서 이런 활동이 "'기회주의적 정책'이나 '우'편향과 전혀 무관하다."고 변호할 필요성을 느꼈다. 하지만 이제 각국 공산당의 통례가 된, 사회민주당에 대한 노골적인 욕설과 공동 사업을 양립시키기란 어려운 일이었다. 코민테른 노선을 엄격하게 고수하는 것 말고는 어떤 일도 용인되지 않았다. 한때 놀라운 성공을 거둔 반제국주의연맹조차 새로운 분위기 속에서 쇠약해졌고, 1927년 창립 대회에서 생겨난 자생적인 열정을 되살리기란 불가능했다. 2년 뒤 프랑크푸르트에서 반제국주의연맹 2차 — 이자 마지막 — 대회가 열렸을 때, 소련 대표단이 회의장을 완전히 지배했고, 비공산주의 동조자는 참석하지 않거나 도중에 나가 버렸다. 1927년 11월 모스크바에서 열린 혁명 10주년 기념식에서 창립된 국제 협회인 '소련의 친구들' 역시 단명하면서 영국을 제외하고는 종적을 감췄다. 코민테른이 후원하는 가운데 표면상 비당파적인 시위를 벌인 마지막 사례는 1929년 3월 베를린에서 열린 반파시즘대회였다.

코민테른의 새로운 강경 노선의 자연스러운 귀결은 각국 공산당에 더 엄격한 규율을 강제하는 것이었다. 외국 정당의 볼셰비키화를 목표로 선언한 1924년 이래 코민테른은 때로 외국 당의 지도자 선정에도 영향을 미치려고 했다. 1928년 이후에는 이런 개입이 직접적이고 지속적으로 이루어졌다. 그해 가을, 독일 공산당 중앙위원회는 재정 관련 추문이 터진 뒤 지도자 에른스트 탤만을 해임하기로 결정했다. 탤만은 주로 모스크바의 지원에 힘입어 부상한 인물이었다. 코민테른 당국은 이 결정을 거부하고 결정을 번복하게 만들었다. 1929년 초, 코민테른은 자신의 명령에 가장 잘 따르는 그룹을 지도부에 앉히는 방식으로 폴란드 공산당 내의 오랜 분열을 해결했고, 미국 공산당의 기존 지도자들은 스탈린이 개인적으로 개입한 뒤 갑자기 축출됐다. 프랑스와 영국 공산당에서도 이와 비슷한 변화가 다소 신중한 방식으로 이루어졌다. 이런 변화의 대체적인 특징은 흠잡을 데 없는 노동계급 출신 지도자 — 독일의 탤만과 프랑스의 모리스 토레즈, 영국의 해리 폴릿 — 를 선택하는 것이 새롭게 강조된 점인데, 이것은 바야흐로 코민테른을 지배하는 좌파 경향과 일치하는 듯 보였고, 소수 반대파 지식인들이 과거에 야기한 분쟁에 대한 반발이기도 했다. 노동자들은 대체로 이런 면에서 고분고분하다는 사실이 확인됐다. 새로운 지도자들은 대체로 좌파라고 환영받고 그 전임자들은 우파라고 비난받았지만, 이 새로운 임명의 본질적인 기준은 모스크바의 지침에 곧바로 충실하게 복종하는지 여부였다.

그러나 이 과정에서 또 다른 딜레마가 생겨났다. 코민테른의 결정은 사실상 소련 공산당의 결정이었다. 이 결정을 외국 공산당에 강요할 수 있고 실제로도 강요했지만, 해당 국가에서는 점점 더 많은 노동자들을 소외시키는 대가를 치렀다. 노동자들은 동떨어진 외국의 권력이 자의적이고 때로는 전혀 부적절한 지시를 내리자 고분고분 따르지 않았다. 1920년대 말에 서구 각국의 공산주의 운동은 수와 영향력이 쇠퇴하고 동조자들도 점점 줄어들고 있었다. 영국과 미국의 공산당은 대중적인 지지를 전혀 받지 못했다. 독일과 프랑스, 체코슬로바키아에서는 대중적인 공산당이 노동자 운동을 분열시키기는 했지만 그 운동을 지배하지는 못했다. 당 지도자들을 모스크바에 묶어두는 연계의 강화는 모든 나라에서 기층 노동자들에 대한 장악력을 약화시켰다. 1930년대 중반에 모스크바의 정책이 급격히 바뀌고 나서야 이런 손실을 벌충할 수 있었다.

1929년 후반에 소련 대외관계에서 가장 중요한 사건은 극동에서 벌어진 일이었다. 1927년의 패주 이후 2년 동안 소련 정부는 중국 문제에 전혀 관여하지 못했고, 중국 공산당은 몇몇 주요 도시에 흩어진 지하 그룹들로 세력이 축소됐다. 1927년 12월 당의 잔당 세력이 모스크바의 재촉을 받아 광둥에서 절망적인 군사 쿠데타를 시도했다. 쿠데타는 비참한 실패로 끝났고, 결국 공산주의자와 지지자들에 대한 학살이 이어졌다. 이 무렵 공산당의 농민 지도자 마오쩌둥과 장군 주더朱德는 몇 천 명에 달하는 도망자와 땅 없는 농민의 소규모 집단을 중국 서남부의 접근하기 힘든 외진 산악지대에 끌어모았다. 1년 뒤 그들은 인접한 농촌 지역에서 권위를 확보하면서 농민 소비에트를 세우기 시작했다. 마오쩌둥은 소련 공산당과 코민테른에게 형식적으로 충성을 공언했다. 하지만 그는 독자적인 길을 걸었고, 도시의 노동자가 아니라 농촌의 농민에게 희망을 거는 운동을 불신하는 소련 당 지도자들과 거의 접촉하지 않았다. 한편 중국 공산당과 소련에 대한 적대감이 조금도 줄지 않은 장제스는 난징의 국민당 정부의 권위를 중국의 거대한 지역까지 확대했다. 만주의 군벌 장쭤린은 1928년 여름에 살해됐고, 그해 말에 장제스는 장쭤린의 아들이자 후계자와 북부 몇몇 성의 자치를 유지하면서 국민당 깃발 아래 중국을 통일한다는 협정을 체결했다.

소련 영토와 인접한 북부 지역 성들은 오래 전부터 모스크바의 불안을 야기하는 원천이었다. 혁명 전 러시아 정부가 중국 영토에 건설해서 소유하던 동청철도는 오래 전부터 양국 간 논쟁의 근원이었다(151~152쪽을 보라). 철도 운영위원회에 중국 대표를 참여시킨다는 외교 협정으로도 철도 통제권을 둘러싼 잇따른 위기를 막을 수는 없었다. 하지만 1929년 봄에 중국 당국이 철도에 대해 여러 차례 소규모 공격을 가할 때까지 3년 동안은 비교적 평온한 상황이었다. 5월 27일 중국 당국은 동청철도의 본부인 하얼빈의 소련 영사관을 급습해 관리들을 체포하고 문서를 압수했다. 2년 전 베이징의 소련 대사관을 급습한 사건의 축소판이었다. 난징에서 발표한 성명을 보면, 이 공격이 장제스가 고무한 것이고 동청철도를 탈취하기 위한 첫 번째 조치임이 의문의 여지가 없었다. 마침내 7월 10일 중국 당국은 철도 시설을 접수하고 만주의 소련 무역대표부를 비롯한 여러 시설을 폐쇄했으며, 소련의 철도 총괄 경영자를 체포해 다른 소련 관리 60명과 함께 중국 영토에서 추방했다. 소련 정부는 이런 고압적인 조치에 대한 항의가 무위로 돌아가자 동청철도 임직원을 철수시키고, 중국과의 철도 연결을 일시 중단했으며, 소련에 있는 모든 중국인 관리를 소환할 것을 요구했다.

원래 장제스는 1927년에 그랬듯이 소련 정부가 시끄럽게 항의하면서도 결국 할 수 있는 일은 없을 것이라고 생각했다. 그러나 이것은 중대한 오산이었다. 과거에 소련은 중국 중부에 대해 대단한 이해관계가 없었고, 이익을 위해 할 수 있는 일도 없었다. 1927년의 패배는 굴욕적이었지만 대단한 재앙은 아니었다. 하지만 만주에서 러시아의 역사적 지위를 빼앗기고, 러시아 자본으로 러시아 기술자들이 건설한 철도, 그것도 소련의 유일한 태평양 항구인 블라디보스토크와 직접 연결되는 철도를 포기한다면, 치명적인 일격이 될 터였다. 게다가 붉은 군대는 이제 실전 능력을 갖춘 전투부대로 증강된 상태였다. 대규모 전쟁을 벌일 만한 능력은 없었다. 그렇지만 일본이 당면한 분쟁에서 중립을 표방한 상태였기 때문에 이미 중국 땅에서 자기들끼리 싸우고 있는, 규율도 사기도 없는 중국의 징집군보다는 한 수 위였다. 장제스는 또한 서구 열강이 2년 전과 마찬가지로 1929년에도 소련에 대한 행동에 찬성할 것이라고 생각했던 듯하다. 이번에도 역시 오산이었다. 공산주의에 대한 공포는 약해진 상태였고, 영국의 노동당 정부는 이제 막 소련과 관계를 재개하려던 참이었다. 장제스의 공격적인 태도는 서구 열강에게 너무도 익숙한 사실 — 외국의 조약상 권리를 침해하는 중국 군벌들의 행태 — 의 또 다른 사례로 보였고, 사상 처음으로 서구가 소련 쪽에 공감을 보내게 됐다.

소련 정부는 7월 10일에 취해진 조치를 전면 철회하고 동청철도에 대한 소련의 권리를 회복하는 것 말고는 그 어떤 이유로든 교섭하기를 계속 거부했다. 8월 증강된 동방군의 사령관으로 블류허가 임명됐다. 국경을 넘어선 간헐적인 습격은 소련의 인내심이 바닥나고 있다는 증거였다. 성가시게 만드는 정도의 공격으로는 중국 당국에 충격을 주지 못한다는 점을 깨달은 11월, 붉은 군대는 중국 영토에 대대적인 침입을 개시해 지역 중국군을 몰아내고 소도시 두 곳을 점령했다. 12월 22일, 소련의 동청철도 총괄 경영자를 비롯한 관리를 복직시키고, 이전 상태를 복구하며, 논란이 되는 문제는 향후에 협의회를 열어 결정한다는 내용의 의정서가 조인됐다. 붉은 군대는 중국 군벌들의 무력함을 낱낱이 드러냈다. 소련은 이미 극동에서 군사적·외교적 세력으로 등장했고, 서구 열강과 공동의 관심사로 엮여 있었다. 이 사건은 소련의 대외관계에서 전환점이 됐다.

분산되어 박해받고 사기도 떨어진 상태였던 중국 공산당은 이 사태에서 어떤 역할도 하지 못했다. 코민테른의 지시를 받은 중국 공산당 중앙위원회는 "소련 방어"라는 구호를 내걸고 난징 정부를 더욱 열심히 비난했다. 그러나 모스크바 당국이 소련의 안전에 대한 극악한 위협으로 여긴 행동이 일부 애국심 강한 중국인들에게는 중국 영토를 외국, 즉 소련의 통제에서 해방시키기 위한 행동으로 보였다. 1927년의 참사 이후 당 지도부에서 해임된 천두슈陳獨秀는 이제 이런 당혹감을 소리 높여 외쳤다는 이유로 당에서 추방됐고 이후 트로츠키 추종자를 자처했다. 다른 나라에서와 마찬가지로 여기서도 코민테른은 규율을 강요할 수는 있었지만, 이미 중심 도시들에서 무력함이 낱낱이 드러나고 약해진 당의 대오에 생명력을 불어넣기란 불가능했다. 오로지 마오쩌둥의 농민 징집병과 그들이 후원하는 지방 소비에트만이 몇 차례 성공적인 혁명 활동을 자랑할 수 있었다. 그러나 이런 공적은 중국의 외딴 구석에 국한됐고, 그 지도자들은 당과 코민테른의 결정에 대해 기껏해야 위선적으로 입에 발린 말만을 늘어놓았다. 중국 공산주의 운동은 러시아라는 본보기에서 영감을 받은 바가 컸지만, 모스크바 당국이 계획한 것도 아니고 오히려 불신한 방식을 가지고 살아남아 결국 승리를 거두었다.

19 역사적 관점에서 본 혁명
The Revolution in Perspective

레닌이 4월 테제에서 1917년 2월 혁명은 단순한 부르주아 혁명이 아니라 노동자와 빈농이 주도하는 가운데 미래의 꿈인 사회주의 혁명으로 향하는 이행을 나타낸다고 선언했을 때, 그는 페트로그라드로 돌아왔을 당시에 만연했던 소란스러운 상황에 민감하게 반응한 것이었다. 러시아 부르주아지는 서구의 부르주아지에 비해 허약하고 후진적이었기 때문에 권력을 휘두르는 데 필요한 경제적 힘이나 정치적 성숙을 갖추지 못했고, 독립성이나 내적 응집력도 없었다. 다른 한편, 프롤레타리아트와 부르주아지가 동맹을 이루어 부르주아 혁명을 완수한다는 구상은 순전한 공상이었다. 프롤레타리아트는 일단 유력한 세력이 되자, 자신의 노동력 착취가 목표인 부르주아 체제를 권력에 앉힐 수 없었다. 한편 부르주아지는 자신을 파괴하는 것이 궁극적 목표인 프롤레타리아트와의 동맹을 용납할 수 없었다. 레닌이 부르주아 혁명을 완수하고 사회주의 혁명을 개시하는 이중의 임무를 빈농의 지원을 받는 프롤레타리아트에게 지움으로써 이 난국에서 빠져나오려고 했을 때, 그는 두 개의 개별적이고 연속적인 혁명이라는 마르크스주의의 도식을 포기하는 것이 아니라 그것을 특수한 조건에 맞게 개조하는 것이라고 믿었음이 분명하다. 그러나 10월 혁명의 강령이 된 이 해법에는 아킬레스건이 있었다. 애초에 마르크스는 선행하는 부르주아 혁명을 통해 확립된 자본주의와 부르주아 민주주의의 토대 위에서 사회주의 혁명이 발전한다고 예상했다. 그런데 러시아에서는 이런 토대가 발달하지 않았거나 아예 존재하지 않았다. 레닌은 경제적·정치적으로 후진적인 나라에서 사회주의를 건설하기를 기대했다. 혁명이 곧바로 국제적 성격을 띨 것이라는 가정, 즉 유럽 프롤레타리아트 역시 자본주의 지배자에 맞서 반란을 일으킴으로써 고립된 러시아에 부재한, 사회주의로 나아가기 위한 조건을 제공할 것이라는 가정 하에서만 이 딜레마를 피할 수 있었다. 프롤레타리아트 자체가 경제적으로 후진적이고 수적으로 미약한 한 나라에서 혁명을 통해 도입된 사회주의는, 마르크스와 레닌이 경제적으로 발전한 나라의 통일된 프롤레타리아트가 일으킨 혁명의 결과로 예상한 사회주의가 아니었고 그럴 수도 없었다.

그러므로 애초부터 러시아 혁명은 혼성되고 양면적인 성격을 띠었다. 마르크스는 부르주아 사회의 태아는 봉건 질서의 모체 안에서 형성됐으며, 부르주아 혁명으로 권력의 자리에 앉게 될 때에는 이미 성숙한 상태라고 말했다. 사회주의 혁명이 승리하기 전에 사회주의 사회에도 이와 비슷한 일이 일어날 것이라고 가정했다. 한 가지 — 이지만 하나일 뿐인 — 면에서 이 예상이 옳았음이 입증됐다. 자본주의 사회의 업적 가운데 높이 평가되는 산업화와 기술 근대화는 사회주의의 중요한 선결 조건이기도 했다. 1914년 훨씬 전에 서구 세계의 자본주의 경제는 개별 기업가의 소규모 생산이 갖는 한계를 뛰어넘어 경제 상황을 지배하는 대규모 단위의 생산으로 대체되기 시작했고, 좋든 싫든 간에 정치권력 행사에도 관여하게 됐다. 자본주의 자체가 이미 경제와 정치를 가르는 구분선을 흐리면서 모종의 중앙집중적 통제 형태가 등장할 길을 닦고 사회주의 사회를 건설할 토대를 마련하고 있었다.

이 과정은 제1차 세계대전에서 정점에 달했다. 레닌은 독일의 전시경제를 연구하면서 고무되어 1917년 여름에 "국가독점 자본주의는 사회주의를 위한 가장 완전한 **물질적** 준비"라고 말했고, 몇 주 뒤 "국가독점 자본주의의 형태"로 사회주의의 "물질적·경제적 절반"이 독일에서는 이미 실현되어 있다고 조금 묘한 말을 덧붙였다. 자본주의의 모순은 이미 자본주의 질서 안에 소련 계획경제의 맹아를 만들어 놓았다. 이 사실 때문에 일부 비평가들은 소련의 계획화 아래서 달성된 업적을 '국가자본주의'라고 설명했다. 이런 견해는 지지하기 힘들어 보인다. 기업가도 실업도 자유시장도 없는 자본주의, 어떤 계급도 노동자가 생산한 잉여가치를 전유하지 않고, 이윤은 순전히 보조 역할만 하며, 가격과 임금이 공급과 수요의 법칙에 종속되지 않는 자본주의는 이제 어떤 의미에서 보더라도 자본주의가 아니다. 소련의 계획경제는 어디서나 자본주의에 대한 도전으로 인정받았다. 그것은 사회주의의 "물질적·경제적 절반"이자 혁명의 주요한 결과였다.

그런데 이 업적에 '사회주의'라는 칭호를 붙이기를 거부하는 것이 어리석은 짓이라면, 이것이 바로 마르크스가 말한 "생산자들의 자유로운 결사체"나 프롤레타리아 독재, 레닌이 말한 과도적인 "노동자와 농민의 민주적 독재"의 실현이라고 주장하는 것 역시 그릇된 판단일 것이다. 또한 이 업적은 "노동자의 해방은 노동자 자신의 과제여야 한다."는 마르크스의 요건도 충족시키지 못했다. 소련의 산업혁명과 농업혁명은 분명히 당과 국가라는 공동의 권위에 의해 부과된 '위로부터의 혁명' 범주에 속했다. '일국사회주의'의 한계는 명백히 드러났다. 봉건사회 안에서 부르주아지가 자라났듯이, 부르주아 사회 안에서 훈련과 교육을 받은 프롤레타리아트가 성장할 것이라는 전망은 실현되지 않았다. 특히 노동계급이 수가 적고 억압당하고 비조직적이며 부르주아 민주주의의 제한적인 자유조차 전혀 흡수하지 못한 후진적 러시아에서는 더욱 어려운 일이었다. 계급 의식적인 노동자의 소수 중핵은 혁명의 승리에서 주요한 역할을 했다. 하지만 소비에트공화국에 편입된 광대한 영토를 정돈하고 관리하는 일에는 더 복잡하고 정교한 형태의 조직이 필요했다. 소수의 헌신적인 혁명적 지식인 무리가 이끄는 규율 있는 집단인 스탈린의 당이 그 빈자리를 채웠고, 레닌 사후에 점점 더 공공연히 독재가 되면서 프롤레타리아 기반과 점차 멀어지는 방식으로 체제의 정책을 지시했다. 처음에 내전의 격정과 잔학성 속에서 조금씩 사용된 장치들이 점차 숙청과 강제수용소의 거대한 시스템으로 정교화됐다. 비록 목표는 사회주의적이라고 말할 수 있을지언정 그것을 달성하기 위해 사용하는 수단은 종종 사회주의의 부정 그 자체였다.

그렇다고 해서 사회주의라는 가장 고귀한 이상 — 과거의 억압에서 벗어나는 노동자의 해방과 새로운 사회에서 노동자의 동등한 역할 인정 — 을 향한 진전이 전혀 없었던 것은 아니다. 그러나 진보는 제자리걸음이었고, 피할 수 있었기도 하고 어쩔 수 없었기도 한 일련의 후퇴와 참화로 인해 단절됐다. 내전의 파괴와 결핍이 지나간 뒤 잠깐의 휴식 기간이 이어지면서 노동자와 농민의 생활수준이 차르 시대 러시아의 비참한 수준을 상회하는 정도로 서서히 높아졌다. 1928년 이후 10년 동안 이 생활수준은 산업화의 강렬한 압력 아래서 다시 한 번 축소됐고, 농민은 강제적 집단화의 참혹한 경험을 치렀다. 다시 한 번 회복이 시작되자마자 나라 전체가 세계대전의 격변에 노출됐고, 소련은 독일이 유럽 대륙에서 가장 지속적이고 파괴적으로 벌인 공세의 표적이 됐다. 이런 끔찍한 경험은 소련의 생활과 소련 지도자들과 민중의 마음속에 물질적으로나 정신적으로나 흔적을 남겼다. 혁명 이후 반세기 동안 겪은 모든 고통을 국내적 원인이나 스탈린의 가혹한 독재 탓으로 돌릴 수만은 없다.

그렇지만 1950년대와 1960년대에 이르면 산업화와 기계화, 장기계획의 결실이 무르익기 시작했다. 서구의 잣대로 보면 많은 것이 여전히 원시적이고 후진적이었다. 하지만 생활수준은 상당히 향상됐다. 보건의료와 초중고등 교육을 포함한 사회서비스는 더욱 효과적으로 바뀌었고, 도시부터 전국 대부분 지역까지 확대됐다. 스탈린의 가장 악명 높은 억압 도구는 해체됐다. 보통 사람들의 생활양식은 개선됐다. 혁명 50주년 기념식이 치러진 1967년에 이르면, 엄청난 진전이 이루어졌다고 평가할 만했다. 반세기 동안 소련 인구는 1억 4500만 명에서 2억 5000만 명 이상으로 증가했고, 도시 거주자 비율은 20퍼센트 이하에서 50퍼센트 이상으로 늘어났다. 이것은 도시 인구의 거대한 증가였고, 새로운 도시 주민의 대부분은 농민의 자녀이자 농노의 손자나 증손자였다. 1967년의 소련 노동자는, 심지어 소련 농민도, 1917년 당시 그의 아버지나 할아버지와는 전혀 다른 사람이었다. 이 노동자는 혁명이 자신에게 안겨준 성과를 모를 수 없었고, 이런 성과가 그가 전혀 누리거나 꿈꾸지 못했던 자유의 결핍보다 더 중요했다. 체제의 가혹함과 잔인성은 사실이었다. 그러나 체제가 이룬 업적 역시 사실이었다.

해외에서 러시아 혁명이 직접적으로 미친 효과는 서구의 사고방식이 우파와 좌파로 선명하게 양극화됐다는 점이다. 혁명은 보수주의자에게는 도깨비 같은 괴물이었고 급진주의자에게는 희망의 횃불이었다. 이런 근본적인 분열에 대한 믿음이 코민테른의 창설을 고무했다. 그러나 마르크스와 레닌이 통일된 유럽 프롤레타리아트의 대중적 운동이라고 생각했던 국제 혁명이 일어나는 경우에, 미약한 러시아 분견대에게 지배적인 역할을 요구하는 마르크스주의자는 없었을 것이다. 유럽 혁명이 현실화되지 않고 일국사회주의가 러시아 당의 공식 이데올로기가 되자, 소련을 사회주의 성취의 본보기로 삼고 코민테른을 사회주의 정통 이념의 저장소로 여겨야 한다는 요구가 점차 단정적으로 바뀌면서 좌파 내에서 동방과 서방 사이에 새로운 양극화가 생겨났다. 공산주의자와 서구의 사회민주주의자나 사회주의자는 처음에는 서로 불신하는 동맹자로서, 나중에는 공공연한 적으로서 서로 대결했다. 모스크바는 이런 상황을 변절한 지도자들의 배신 탓으로 오판했다. 어떤 공통의 언어도 찾지 못한 것은 분열의 한 징후였다. 1924년 이래 줄곧 모스크바에서 생각한 국제 혁명은 자국에서 유일하게 혁명을 승리로 이끈 세력인 프롤레타리아트의 이름으로 행동한다고 주장하는 기관이 '위로부터' 지시하는 운동이었다. 이런 방향 전환의 자연스러운 결론은 소련 지도자들이 혁명을 이룰 수 있는 길에 관한 지식과 경험을 독점적으로 갖고 있을 뿐 아니라 국제 혁명의 일차적·최우선적 이익은 혁명을 효과적으로 달성한 한 나라를 방위하는 것이라는 가정이었다. 이런 가정, 그리고 이 가정을 바탕으로 지시된 정책과 조처 모두 서유럽의 대다수 노동자가 전혀 받아들일 수 없는 것임이 드러났다. 서유럽 노동자들은 후진적인 러시아의 노동자들보다 자신들이 경제적·문화적·정치적으로 훨씬 진보했다고 믿었고, 소련 사회의 부정적인 측면을 못 본 척할 수도 없었다. 이런 정책을 계속 고수하자 서구 노동자들은 모스크바 당국과 그 당국에 굴종하는 각국 공산당, 그리고 결국 혁명 자체에 대해 그저 불신을 품었다.

반면 후진적인 비자본주의 국가들과의 관계는 매우 달랐다. 레닌은 노동자를 자본주의 지배에서 해방시키기 위한 선진국의 혁명 운동과, 후진적이고 종속적인 민족을 제국주의 지배에서 해방시키는 운동 사이의 연결고리를 처음으로 발견했다. 자본주의와 제국주의를 동일시하는 것은 아시아의 거의 전역에서 소련이 효과적으로 수행한 선전과 정책의 주제였고, 1920년대 중반에 중국의 민족 혁명을 자극하는 데서 가장 극적인 성공을 거두었다. 소련이 자신의 지위를 공고히 하는 동안, '식민지' 민족의 후원자이자 지도자라는 소련의 위신이 급속히 높아졌다. 이미 소련은 혁명과 산업화 과정을 거치면서 경제적 독립과 정치적 힘을 눈부시게 축적했다. 이는 선망과 모방의 대상이 되기에 충분한 성취였다. 유럽 바깥에서는 코민테른의 과장된 주장조차 타당하다고 생각했다. 소련 방위는 혁명의 강령에 느닷없이 생겨난 이상한 혹처럼 보이기는커녕 선진 제국주의 국가들에 맞선 투쟁에서 후진국의 가장 강력한 동맹자를 방위하는 것을 의미했다.

　이미 부르주아 혁명이 과거의 일이거나 강력한 노동자 운동이 자유민주주의의 유연한 틀 안에서 성장한 나라에서는 혐오감을 불러일으키는 방법들도, 부르주아 혁명이 여전히 의제에 올라와 있고 부르주아 민주주의가 실체 없는 환상이며 상당한 규모의 프롤레타리아트가 아직 존재하지 않는 나라에서는 크게 거슬리지 않는 방법이라는 사실이 입증됐다. 굶주리고 문맹인 대중이 아직 혁명적 의식의 단계에 도달하지 못한 곳에서는 위로부터의 혁명이 아예 혁명이 없는 것보다는 나았다. 선진 자본주의 세계에서는 러시아 혁명으로 생겨난 흥분 상태가 대체로 파괴적인 수준에 머물면서 혁명적 행동을 위한 어떤 건설적 본보기도 제시하지 못한 반면, 후진적인 비자본주의 나라에서는 흥분 상태가 더욱 널리 퍼지고 생산적인 효과를 발휘했다. 아무 도움도 받지 않고 거의 자신만의 노력을 통해 주요 산업 강대국의 지위에 오른 혁명 체제의 위신 덕분에, 자연스럽게 소련은 1914년 이전에 사실상 이론의 여지가 없었던 서구 자본주의의 세계 지배에 대항하는 후진국 반란을 이끄는 지도자가 됐다. 이런 상황에서 보면, 서구의 눈에 소련의 자격을 의문시하게 만든 오점도 별로 중요하지 않았다. 러시아 혁명은 후진적인 비자본주의 세계의 반란을 통해 자본주의 열강에 새로운 도전을 제기했으며, 그 잠재력은 아직 소모되지 않았다. 1917년 러시아 혁명은 스스로 정한 목표와 그것이 만들어낸 희망에 한참 미치지 못했다. 혁명의 기록은 결함과 모호함으로 점철됐다. 하지만 혁명은 현대의 다른 어떤 역사적 사건보다도 세계 전체에 걸쳐 더 심대하고 지속적인 반향을 미치는 원천이었다.

해제[1]

E. H. 카는 1944년부터 1977년까지 30년 넘게 열네 권짜리 기념비적인 저서 《소비에트 러시아의 역사》를 썼다. 이 대작은 혁명 이후 1917년부터 1929년에 이르는 12년의 시기를 다룬다. 이 책 《러시아 혁명 : 레닌부터 스탈린까지, 1917~1929》는 25년여 전 카가 《소비에트 러시아의 역사》를 완성한 직후인 1979년에 처음 출간됐다. 분량으로 따지면 대작의 30분의 1도 채 되지 않는다. 카는 〈머리말〉에서 "이 연구를 간략한 책으로 압축하면 일반 독자나 이 주제를 처음 접하는 이들에게 도움"이 될 것이라고 설명한다.

1944년에 《소비에트 러시아의 역사》를 쓰기로 결심했을 때 카는 네 차례의 거대한 사회적 격변을 몸소 겪은 상태였다. 이 격변들을 거치면서 기존의 사회·경제 질서가 마비되고 산산이 부서지

---

1) 이 글에 관해 여러 가지 제안과 논평을 해준 존 바버(John Barber), 제임스 해리스(James Harris), 멜라니 일리치(Melanie Ilič), 브라이언 피어스(Brian Pearce), 모린 페리(Maureen Perrie), 제러미 스미스(Jeremy Smith) 등에게 가장 감사한다.

기 일보직전까지 갔다. 1892년에 태어난 카는 에드워드 시대에 성장했다. 그는 전쟁이 벌어지기 전 시대에 상층 중간계급의 일원으로 보낸 아동기를 가벼운 아이러니의 시선으로 회고하는 글을 썼다. "세상은 단단하고 견고했다. …… 세상은 좋은 곳이었고 더 좋아지고 있었다."[2] 이런 고요는 첫 번째 소요에 의해 산산이 부서졌다. 1914~1918년 세계대전의 대학살이 벌어진 것이다. 카는 나중에 전쟁 전 시기에 누린 안전은 "1914년 이후로 상상조차 하기 힘들어졌다."고 썼다.

군대 징집 부적격 판정을 받은 카는 1916년 24세에 전공인 고전학과를 졸업한 뒤 외무부에 들어갔다. 1917년, 20세기의 두 번째 거대한 소요인 1917년 10월[구력]/11월 볼셰비키 혁명이 일어난 뒤 '러시아 문제'를 연구하기 위해 3명으로 만든 팀의 하급 팀원이 됐다. 러시아 전선과 내정의 참을 수 없는 상태에 의해 촉발된 볼셰비키 혁명은 세계 자본주의 질서 전체에 대한 근본적인 도전을 나타냈다. 레닌이 이끄는 볼셰비키는 칼 마르크스의 사상에 영감을 받아 자신들이 일으킨 혁명이 세계 혁명의 첫째 단계라고 믿었다. 인구의 다수가 사유재산 소유자들에게 착취당하는 자본주의 체제는 노동계급이 이끄는 사회주의 혁명으로 뒤집힐 것이었다. 공장과 토지를 비롯한 생산수단은 사회적 소유로 전환되어 공동체 전체가 관리한다. 사

---

2) 1980년에 카가 간략하게 쓴 자서전에서 인용. *E. H. Carr: a Critical Appraisal*, ed. M. Cox (Basingstoke and NY, 2000), xⅲ쪽.

회 계급과 국가는 사라진다. 민족의 장벽은 제거된다. 남성과 여성, 선진 자본주의 국가의 국민과 저발전 식민지 세계 국민 사이에 평등이 확립된다.

1917년 혁명이 일어나고 10여 년 뒤, 세 번째 거대한 소요인 세계 경제 위기가 발생하면서 승승장구하던 산업국가들의 번영이 중단되고 역전됐다. 이 위기는 순식간에 유럽과 미국에서 대량 실업과 빈곤으로 이어졌고, 식민지 세계에서는 궁핍이 더욱 심해졌다. 이 무렵이면 소비에트 체제가 스탈린의 지도 아래 이미 공고하게 굳어진 상태였다. 소련은 농민이 대부분인 국가로는 처음으로 급속한 산업화라는 포괄적인 프로그램에 착수했다. 이 과정에서 국가는 경제를 관리하고 많은 부분을 소유했다. 1930년대 5개년 계획 시기에 이루어진 산업 발전을 보면서 카를 비롯한 서구의 많은 사람들은 쇠퇴하는 세계 자본주의 체제에 대한 성공적인 경제적 도전이라고 생각했다. 당시 카는 제네바의 국제연맹에서 외교관으로 일하면서 남는 시간에 러시아의 여러 주제에 관한 책과 평론을 쓰고 있었다. 1931년, 그는 소비에트 산업화에 대해 "킬로와트와 기계의 종교는 …… 현대 문명이 기대하고 있는 신조라고 해도 지나친 말이 아니"라고 썼다. 그는 러시아를 "입맛에 맞지 않는 사실을 직시하려고 하지 않으면서 목적 없이 표류하는" 당대 유럽과 대비했다.[3] 나중에 카는

---

3) *Fortnightly Review*, September 1931(계획화에 관한 소련의 대중적 저서인 M. 일린(M. Ilin)의 《모스크바는 계획이 있다(Moscow Has a Plan)》 서평).

이렇게 회고했다. "5개년 계획은 경제 위기로 분명하게 입증된 자본주의의 무정부 상태에 대한 답인 것처럼 보였다."[4]

그러나 카는 소비에트 체제가 명명백백한 진보를 나타내며 의심의 여지가 없는 성공작이라고 생각하는 서구 공산주의자들과 많은 서구 지식인들과는 견해가 달랐다. 영국의 마르크스주의 경제학자 모리스 돕이 쓴 책에 대한 서평에서 카는 소비에트 경제에 대한 그의 설명을 칭찬하면서도 "소비에트 정권의 어두운 면"을 도외시하거나 "빤히 들여다보이는 궤변으로 옹호"한다고 비난했다.[5] 그리고 비어트리스 웨브와 시드니 웨브 부부가 쓴 두 권짜리 책 《소비에트 공산주의 : 새로운 문명?》이 "근본적인 약점"이 있다고 비판했다. "지은이들은 소련 스스로 결코 의도한 적이 없는 틀에 이 나라를 끼워 맞추고, 소련이 받아들인 적이 없는 기준으로 판단하려고 한다."[6] 소련에 대한 이런 비판적 태도는 1936~1938년의 대숙청에 의해 크게 강화됐다. 나중에 카는 다음과 같이 말했다.

> 숙청 기간 전체는 환멸과 혐오의 시기였다. 이전에 열광했던 정도만큼이나 환멸과 혐오도 드세게 일었던 것 같다. 나는 소련

---

4) *E. H. Carr* (2000), xviii쪽.(책에는 'crisis'가 아니라 'oasis'라고 되어 있는데 오기임이 분명하다.)

5) *Spectator*, 6 August 1932.

6) *Fortnightly Review*, February 1936.

에 극심한 반감을 품게 됐다.[7]

20세기 전반기에 네 번째로 일어난 거대한 소요 — 제2차 세계대전(1939~1945년) — 중에 카는 《타임스》 신문의 부편집인으로 일했다. 이제 그는 연합군이 독일과 이탈리아의 파시즘을 상대로 승리를 거두는 데서 붉은 군대(와 소련의 계획된 산업화)가 결정적인 역할을 한 사실에 크게 영향을 받았다. 그는 짤막한 자서전에서 다음과 같이 말했다.

…… 내 — 그리고 당시의 대다수 사람들 — 가 무엇보다도 큰 영향을 받은 사건은 러시아가 전쟁에 뛰어든 일이었다. 《타임스》에서 나는 신속하게 소련의 연합을 칭찬하기 시작했다. 소련이 지구력을 발휘해 승리를 거두면서 연합의 정당성을 입증했을 때, 러시아 혁명이 위대한 성취이고 역사적인 전환점이라고 보았던 처음의 신념이 다시 살아났다. 제2차 세계대전의 소련은 — 사람의 면에서나 물질적 자원의 면에서나 — 제1차 세계대전의 러시아와 아주 다른 나라라는 것은 분명한 사실이었다. 1930년대를 돌아보면서 나는 그전까지 스탈린주의의 숙청과 잔인성에 몰두한 나머지 왜곡된 관점을 갖게 됐음을 깨달았다. 검은

---

7) *E. H. Carr* (2000), xviii쪽.

반점이 있는 건 분명했지만, 그런 반점만 들여다보면 실제로 일어나는 일들을 제대로 볼 수 없었다.[8]

이런 맥락에서 1944년 가을에 카는 《소비에트 러시아의 역사》를 쓰기로 결심했고, 1945년 말에 맥밀런출판사와 계약에 합의했다.[9] 카는 다소 순진한 시각에서 쓴 책에서 소련 역사에 접근하는 밑바탕이 되는 가정들을 요약했다. 소련이 결정적인 역할을 수행한 가운데 파시즘에 맞서 승리를 거두었다는 열광적인 분위기 속에서 1946년에 쓴 책이었다. 소련이 서구 세계에 미친 영향이 "결정적인 역사적 사건"이라고 강하게 확신한 가운데 그는 세계 전체가, 적어도 서구 세계에서는 국가 계획과 대중 문명이 "개인주의와 민주주의 전통의 타당한 요소들"과 결합되는 사회로 나아갈 것이라고 기대하고 믿었다.[10] 이 마지막 구절을 강조하고 싶다. 소련과 스탈린에 대한 열광이 영국 곳곳에 퍼져 있던 전시에도 카는 스탈린의 소련이 서구 사회주의가 그대로 모방할 수 있는 본보기라고 생각하지 않았다. 카는 연구를 시작할 때부터 볼셰비키 혁명이 전제주의 전통을 지닌 저발전 농민 국가에서 일어난 것임을 잘 알고 있었다. 1950년에 출간

---

8) 앞의 책, xx쪽.

9) J. Haslam, *The Vices of Integrity: E. H. Carr, 1892-1982* (1999), 154쪽을 보라.

10) E. H. Carr, *The Soviet Impact on the Western World* (London, 1946), vii쪽, 116쪽.

된 《소비에트 러시아의 역사》 1권에서 카는 볼셰비키의 계획은 "중대한 불리한 조건"을 극복하고, "전제정과 사회주의적 민주주의 사이의 간극을 메우며," 선진 자본주의 국가에 존재하는 자본이나 노동자 어느 쪽도 없는 나라에서 사회주의 경제를 창조하고자 했다고 썼다. 카가 보기에, 혁명의 역사는 "이 기획에서 이룬 성공과 실패의 기록"이었다.[11]

BBC의 제3프로그램[1946~1970년까지 방송된 BBC의 전국 라디오 방송 채널. 1970년부터 '라디오3'으로 바뀌었다.]에서 방송된 연속 강좌를 토대로 한 《새로운 사회》[12]는 스탈린이 사망하기 2년 전인 1951년에 출간됐다. 이 책에서 카는 세계 상황에 관한 견해를 더 깊이 있게 정리했다. 각 장의 제목을 보면 다루는 범위가 드러난다. 〈역사적 접근〉, 〈경쟁에서 계획경제로〉, 〈경제적 채찍에서 복지 국가로〉, 〈개인주의에서 대중민주주의로〉, 〈변화된 세계〉, 〈자유로 가는 길〉. 카는 대중 민주주의의 개시야말로 이제 막 태어나는 중인 새로운 사회의 중심적이고 진보적인 특징이라고 보았다. 카에 따르면, 역사상 처음으로 20세기에 가장 먼저 서구 선진국에서, 그 다음에는 옛 식민지 세계에서 보통 사람들이 참정권을 가진 시민이 됐다. 그리고 여성이 남성과 동등한 존재가 되기 시작했다. 경쟁적인 자본주의의 실패를

---

11) E. H. Carr, *The Bolshevik Revolution, 1917-1923*, vol. 1 (1950), 100~101쪽 《소비에트 러시아의 역사》 1권).

12) 국역 : E. H. 카아 지음, 이원우 옮김, 《새로운 사회》, 경희대학교출판국, 1985.

포함한 이런 변화들은 "특권 계급의 개인주의적인 민주주의"나 "경찰 기능만을 수행하는 약한 국가"로 되돌아갈 수 없음을 뜻했다.

> 우리는 대중 민주주의, 평등 민주주의, 대중의 경제 과정 통제와 계획, 그리하여 개선과 건설 기능을 수행하는 강한 국가를 만드는 데 전념한다.[13)]

카는 공산주의 세계와 비공산주의 세계 양쪽 모두 '새로운 사회'로 나아가는 중이라고 — 그리고 나아가야 한다고 — 생각했으며, 20세기에 대한 이런 평가를 마음속 깊이 간직하고서 《소비에트 러시아의 역사》를 썼다.

카가 추구한 목표는 "혁명의 사건들의 역사(이 사건들은 이미 많은 이들이 기록을 남기고 있었다)가 아니라 혁명에서 등장한 정치·사회·경제 질서"의 역사를 쓰는 것이었다. 그가 생각하기에, 이런 역사를 쓰려면 "모든 진지한 역사학자에게 지워지는 이중의 임무"를 수행해야 했다. "자신이 다루는 등장인물들이 가진 관점과 추구하는 목표를 상상력을 동원해서 이해할 뿐 아니라 그 행동의 보편적인 의미를 우선적으로 평가해야" 했다. 카는 "레닌과 트로츠키와 스탈린의 러시아를, 맥도널드와 볼드윈과 처칠의 영국이나 윌슨과 후버와 프랭클

---

13) E. H. Carr, *The New Society* (1951).

린 루스벨트의 미국에게서 빌려온 잣대로 평가하려는" 유혹에 빠지지 않고서 이런 임무를 수행하고자 했다.[14]

원래 카는 《소비에트 러시아의 역사》에서 1924년 레닌 사망 이후의 소련을 다루려고 했다. 서론 격인 장이 레닌이 사망하기 직전 소련 사회의 구조에 관한 내용이었다. 카는 이 책에서 1936년의 신헌법 제정이나 제2차 세계대전 직전에 이르는 시기까지 다룰 생각이었다.[15] 그러나 연구와 집필을 하는 과정에서 계획이 완전히 바뀌었다. "레닌이 쌓은 엄청난 업적과 이것이 미래에 미친 영향"을 고려해서 카는 한 장이 아니라 두툼한 세 권으로 《볼셰비키 혁명 : 1917~1923》을 썼다. 정치 질서, 경제 질서, 대외관계를 다루는 내용이었다. 1920년대 중반과 후반으로 가면서는 이 시기가 아주 매혹적이고 중요한 것과 달리 알려진 사실은 대단히 부족하다고 보았기 때문에 1923~1929년의 시기에만 열한 권을 할애했다. 1929년에 이르면 국가 산업화와 농업 집단화 운동이 진행 중이었고, 카의 말을 빌자면, "1929년 봄 최후의 실질적인 반대파 — '우'편향 — 가 패배하면서 경쟁자가 없는 스탈린의 독재가 수립됐다."[16] 카는 양차대전 사이 시

---

14) *The Bolshevik Revolution*, vol. 1 (1950), v쪽(《소비에트 러시아의 역사》 1권).

15) R. W. Davies, "Edward Hallett Carr, 1892-1982", in *Proceedings of the British Academy*, vol. l, xix (1983), 493쪽을 보라.

16) *Foundations of a Planned Economy, 1926-1929*, vol. 1 (1969), xi쪽(《소비에트 러시아의 역사》 9권).

기 전체를 다루겠다는 애초의 야심을 채우지 못했지만, 《소비에트 러시아의 역사》를 통해 소비에트 체제의 수립과 그 토대를 서술하고 분석했다.

카가 14권을 완성할 무렵, 그의 나이가 이미 86세였다. 《소비에트 러시아의 역사》는 집필에 30년이 넘게 걸렸고, 총 분량이 250만 단어에 달한다. 1926~1929년의 경제를 다루는 9권과 10권은 나와 공동 집필했고, 이 시기의 대외정책과 코민테른을 다루는 12~14권은 유능한 조력자인 타마라 도이처의 도움을 받았다. 그러나 《소비에트 러시아의 역사》는 카의 저작이다. 그가 이 작업을 구상하고 모양을 만들었으며, 전에 어떤 역사학자도 자세히 조사한 적이 없는 방대한 문서를 꼼꼼하게 검토하는 일도 90퍼센트는 카가 직접 했다.

한 무리의 고참 역사학자들은 《소비에트 러시아의 역사》가 완결되고 몇 년 뒤에 글을 쓰면서 이 책의 주요한 업적 두 가지를 다음과 같이 요약했다.

하나는 《소비에트 러시아의 역사》가 보기 드물게 선구적인 특질을 보여준다는 점이다. 카는 다루는 연구 범위에서 전에 아무도 가지 않았고 이후에도 거의 간 사람이 없는 길을 걸었다. 그는 1920년대 소비에트 역사의 영토를 지도로 그렸고, 20세기의 나머지 시기 동안 사람들이 계속 따라갈 질문들의 의제를 내놓았다. …… 둘째, …… 카가 수행한 분석은 오늘날 스탈린주의의 동학을 이해하기 위해 필수불가결한 출발점이다. 한 차원에서 보면, 카의 연구는 혁명 이후 질서의 안정화를 직접적으로 다룬다. …… 좀 더 미묘한 측면에서 그의 연구는 우연한 정치적 사건(스탈린의 부상)과 구조적 결정 요인(러시아의 후진성이라는 제약) 사이의 복잡한 관계에 관한 지속적인 탐구다. 러시아 혁명의 장대한 파국은 그 관계 속에 새겨져 있으며, E. H. 카는 우리가 아는 다른 모든 출간된 저작보다 더 강력하면서도 접근하기 쉽게 이 점을 보여준다.[17]

카는 요약본 격인 이 책에서 연대기 순으로 구성한 '이야기체' 역사의 형태로써 1920년대의 핵심 문제들을 보여준다. 카에 관해 글을 쓴 많은 저자들은 — 대개 이 열네 권짜리 책의 많은 장을 읽지 않았기 때문일 텐데 — 그를 단순히 이야기체 역사가로 여긴다. 하지만 국내 문제를 다루는 여덟 권 가운데 족히 절반이 당시 태동하던 소비에트 체제의 여러 특수한 측면과 기능을 설명하는 데 할애되어 있다. 소비에트 역사의 여러 다른 측면을 전공한 일부 역사학자들은 이 장들을 발견하지 못했고, 이미 수십 년 전에 카가 수행한 연구를 고스란히 따라하는 식으로 각자의 주제를 설명하는 글을 쓰느라 쓸데없이 시간을 낭비하고 있다. 이 책의 독자 중에 — 관심이나 흥미를 위해, 또는 글을 쓸 자료를 찾기 위해 — 두툼한《소비

---

17) Geoff Eley, William Rosenberg, Moshe Lewin and Ronald Suny, *London Review of Books*, no. 8, 1983.

에트 러시아의 역사》에 도전하기를 원하는 이들은 몇몇 장을 읽는 것으로 시작하고 싶을 것이다. 먼저 읽어볼 만한 장들은 주로《일국 사회주의 : 1924~1926》1권(《소비에트 러시아의 역사》5권),《계획경제의 기반 : 1926~1929》2권(《소비에트 러시아의 역사》11권)에 들어 있다.[18] 이 장들에서는 가족, 법률, 문학, 종교 등이 논의된다. 그것들 자체로서보다는 주로 사회 전체의 변형에 몰두하는 새로운 국가와의 관계 속에서 논의된다.

5권의 장들에서는 1926년에 이르는 시기의 상황 전개를 다루는데, 내전 기간에 혁명의 추진력이 신경제정책 아래서 어떻게 러시아의 과거와 화해하려는 시도 — "혁신의 분위기에서 순응의 분위기로의" 전환 — 에 길을 내주었는지를 보여준다. 카에 따르면, 이 시도는 1925년 말 일국사회주의 이론이 승리를 거두는 배경을 형성했다. 일국사회주의는 스탈린이 마르크스주의 이론에 독특하게 기여

---

18) 가족에 관해서는 5권(*Socialism in One Country, 1924-1926*, vol. 1) 2(a)장을 보라. 법률(비밀경찰 포함)에 관해서는 5권 2(d)장, 6권(*Socialism in One Country, 1924-1929*, vol. 2) 24장, 11권(*Foundations of a Planned Economy, 1926-1929*, vol. 2) 53장을 보라. 문학에 관해서는 5권 2(c)장과 11권 55장을 보라. 참고할 만한 다른 특별한 장으로는 6권 23장과 11권 52장의 붉은 군대에 관한 장, 11권 51장의 관료제에 관한 장이 있다. 사회구조 전반은 5권 3장('계급과 당')과 11권 56장, 2권, 4권, 5권, 10권의 노동자에 관한 절에서 논의된다. 이 장들은 청소년 노동의 역할에 관한 설명을 포함하고 있으며, 1920년대 주요한 실업 문제도 검토한다.

한 내용이다(이 책의 116~119쪽을 보라).

하지만 이것은 단순히 과거로 회귀하는 일이 아니었다. 가령 새로운 가족법에서는 혼인신고가 의무화되고, 신청만 하면 자동으로 이혼이 가능하고, 낙태가 합법이었다. 그렇지만 동시에 "아동에 대한 부모의 책임"(이것은 1923년에 트로츠키가 처음 사용한 구절인데, 연속성에 대한 새로운 강조가 스탈린 지지자들에게만 국한된 것이 아님을 보여준다)을 강조하는 쪽으로 전환이 이루어졌다. 아동을 위한 공동체 기관은 계속 존재했지만 — 그리고 혁명 기간의 혼란 속에 집 없이 떠도는 많은 어린이를 수용했지만 — 이제 당국은 집 없이 떠도는 아이들을 가정으로 돌려보내려고 했다. 게다가 성적 자유의 새로운 풍조는 사회 깊숙이 확장되지 않았다. 사실혼은 법적 지위를 부여받았지만, 농촌 인구의 다수는 사실혼에 반대하면서 인정하려 하지 않았다.

국가 그리고 가족과 관련된 이런 상황 변화는 대체로 법률 일반의 변화와 나란히 이루어졌다. 법률은 처음에는 점차 제거될 부르주아의 유물로 여겨졌지만, 신경제정책 시기에 "혁명 초기 법률에 대한 반감이 뒤집힌 것은 일국사회주의 이론의 길을 닦는 여론 분위기의 변화를 보여주는 가장 인상적인 징후였다." 1922년에 소비에트법률연구소가 설립됐다. 그 직후 형법, 민법, 농지법, 노동법 등이 새로 승인됐다. 동시에 소비에트연방 대법원을 필두로 한 연방·공화국·지방 법원 체계가 공고하게 마련됐다. 1922년 5월, 표트르 대제에 의해 설립됐다가 1917년에 소멸된 검찰청이 레닌이 직접 개입한 뒤에 부활됐다. 검찰청은 법률의 최고 수호자 구실을 맡았다.

이런 정교한 사법 체계는 통상적인 형사 사건을 교육과 교정이라는 인도적인 방법으로 다루려는 목적을 갖고 있었다.(이 목적은 이뤄지지 않았다.) 하지만 이와 대조적으로, 처음부터 이른바 '반혁명 범죄'는 '혁명적 테러'라는 솔직한 이름이 붙은 행동에 의해 탄압을 받았다. 일찍이 1917년 11월에 반혁명 범죄를 다루기 위한 특별 재판소가 설치됐고, 1918년 8월에 한 지방에서 봉기가 일어난 뒤에 레닌 자신이 봉기 선동자들을 '강제수용소'(이 단어는 보어 전쟁 당시 영국의 관행에서 이어져온 것이다)에 가두라고 요구했다. 신경제정책과 더불어 비밀경찰의 권한을 완화하고, 모든 범죄를 동일한 법원에서 다루려는 시도가 일부 있었다. 그러나 1922년 5월에 새로 제정된 형사법에는 '국가 범죄'라는 특별한 범주가 포함됐다. 이 범죄는 내무인민위원회NKVD가 관리하는 수용 시설에 투옥해 다루었다. 비밀경찰 또는 정치경찰은 이제 통합국가정치부OGPU로 통합됐다. 1922년 사회혁명당 지도자들에 대한 재판은 입증되지 않은 피고인의 자백에 근거한 악명 높은 정치 재판 관행의 시작이었다. 이러한 관행은 1936~1938년 전前 공산당 지도자들에 대한 세 건의 공개 재판에서 정점에 달했다.

가족과 법률을 다루는 경우와 비슷한 경향을 국가와 문학의 관계에서도 추적할 수 있다. 내전 시기 동안 독점적 권한을 가진 유일한 프롤레타리아 문학을 발전시키려는 진지한 시도가 있었다. 레닌은 이런 상황 전개에 항상 눈살을 찌푸렸다. 하지만 1920년대 초반에 볼셰비키로서 혁명을 지지하는 것이 아니라 혁명을 "러시아 전통에 속한 민족적 혁명"으로 보기 때문에 지지하는 작가 집단들이 등장했다. 한 저명한 집단은 '동조자들Fellow-Travellers'이라는 이름을 얻었다. 망명한 러시아 작가들 사이에서 등장한 비슷한 추세도 소비에트 당국의 격려를 받았다. 그러나 이것은 결코 문학의 절대적인 자유가 아니었다. 1923년에 이르면 내전 이후 설립된 소규모 독립 출판사들이 폐쇄됐다. 수용 불가 판정을 받은 출판물은 금지되고, 더 나아가 도서관에서 수거됐다.

소비에트 국가와 종교 단체의 관계는 복잡하고 모호했다. 볼셰비키뿐 아니라 차르 체제에 반대한 거의 모든 사회주의자(와 자유주의적 비판자 다수)는 종교를 "민중의 아편"으로 보았고 — 어느 정도 근거를 가지고 — 러시아 정교회를 검은 반동의 심장부로 간주했다. 교회에 반대하는 캠페인은 내전 시기가 아니라 1922~1923년에 절정에 달했다. 교회는 금지되지 않았지만, 자산의 대부분을 압류당했고 많은 고위 성직자가 투옥됐다. 일부는 처형을 당했다. 그와 동시에, 종교 신앙이 널리 퍼지면서 당국은 일정한 화해 시도에 착수했다. 친소비에트 성향의 분리파인 '살아 있는 교회Living Church'가 장려됐고, 주축인 정교회와 타협하려는 움직임이 있었다. 이런 타협 시도가 상징적으로 구현된 것은 1927년 7월 27일 정교회 총대주교 대리 세르기우스와 임시 최고회의가 소비에트 정권에 완전한 충성을 선언하는 편지를 발표한 일이었다. 이런 조건에서 교회는 불안정하나마 계속 존재할 수 있었다. 그로부터 몇 달 뒤 스탈린은 카의 표현을 빌면 "세심하게 고안된 온건한 태도"로 미국 노동자 대표단에게 종교에 대한 당의 태도에 관해 이야기했다.

《일국사회주의》에서 주되게 강조한 것은 차르 시기와 소비에트 시기 사이의 연속성의 요소들이었다. 스탈린에 대한 카의 묘사는 심지어 이런 말로 결론을 맺었다. "위대한 인간들 가운데 스탈린만큼 두드러지게 자신이 산 시간과 공간의 산물인 경우는 거의 없다." 앞으로 살펴보겠지만, 카는 이후의 상황 전개를 고찰하면서 스탈린에 대한 이런 견해를 철저하게 수정하고 거의 포기했다. 더 일반적으로 말하자면, 카는 《소비에트 러시아의 역사》를 마무리하며 회고하는 자리에서 차르 체제와의 연속성을 강조하는 것은 "틀린 것은 아닐지라도 지금 내게는 다소 과장되게 보인다."고 결론지었다.[19]

그러나 《계획경제의 기반》에서 카는 1920년대 말에 혁명의 추진력이 왜곡된 형태로나마 되살아났음을 보여준다. 〈법의 지배〉에 관한 장에서는 통상적인 법적 문제에서도 검찰의 감독 기능이 "점차 정치적인 성격"을 띠게 된 사정을 설명한다. 1927년 12월 15차 당대회에서 충실한 스탈린주의자인 슈키리야토프는 "모든 문제를 검토할 때 **프롤레타리아의 혁명적 감정**을 가져야 한다."고 주장했다. 또한 이 시기에는 12만 명에 달하는 자발적인 노동자·농민 통신원의 수와 기능이 급속히 증가했다. 이 통신원들의 활동은 "행정부의 권한

---

19) *Foundations of a Planned Economy, 1926-1929*, vol. 3, iii, viii쪽(《소비에트 러시아의 역사》 14권).

남용에 맞서 소비에트의 적법성을 지키고 반대파와 불만 세력에 대항해 당의 충성을 지키기 위한" 것이었다. 그들의 활동은 "합법적인 기능과 사악한 기능이 거의 분리하기 힘들 정도로 뒤섞여 있었다."

〈법의 지배〉에 관한 장 가운데 '압박 가하기'라는 제목이 붙은 절을 보면, 통합국가정치부의 권한이 점차 커진 사실이 드러난다. "위기와 비상사태가 생길 때마다 이 기구의 활동이 확대되고 위신이 높아졌다." 통합국가정치부의 "잔인하고 야만적인 조치"가 사법인민위원부가 지지하는 교정 조치를 압도했고, "참호로 둘러싸인 정권은 점증하는 소요에 거의 히스테리처럼 예민한 반응을 보였다." 당의 오래된 이상에 충실한 이들은 이런 상황 전개가 농업 국가를 아찔한 속도로 산업화할 필요성 때문에 강요되는 "예외적인 방편"이라고 보았지만, "후에 강제 노동을 위한 거대한 수용소 망을 형성하게 되는 토대"가 이 시기에 놓여졌다.

문학에서 보면, 1920년대 후반에 러시아프롤레타리아작가협회 RAPP가 번성하고 '동조자들'이 쇠퇴했다. 1928년 4월, 스탈린은 "노동계급의 문화 자원"을 발전시키는 것을 포함한 '문화혁명' 요구안을 승인했다. 문화혁명은 적을 물리칠 것을 요구했다. 1928년 여름 당 중앙위원회는 "부르주아와 프티부르주아 이데올로기"에 대항하는 투쟁을 요구했고, 1929년 12월 4일 《프라우다》는 러시아프롤레타리아작가협회를 중심으로 한 문학 세력의 단결을 지지했다. 같은 해에 '동조자들'이 펴내는 잡지의 편집장이 체포됐고, 지도적인 혁명 시인 블라디미르 마야코프스키는 "거의 마지막으로 남은 독립적 문학 그룹을 해체"하고 그 직후에 자살했다.

정교회와 화해를 이룬 지 몇 달 만에 종교에 반대하는 운동이 새롭게 일어나고 더욱 강화됐다. 1929년 봄, 교육인민위원은 학교에 있는 '신자 교사들'을 반종교적인 세계관을 가진 교사들로 가능한 한 최대로 교체해야 한다고 선언했고, 정교회 부활절에 《프라우다》는 종교 공휴일을 계속 지키는 관행을 공격했다. 그 다음 달에는 유명한 당 지도자들이 널리 홍보된 전연방무신론자대회에서 연설을 했다.

상황이 이렇게 전개됐지만 차르 시절 과거와의 연속성이 종언을 고한 것은 아니었다. 문학에서 프롤레타리아 노선이 승리를 거두기는 했지만, 고전 문학을 폐기 처분하는 결과로 이어지지는 않았다. 카는 해외 유명 작가들이 참석한 가운데 볼쇼이극장에서 열린 한 모임에서 톨스토이 탄생 100주년을 기념한 일을 설명했다. 만약 카가 1930년대까지 계속 설명을 이어갔더라면, 연속성의 요소들이 이내 다시 두드러졌을 것이다. 일찍이 1930년 봄에 스탈린은 농업 집단화 중에 농촌 교회를 상대로 조급하게 벌어진 반대 운동을 사이비 혁명적 행동이라고 비난했다. 1932년 러시아프롤레타리아작가협회가 폐쇄되고 그 대신 통합된 작가연맹이 만들어졌다. 작가연맹은 러시아프롤레타리아작가협회가 비난한 많은 작가들을 아우르는 단체였다. 연속성과 변화의 충돌과 화해는 소비에트 시기 내내 계속됐다. 하지만 모든 영역에서 상이한 여러 추세들이 소비에트 정책의 모든 측면과 스탈린 개인에 대해 무조건 열광하는 대가를 치러야만 지속될 수 있었다.

소비에트 체제의 특수한 측면들을 다루는 이 장들에서는 몇 가지 주요한 주제들이 빠져 있다. 가장 중요한 것은 대중교육(공교육) 정책이다. 볼셰비키는 전체 국민에게 대중교육을 제공해야 하며 소수를 위한 고등교육 역시 대폭 확대해야 한다고 시종일관 믿었다. 소비에트의 경험을 돌아보는 역사학자들은 이런 정책의 성공을 소비에트의 가장 오래 지속된 업적으로 볼지 모른다. 카는 《소비에트 러시아의 역사》에서 대중교육에 관해 거의 이야기하지 않지만, 1920년대의 '전문가' 양성 — 고등교육 정책의 중요한 측면이다 — 에 어느 정도 관심을 보인다. 볼셰비키는 권력을 잡은 노동계급이 자체적으로 전문가를 키워야 한다고 주장했다.

내전 기간 중에도 학생과 대학생의 수는 상당히 늘어났다. 신경제정책 초반에 일시적으로 감소한 뒤, 학생과 대학생 수는 1923/24학년도부터 다시 계속 증가했다. 1929/30년에 이르면, 1914/15년에 비해 학교에 다니는 아동이 128퍼센트 증가했고, 고등교육을 받는 대학생은 53퍼센트 증가했다. 고등교육의 필요성에 대한 강조는 문화혁명으로 들뜬 시기에도 여전했다.(비슷한 시기의 공산주의 중국과 대조되는 흥미로운 모습이다.) 소비에트 지도자들이 교육받은 인구를 창조하면서 그들이 만든 관료적 사회주의 형태의 무덤 파는 사람들을 양성한 것은 역설적인 일이다.

소비에트 사회에서 여성의 지위는 《소비에트 러시아의 역사》에서 광범하게 논의된다. 놀랍게도 이 요약본 책에서는 이 주제가 전혀 다뤄지지 않는다. 제1차 세계대전과 내전 중에 사망한 남성의 수가 많았기 때문에 1920년대 중반에는 전체 인구에서 여성이 남성보다 500만 명 정도 더 많았다. 여성과 남성의 평등을 확립할 필요성은 다른 혁명적 사회주의자들과 마찬가지로 볼셰비키에게도 주요한 원칙이었다. 이 원칙은 혁명 이후 발표된 모든 기본 법령과 포고령에서 주장됐다. 혁명 이후 처음 10년 동안 현실적인 평등을 확립하기 위해 했던 여러 시도는 《일국사회주의》 1권의 가족에 관한 장에서 광범하게 논의된다. 이 시도의 주요한 한 부분으로 어느 정도 성공을 거둔 것은 여성 고용 인구의 증가와 여성 지위의 향상이다. 이 문제는 《소비에트 러시아의 역사》에서 경제를 다루는 여러 권의 노동 관련 장들에서 논의된다. 카에 따르면, 당국은 여성들을 "가능한 모든 곳에서, 남성과 동등한 조건으로" 산업 고용에 끌어들이려고 했다. 동일노동 동일임금 원칙이 확립됐다. 그러나 여성이 대체로 남성보다 숙련과 책임이 떨어지는 일자리를 차지함에 따라 여성의 평균 임금도 상당히 적었다. 그리고 여성은 실업이 야기한 재앙을 더 많이 겪었는데, 이는 실업이 없어진 1930년대 초까지 계속됐다.[20]

1920년대에 당국은 선거에 참여해 투표하고 지방·전국 소비에트 평의원으로 선출되는 여성의 수를 늘리기 위한 캠페인도 벌였다. 1927년과 1929년 두 선거 동안 심지어 농촌에서도 소비에트 여성 평의원 비율이 상당히 높아졌다. 그렇긴 해도 몇몇 도시 소비에트를 제외하면 여성은 여전히 소수였다.[21] 카는 〈토지와 농민〉에 관한 장

---

20) 앞의 책, vol. 1, ii, 470~473쪽(《소비에트 러시아의 역사》 10권)을 보라.

에서 "여성을 자신의 권리를 가진, 농가dvor의 정식 일원으로 인정한 것이야말로 혁명이 낳은 급진적 혁신 중 하나였음"을 보여준다.[22] 그러나 농촌에서는 남성과 여성의 전통적인 노동 분업이 거의 바뀌지 않았고, 소비에트 시기 전체에 걸쳐 — 그리고 이후에도 — 정부와 경제의 고위직은 거의 전적으로 남성의 영역이었다.

1990년대가 시작된 뒤, 혁명 이후 시기에 관한 러시아 문서 기록이 러시아와 외국의 역사학자들에게 공개됐다. 카가 논의하는 시기에 관한, 정치국과 인민위원회의, 그리고 소비에트 국가의 행정을 관장한 수많은 인민위원부의 기록을 거의 모두 구해 볼 수 있다. 소비에트 상층부에서 이루어진 정책 결정도 자세히 들여다볼 수 있다. 모든 주요 지역의 무수히 많은 문서 기록은 풀뿌리 차원의 소비에트 사회의 모든 측면에 관한 풍부한 정보를 제공한다.

문서 보관소가 공개되기 전에는 1929년 봄 이후 소비에트 정책의 형성에 관해 구해 볼 수 있는 정보가 매우 적었다. 하지만 카가 다루는 시기에 관해서는 새로 드러난 정보가 별반 다르지 않다. 1920년대 말까지만 해도 소비에트 언론은 비교적 개방적이고 많은 정보를 전달했다. 그렇지만 이제 우리는 《소비에트 러시아의 역사》에서 다루는 1929년까지 시기에 관해 카가 접할 수 있었던 것보다 훨씬 더

---

21) 앞의 책, vol. 2, 469~470쪽(《소비에트 러시아의 역사》 11권)을 보라.
22) 앞의 책, vol. 1, i, 469~470쪽(《소비에트 러시아의 역사》 9권)을 보라.

풍부한 설명을 얻게 됐다. 여기서는 이제 우리가 더 잘 이해하게 된, 1920년대 스탈린주의 부상의 두 가지 중요한 측면에 관해 이야기해보고자 한다. 스탈린이 권력을 잡게 된 단계들, 그리고 소수민족에 대한 볼셰비키의 정책과 실천이 그것이다.

스탈린 독재가 수립되는 단계들에 관한 카의 설명은 여전히 독보적이다(이 책의 8장과 12장을 보라). 또한 카는 두툼한 《소비에트 러시아의 역사》와 이 책 둘 다에서 레닌이 마지막으로 병석에 눕기 직전에 레닌과 스탈린 사이에 드러난 의견 불일치를 다룬다. 그런데 최근 공개된 문서 기록을 보면, 특히 비非러시아계 소수민족 문제에 대해 레닌과 스탈린의 견해차가 얼마나 심각했는지가 더욱 두드러진다. 레닌은 자신이 이름 붙인 '대러시아 국수주의자들'에 맞서 볼셰비키 당내의 소수민족 대표자들의 지지를 받는 동시에 그들을 지지했다.(역설적이게도 국수주의의 주요 지지자 세 명 — 스탈린, 오르조니키제, 제르진스키 — 은 러시아계가 아니었고, 트랜스캅카스 출신인 스탈린과 오르조니키제는 심지어 슬라브족도 아니었다.) 스탈린은 레닌과의 관계에서 결코 수줍음이 많은 인간이 아니었다. 1922년 말과 1923년에 스탈린은 여러 차례 레닌에게 '민족 자유주의'라는 죄를 씌우고, 정치국의 한 동료에게 "내가 보기에 우리는 일리치[레닌 – 데이비스]에 대해 확고하게 반대해야 한다."는 편지를 썼으며, "레닌은 편향주의자들과 연대하고 당신[오르조니키제 – 데이비스]과 제르진스키 동지와 나를 비난한다."고 불만을 토로했다. 1923년 3월 6일 레닌은 마지막으로 쓰러지기 전에 받아쓰게 한 최후의 메모에서, 스탈린한테서 편향주의자라고 비난받는 그루지야 지도자들에게 다짐했다. "저는 진심을 다해 여러분의 문제를 지켜보고 있습니다. 오르조니키제가 상스럽게 굴고 스탈린과 제르진스키가 묵인해서 골치가 아픕니다. 여러분을 위해 비망록과 연설을 준비하는 중입니다." 한 달 뒤 레닌이 병상에 누운 가운데 공산당 대회의 비공개 회의에서 이 문제들이 상세하게 논의됐다. 스탈린은 소비에트연방을 더 중앙집권적으로 조직하고, 소수민족에게 자결권을 적게 주는 방안을 선호했다.

스탈린과 그의 지지자들은 제 갈 길을 갔다. 문서 기록을 보면, 스탈린은 레닌이 사망할 시점에 이미 우리가 전에 생각했던 것보다 당의 위계에서 훨씬 더 강한 위치에 있었음을 알 수 있다. 레닌이 마지막으로 투병 중인 동안 공산당은 훗날 '삼두체제'라 불리는 집단 — 지노비예프, 카메네프, 스탈린 — 에 의해 관리됐다. 카는 스탈린이 이 삼두체제에서 "하급 동업자"였다고 규정한다(이 책의 100쪽을 보라). 하지만 새로운 자료에서 드러난 바에 따르면, 앞서 설명한 사건들이 벌어지고 3개월 뒤인 1923년 7월, 지노비예프는 카메네프에게 보낸 편지에서 스탈린이 민족 문제와 대외 문제, 당 언론에 관한 정책을 좌지우지하고 있다고 지적했다. "사실상 '삼두체제'란 없어요. 스탈린의 독재가 있는 거지요."

지노비예프의 발언은 분명 1923년에 스탈린을 삼두체제의 "하급 동업자"라고 본 카의 견해에 의문을 던진다. 하지만 당시에 스탈린은 아직 확실히 개인적인 독재자는 아니었다. 카는 스탈린이 1920년대의 나머지 시기 동안 당 총서기 지위를 활용해 인사를 단행하고 자신이 임명한 사람들과 좋은 관계를 만들려고 노력했음을 보여준다. 상층부에서 보면, 1928년과 1929년에 부하린·톰스키·리코프의 우익 반대파가 패배하고 나서야 스탈린은 정치국에서 분명한 다수를 확보하게 됐다.

게다가 1920년대에 스탈린은 아직 소련의 경제·사회 구조 변화를 위한 뚜렷한 일련의 정책을 개발하지 못했다는 의미에서 그의 권력은 실제적이기보다는 잠재적이었다. 1926년에 이르러 스탈린은 '일국 사회주의' 구호를 제시했고, 트로츠키에 반대해 자신과 연합한 부하린을 비롯한 이들에 비해 산업화에 대한 커다란 열정을 조심스럽게 드러냈다. 정권과 농민을 화해시키려는 열정은 상대적으로 적었다. 그러나 당시에는 스탈린을 그가 살았던 "시간과 공간의 산물"이라고 한 카의 설명에 어느 정도 설득력이 있었다. 1929년이 되면 스탈린에 대한 이런 견해는 이제 지탱되기 힘들었다. 강제 집단화가 개시되고 야심적인 형태의 1차 5개년 계획이 시행됐기 때문이다. 새로운 문서 기록에서 드러난 것처럼, 이때에도 아직 스탈린이 정치국의 어떤 성원도 진지하게 반대하지 않는 가운데 모든 문제에 관해 자신의 견해를 강요할 수 있으려면 몇 년이 더 필요했다.[23]

현재 더 많은 관련 정보를 입수할 수 있는 두 번째 주제는 소수

---

23) *The Stalin-Kaganovich Correspondence, 1931-1936,* ed. R. W. Davies, O. V. Khlevniuk, E. A. Rees, L. Kosheleva and L. Rogovaya (New Haven and London, 2003), 1931~1933년에 관한 장들을 보라.

민족의 역할에 관한 것이다. 앞서 살펴본 것처럼, 이 주제는 스탈린이 권력을 잡는 초기 단계에 이미 제기됐던 것이다. 1897년 이후 처음 실시된 1926년 인구 조사에서 소련 인구의 47퍼센트 정도가 러시아인이 아닌 다른 민족으로 등록됐다. 이 47퍼센트 중 25퍼센트가 우크라이나인과 벨라루스인, 기타 슬라브계였고, 22퍼센트는 슬라브계가 아니었다. 각 민족에 대한 소비에트의 정책과 실천을 어떻게 해석할 것인지는 역사학자들 사이에서 가장 논쟁이 되는 쟁점으로 손꼽힌다. 영향력 있는 한 학파는 레닌 시기와 그 이후 시기 모두 중앙집권적 정부가 독립을 위해 헌신하여 광범한 지지를 받는 민족 운동을 자기 뜻대로 움직이려 했다고 주장한다. 즉, 민족자결에 관한 볼셰비키 이론이나 약속은 위선에 불과했다는 말이다.[24] 카는 중앙집권화 추진도 볼셰비키 정책의 고유한 요소로 보았다. 내전 시기에도 옛 러시아제국의 지배를 받은 민족들에게 민족자결은 가망 없는 일이었다. 그러나 카는 볼셰비키 이론에는 "민족이나 인종, 피부색을 근거로 개인을 차별하는 일은 절대 거부한다."고 되어 있고, 따라서 민족들 사이의 평등만으로도 "급진적인 해법을 제공하는 듯 보였다."고 강조했다. 이 정책은 "물질적 지원, 모든 형태의 교육, 기술 전문가와 고문 일시 제공, 저발전 민족의 성원들을 미래의 전문가로 일하게 만드는 훈련" 등으로 구현됐다.[25] 카는 혁명 이후에 번

---

24) 특히 R. Pipes, *The Formation of the Soviet Union: Communism and Nationalism, 1917-1923* (1954)를 보라.

성한 민족 독립 운동들이 비러시아계 소수민족의 의지를 어느 정도
나 구현했는지에 관해 대체로 — 어떤 경우에는 지나칠 정도로 —
회의적이었다.

《소비에트 러시아의 역사》의 후반부 책들에서 카는 이후의 중앙
집중화 경향을 추적하는 한편, 동시에 소비에트 정부가 일당 국가
라는 틀 안에서 민족 정체성과 문화의 발전을 얼마나 장려했는지를
보여주었다.[26] 하지만 카는 "내가 아는 한 가장 심각하게 빠뜨린 부
분은 민족 문제를 자세히 다루지 못했다는 것"이라고 겸손하게 인정
한다. 카는 조건이 다양하고, 언어 구사 능력이 부족하고, 지방 자료
를 구하지 못한 탓에 이 과제를 이루지 못했다고 지적했다.[27] 그 결
과, 이 책 — 그리고 1920년대 후반을 다루는 《소비에트 러시아의
역사》의 절들 — 에서는 학교와 공식 기록에서 소수민족 언어 사용
이 상당히 증가하는 결과를 낳은 '토착화korenizatsiya' 정책에 관해 거
의 이야기하지 않는다. 그러나 카는 공산당의 소수민족 당원 수가
뚜렷이 증가했음을 보여준다.[28]

---

25) *The Bolshevik Revolution, 1917-1923*, vol. 1 (1950), 365쪽(《소비에트 러시아
의 역사》 1권).

26) *Socialism in One Country, 1924-1926*, vol. 2, 20장(《소비에트 러시아의 역사》
6권)과 *Foundations of a Planned Economy, 1926-1929*, vol. 2, 47장(《소비
에트 러시아의 역사》 11권)을 보라.

27) *Socialism in One Country, 1924-1926*, ix~x쪽.

28) *Foundations of a Planned Economy, 1926-1929*, vol. 2, 102~103쪽, 476쪽

카가 이 장들을 저술한 이후, 많은 역사학자들이 지방 문서 보관소에서 연구에 착수했다. 이 연구는 전반적으로 볼셰비키의 정책과 실천은 중앙집권화 증대와 경제적·문화적 민족 건설 장려의 불편한 결합으로 이해해야 하며, 1930년대와 1940년대에 토착화를 대체로 포기하고 소수민족 관리와 지식인을 야만적으로 탄압한 뒤에도 이 점은 크게 어긋나지 않는다는 카의 결론을 확인해 주었다.[29] 그러나 카는 볼셰비키가 탄압한 독립 운동들에 대한 대중적 지지의 강도를 아마도 과소평가한 듯하다.[30]

1950년에 첫째 권이 출간된 이후, 카의 《소비에트 러시아의 역사》는 신랄한 비평의 대상이 됐다. 비판자들은 이 책이 모스크바의 정책 결정에 지나치게 집중하기 때문에 일면적이라고 주장한다. 미국 역사학자 제임스 빌링턴의 말을 빌리면,

---

《소비에트 러시아의 역사》11권)을 보라.

29) 이 연구들에 관한 탁월한 소개로는 R. Suny, *The Revenge of the Past: Nationalism, Revolution and the Collapse of the Soviet Union* (1993)을 보라.

30) 예를 들어 *Soviet Studies*, vol. vii (1956–57), 217~235쪽에 있는 바시키르(Bashkir) 민족주의에 관한 카의 서술과 R. G. Suny and T. Martin, eds, *A State of Nations: Empires and Nation-Making in the Age of Lenin and Stalin* (2001), 165~190쪽에 있는 D. E. 샤퍼(D. E. Schafer)의 최근 논문을 비교해 보라.

이 연구는 세부 내용에서는 빈틈없이 정직하고 철저하지만, 전체를 보는 관점은 자제하면서도 감탄하는, 레닌주의 중앙위원회의 기록 담당 천사recording angel의 관점을 유지한다.[31]

《볼셰비키 혁명 : 1917~1923》이라는 제목이 붙은《소비에트 러시아의 역사》첫 세 권은 레닌과 그의 정책을 칭찬하는 내용 탓에 특히 비난을 받았다. 한때 미국의 지도적인 공산주의자였지만 반공주의 라디오 방송 '미국의 목소리'의 선임 고문으로 변신한 버트럼 울프는 이렇게 주장했다. "우리는 이 책에서 모든 심각한 논쟁에 대한 레닌의 입장을 본다. 그쪽 입장뿐이다."[32]

레닌과 볼셰비즘 반대자들만이 비판적인 견해를 취한 것은 아니다. 레닌주의 관점을 가진 마르크스주의자인 아이작 도이처는 첫 네 권에 관해 쓴 장문의 서평에서 "역사 서술에서 불후의 위대한 랜드마크"가 될 것이라고 치켜세우면서도, 카가 "주로 국가에만 몰두하고 그 밑에 있는 민족과 사회에는 관심을 기울이지 않았다."고 주장했다. 카는 "사회를 국가의 창조자로 보기보다는 국가를 사회의 창조자로 보는 경향이 있다."는 것이었다.[33]

내가 보기에 이 비평가들은 카가 전반부 저술에서 여러 사회 세

---

31) *World Politics*, April 1966, 463쪽.

32) Haslam (1999), 144~145쪽을 보라.

33) *Soviet Studies*, vol. vi (1954~55), 340쪽.

력이 소비에트 체제의 구조를 결정하는 데서 한 역할을 어느 정도 고려하는지를 과소평가하고 있다. 카가 1917년의 두 차례 혁명에서 대중의 자생적인 압력이 어떤 역할을 했는지를 각주와 참고문헌으로 입증하려 하지 않은 것은 사실이다. 카는 혁명 참가자와 언론인, 다른 역사학자들의 설명을 두루 읽으면서 지식을 얻었다. 그러나 그는 2월 혁명은 "전쟁에 따른 고난과 전쟁 부담 분배의 명백한 불평등에 분개한 대중의 자생적인 분출"이었고, 10월 혁명에서는 프롤레타리아의 혁명적 기질이 지속되고 농민들 사이에서 무질서가 고조됨에 따라 권력이 "임시정부의 무기력한 수중에서 떨어져 나왔다."는 가정에 입각해 분석했다.[34] 1917년에 '군중'이 결정적인 역할을 했다는 이런 결론은 문서 보관소를 뒤진 새로운 세대의 역사학자들의 수고스러운 연구를 통해 전반적으로 사실로 확인됐다.

그러나 첫 세 권을 보면, 레닌과 그의 당이 그리스 비극 같은 불가피한 과정을 따라 당 독재로 나아간 것은 사실이다. 카는 당의 구성과 "당시의 혼란스러운 상황"이라는 두 요인 때문에 당 조직의 강화가 불가피했고, 당과 국가에서 권력이 집중된 것은 "끊임없는 위기"와 "사태들의 압력" 때문이었다고 굳게 믿었다.[35] 이 요약본 책에서 카는 볼셰비키에 비판적인 사회주의 정당들에 대한 탄압이 불가

---

34) *The Bolshevik Revolution, 1917-1923*, vol. 1 (1950), 70쪽, 99쪽(《소비에트 러시아의 역사》 1권).
35) 앞의 책, 191쪽, 214쪽.

피했음을 당연하게 여긴다. "내전이 끝나자 이제 더는 연합이나 타협을 할 이유가 없었다."(이 책의 61~62쪽을 보라.) 이것은 이 시기에 관한 정당한 결론이며 유력한 주장이다. 그렇지만 많은 역사학자들은 동의하지 않는다.

레닌 시기에 관한 몇 권을 쓰고서 25년여가 지난 뒤, 카는 《소비에트 러시아의 역사》 마지막 권의 서문에서 이제는 자신의 접근 방법이 바뀌었다고 솔직히 인정했다.

역사는 가만히 있지 않는다. 역사학자 역시 마찬가지다. 지금 글을 쓴다면 첫째 권을 아주 다르게 만들어야 한다. 공식적인 헌법 제도를 부각시키기보다는 그 밑바탕을 이룬 지리적·사회적·경제적 환경을 부각시켜야 한다. 노동자와 농민의 혁명적 소비에트들을 상설 정부 기관으로 전환하기 위해 고안된 초기의 헌법 제정 시도는 서구 모델에 영향을 많이 받았다. 결국 그것은 그 사회와 어울리지 않았다. 최근의 헌법뿐 아니라 최초의 소비에트 헌법에도 비현실적인 분위기가 배어 있었다. 그 사회를 위해 고안된 헌법은 사회에 거의 영향을 미치지 못했고, 처음에 헌법 초안을 만든 이들의 의도나 공언과는 거리가 먼 방식으로 사회에 의해 모양이 잡혔다. 다른 곳이 아니라 사회 전반의 구조 속에서 이런 상황 전개를 낳은 열쇠를 찾아야 한다.[36]

---

36) *Foundations of a Planned Economy, 1926-1929*, vol. 3 (1978), viii쪽(《소비

5권부터 14권까지에서 카가 레닌 이후 시기로 관심을 돌렸을 때, 의심할 나위 없이 그의 접근 방법에 중요한 하나의 변화, 아니 일련의 변화들이 나타났다. 어떤 사람이 말한 것처럼, "카 씨는 말하자면 태도를 바꾸는 중이다. …… 지은이와 그가 다루는 주제와 주인공들 사이에 거리가 멀어지고 동일시가 줄어든다. …… 제도들을 덜 다루는 대신 정치·사회의 역사를 더 다룬다."[37]

  이런 전환에는 몇 가지 이유가 있었다. 첫째, 카는 레닌 이후 시기가 소비에트 체제의 등장을 설명하는 데 결정적이라고 보았다. 《소비에트 러시아의 역사》 5권인 《일국사회주의 : 1924~1926》 첫째 권에 붙인 서문에서 카는 이런 매력적인 말을 남겼다. "《일국사회주의》라는 제목이 붙은 세 권 중 첫째 권인 이 책은 내가 다루는 주제의 심장부에 해당한다." 1920년대로 성큼 나아감에 따라, 그 시기에 소련에서 벌어진 상황 전개의 거의 모든 주요한 측면들에 관해 제대로 된 설명이 쓰인 적이 없다는 사실이 분명히 드러났다. 카는 모스크바에서 이루어진 정책 결정뿐 아니라 경제와 정치 체제의 모든 주요한 측면까지 자세히 검토하는 것이 필수적임을 깨달았다. 특히 아이작 도이처의 비판을 비롯해 전반부 몇 권에 대한 일부 비판이 타당하다고 생각했기 때문에 더욱 이런 검토가 필요해 보였다. 1967년

  에트 러시아의 역사》 14권).

37) W. Laqueur, *The Fate of the Revolution: Interpretations of Soviet History* (1967), 121쪽, 131~132쪽.

도이처가 세상을 떠날 때까지 카는 그와 계속 활발하게 편지를 교환했고 여러 차례 직접 만났다.[38] 접근 방법을 바꾸자 활용하는 자료의 수와 범위도 크게 늘어났다. 《볼셰비키 혁명》은 주로 당과 정부의 법령과 문서, 회의록 보고서를 바탕으로 한 반면, 이후에 쓴 책들에서는 문서 보관소(특히 하버드에 있는 트로츠키 문서 보관소)와 정기간행물, 그리고 무엇보다도 당시 발간된 신문을 훨씬 많이 활용했다.

무엇보다도 카의 접근 방법에 변화가 생긴 이유는 그가 연구하고 있던 시기에 벌어진 일들에 의해 설명된다. 스탈린과 스탈린 체제의 등장은 카뿐 아니라 러시아 혁명을 세계 역사의 진보적 전환점으로 바라보는 모든 역사학자에게 결정적인 딜레마를 안겨주었다. '스탈린 혁명'은 레닌 혁명과 어느 정도나 연속선상에 있다고 보아야 하나? 러시아와 세계의 상황에 대응해서 이 혁명을 얼마나 수정한 것으로 보아야 하며, 1917년 10월에 품고 추구했던 희망과 목표를 얼마나 배반한 것인가? 카는 이런 질문에 대해 본인이 만족할 만한 답을 결코 찾지 못했다. 이 책의 마지막 장인 〈역사적 관점에서 본 혁명〉에서 카는 《소비에트 러시아의 역사》에 비해 소비에트의 경험 전반에 관한 자신의 결론을 좀 더 분명하면서도 간결하게 요약한다. "체제의 가혹함과 잔인성은 사실이었다. 그러나 체제가 이룬 업적

---

38) M. Cox in *E. H. Carr* (2000), 125~144쪽과 J. Haslam (1999), 138~140쪽, 169~173쪽을 보라.

역시 사실이었다." "혁명의 기록은 결함과 모호함으로 점철됐다."

《소비에트 러시아의 역사》 마지막 몇 권의 핵심적 특징은 산업화와 농업 집단화로 나아가는 움직임이다. 카는 소비에트 체제가 생존하려면 산업화가 필수적이며, 산업화는 농민과 타협한 신경제정책이나 도시와 농촌을 연결하는 시장의 주요한 역할과 양립하기 힘들다고 믿는 경향이 강했다. 《일국사회주의》에서 카는 이미 1924년부터 계속된 물가 통제가 이후 5년 동안 "점진적이고 불가피한 과정에 의해 경제의 다른 부문들에 대한 통제 확대로 이어지고, 결국 모든 부문을 포괄하는 계획을 채택하는 결과로 이어졌다."고 주장했다.[39] 또 언젠가는 1920년대 중반의 시장을 통한 혼합경제 계획 시도를 두고 "타협과 소망적 사고, 현실 문제의 회피로 점철된" 시기라고 언급했다.[40] 이 책에서 카는 "계획과 산업화를 추구하는 동시에 신경제정책과 시장경제를 추구하는 것은 불가능하다."고 말한다(이 책의 173쪽을 보라). 카는 이런 맥락에서 농업 집단화를 설명했다. 산업화를 위한 자원을 농민에게서 뽑아내려면, 또한 더 많은 식량을 구할 수 있도록 농업을 현대화하려면 집단화가 필수적이었다는 것이다. 카는 소비에트 체제 전체를 이해하는 데 경제 문제가 핵심이라고 보

---

39) *Socialism in One Country, 1924-1926*, vol. 2, 492~493쪽(《소비에트 러시아의 역사》 5권).

40) *Socialism, Capitalism and Economic Growth: Essays Presented to Maurice Dobb*, ed. C. H. Feinstein (1967), 278쪽.

았다. "신경제정책에서 전면적인 계획으로 이행한 결과로 나타난 영향과 급속한 산업화에 따른 온갖 강한 압력이 당과 정부, 사회구조 전반에 확산됐고, 혁명을 이룬 사람들이 예상하지 못한 새로운 모양으로 당과 정부와 사회를 주조했다."[41]

이런 분석에 대해 다른 역사학자들과 경제학자들은 이의를 제기했다. 알렉 노브는 〈농민, 집단화, 카 씨〉라는 제목이 붙은 초기의 서평에서 농산품에 세금을 매기는 방식으로든 직접적으로든 농민에게 과세하려는 진지한 대안이 시도되지 않았다고 주장했다.[42] 다른 경제학자들은 집단화의 부정적인 결과가 너무 심각해서 결국 농업에 기여한 바가 없다고 주장한다.[43]

《계획경제의 기반 : 1926~1929》에서 경제를 다루는 두 권(《소비에트 러시아의 역사》 9권과 10권)을 쓰기 위해 카와 8년 동안 공동으로 연구하는 과정에서, 나는 적당한 속도의 산업화가 신경제정책 및 농민과의 시장 관계와 양립 가능했으며, 신경제정책의 붕괴를 불가피하게 만든 것은 다름 아닌 산업화를 급속하게 밀어붙여야 한다는 결정이었음을 확신하게 됐다. 그러나 카를 비판하는 많은 이들과 달리, 나

---

41) *Foundations of a Planned Economy, 1926-1929*, vol. 2 (1971), ix쪽(《소비에트 러시아의 역사》 11권).

42) *Soviet Studies*, vol. x (1958–59), 389쪽.

43) 이 논쟁에 관해서는 R. W. Davies, M. Harrison and S. G. Wheatcroft, eds, *The Economic Transformation of the Soviet Union, 1913-1945* (1994), 11~13쪽과 331쪽에서 인용된 간행물들을 보라.

는 국가가 결국 이 과정에 착수하게 만든 압력과 주장이 아주 심했다고 생각한다. 카는 이런 견해를 거부하지 않았으며, 1920년대 후반의 소비에트 경제 정책은 단순한 '산업화'가 아니라 '급속한 산업화'로 부르는 것이 더 낫다고 인정했다. 그러나 소비에트 당국이 적당한 속도의 산업화를 진지한 정책 대안으로 활용할 수 있었다는 의견에는 결코 동의하지 않았다. 영국학사원에서 한 롤리 강연Raleigh Lecture에서 카는 이렇게 결론지었다. "우리는 급속한 산업화를 소비에트 정책의 필수 조건으로 인정해야 한다고 봅니다. 당시의 분위기로 보나, 지금 와서 보나, 어떤 다른 정책도 가능하지 않았습니다."[44]

그러나 카는 1930년대에 등장한 소비에트 체제를 오로지 경제적 필연성의 산물로만 보지는 않았다. 《소비에트 러시아의 역사》의 후반 저작들과 나중에 1930년대 코민테른에 관한 연구에서 카는 역사에서 개인이 하는 역할이라는 익숙한 문제에 점차 몰두했다. 레닌이 사망한 뒤 스탈린이 소련의 실질적 지도자로 부상한 경우처럼 말이다. 원칙적으로 카는 역사학자의 본질적 임무는 지배자의 성격 같은 '우연한 사실'과 무관하게 역사 발전에서 나타나는 근본 양상을 식별하는 것이라고 믿었다. 그러나 그는 실제로 개인이 어떤 역할을 하는지 파악하기가 대단히 어렵다는 점을 깨달았다. 카는 아이작 도이처에게 보낸 편지에서 이렇게 말했다.[45]

---

44) *Proceedings of the British Academy*, vol. 49 (1963), 92쪽.

45) Deutscher Archive. Haslam (1999), 202~203쪽에서 재인용.

이른바 '우연한 사실'의 문제에 여전히 마음이 쓰입니다. ……
확실히 소련의 역사는 레닌이 73세가 아니라 53세에 죽고, 스탈
린이 53세가 아니라 73세에 죽었다는 '우연한 사실'에 영향을 받
았으니까요.[1960년 12월 12일 – 데이비스]

'우연한 사실'이라는 표현은 좀 당혹스럽습니다. 레닌의 죽음
은 엄밀히 말해서 사고가 아니지요. 아주 분명한 원인들이 있었
다는 점은 의심할 여지가 없으니까요. 하지만 이런 원인들은 의
학의 영역에 속하지 역사 연구의 영역이 아닙니다. 그런데 이 원
인들이 아무리 **역사**와 무관하다고 해도 역사의 과정에 영향을
미치지 않았다고 말하기는 어려운 듯싶습니다. 장기적으로 보
면, 결국 큰 흐름은 대동소이하다는 게 밝혀질 것이라고 주장할
수 있겠지만, 중요한 단기간이라는 게 있고, 이 짧은 시기가 많
은 사람들에게 큰 차이를 안겨주는 법이지요.[1963월 12월 17일 –
데이비스]

《소비에트 러시아의 역사》를 집필하는 과정에서 카는 레닌과 스
탈린이 개인적으로 한 역할에 관한 평가를 상당히 수정했다. 초
기 단계에서는 이것을 비교적 사소한 문제로 치부했다. 1960년대와
1970년대에 《소비에트 러시아의 역사》를 집필할 때, 카는 소비에트
국가가 직면한 문제들과 그들이 발견한 주요한 해결책은 개인의 우
연한 성격에 좌우되지 않는다고 줄곧 생각했다. 그런데 《소비에트

러시아의 역사》를 마무리한 뒤인 1978년에는 만약 레닌이 살아 있었더라면 그 역시 "똑같은 문제들에 직면했을 테고" 급속한 산업화와 농업의 기계화, 노동에 대한 통제와 지휘, 즉 "위로부터의 혁명"에 착수했을 것이라고 말했다. 하지만 이제 그는 스탈린과 대조적으로 레닌이라면 "강제의 요소를 최소화하고 완화할" 수 있었을 것이라고 결론지었다.[46] "스탈린의 성격은 러시아 관료제의 원시적이고 잔인한 전통과 결합되어 위로부터의 혁명에 특히 더 잔인한 특질을 부여했다."[47]

《소비에트 러시아의 역사》의 3분의 1 정도가 코민테른 그리고 해외 공산당들과의 관계를 비롯한 소련의 대외관계에 관한 내용이다. 카는 국제 정치의 냉엄한 현실 때문에 세계 혁명에 대한 소련의 관심이 금세 쪼그라들었다는 전반적인 결론을 내린다. 《소비에트 러시아의 역사》 마지막 절에서 카는 이렇게 말한다. "시간이 경과하면서 소비에트 이데올로기의 목적과 실제가 자본주의 세계와 거의 보조를 맞추게 됐다." 그리하여 코민테른 정책은 "소련의 국가 정책과 외국 공산당들이 추구하는 목적 사이에 이해관계의 일치"를 당연시했다. 외국의 당들은 "코민테른 관료 기구가 가차없이 강요하는 엄격

---

46) *New Left Review*, no. 101 (1978), 26~27쪽(페리 앤더슨과 한 인터뷰), E. H. Carr, *From Napoleon to Stalin* (new edition, 2003, 1980년에 처음 출간), 262~263쪽에 재수록됨.

47) *Foundations of a Planned Economy, 1926-1929*, vol. 2 (1971), 448쪽(《소비에트 러시아의 역사》 11권).

한 규율"에 보조를 맞추었다.[48]

　카를 비판하는 이들은 이런 설명이 침소봉대나 마찬가지라고 주장했다. 좌파 쪽에서는 도이처가 카의 견해를 통렬한 표현으로 요약했다. **"이 혁명가들이 결국 돈키호테 같은 망상을 포기하고 국가 관리의 ABC를 열심히 고생해서 배움으로써 러시아를 구해냈다**는 것이다." 도이처는 소비에트의 대외정책이 레닌 아래서는 혁명적 추진력을 유지했지만 스탈린 치하에서는 그 추진력을 잃었다고 생각했다. 예를 들어, 1922년 전쟁에서 패배해 굴욕을 당한 독일과 라팔로에서 체결한 조약(이 책 76~77쪽을 보라.)은 "소비에트의 원칙을 더럽히지 않은 냉정한 거래"였던 반면, 1939년 나치 독일과 맺은 조약은 "미친 듯이 날뛰는 제국주의의 방화범"에게 허약한 이웃나라들이 희생되는 가운데 맺어졌다는 것이다. 게다가 어떻게 보면 초기 볼셰비키는 스탈린 치하에서 진행된 상황 전개 때문에 유토피아적으로 보이지 않았다. 제2차 세계대전 이후 발생한 "중동부 유럽으로 스탈린주의의 팽창과 중국 혁명"은 이 점을 입증해 주었다.[49] 카에 대한 이런 비판은 **우파**의 지지를 받았다. 보수 비판론자들은 카가 소비에트 정권의 팽창주의적 본성을 과소평가했다고 불만을 토로했다. 물론 도이처와 달리 그들은 레닌의 대외정책과 스탈린의 대외정책을 모두 비난받

---

48) *Foundations of a Planned Economy, 1926-1929*, vol. 3, i (1976), 17쪽, 130쪽(《소비에트 러시아의 역사》 12권).

49) *Soviet Studies*, vol. vi (1954~55), 337~350쪽.

아 마땅하다고 보았지만 말이다. 소비에트의 대외정책에 관해 카를 비판하는 사람과 카의 차이는 어느 정도는 강조점의 문제였다. 이 책에서 카는 소비에트 체제는 후진적인 러시아를 주요 산업 강국으로 변신시킨 경제적 성공 덕분에 "자연스럽게 서구 자본주의의 세계 지배에 대항하는 후진국 반란을 이끄는 지도자가 됐다."고 주장한다(이 책 280쪽을 보라). 그러나 카는 소비에트가 본보기로서 정치적·도덕적 힘을 발휘한 사실을 강조하는 한편, 우파 비판론자들은 물리력의 역할에 강조점을 둔다.

카의 《소비에트 러시아의 역사》의 전반적인 틀에 가장 유력한 비판을 가한 것은 역사학자들이 아니라 무정한 **역사의 진행**이다. 1991년에 소련이 붕괴하자 소비에트 체제가 자본주의에 맞서는 영속적인 도전이라는 통념이 갑자기 무색해졌다. 카가 **새로운 사회**의 근본 특징이라고 본 종합적인 국가 계획은 1980년대와 1990년대에 거의 모든 곳에서 버림받았다. 제2차 세계대전 이후 처음 30년 동안 유럽의 많은 나라에서 국유화된 주요 산업들은 광범위하게 민영화됐다. 자본주의와 자유시장은 욱일승천의 기세로 상승했다.

전통 자본주의 국가와 옛 소련 양쪽 모두에서 많은 역사학자와 사회과학자는 소비에트의 도전이 실패했으며, 소비에트 체제는 성공하지 못한 일시적인 **유토피아** 실험에 불과했다고 결론을 내리고 있다. 필자를 포함한 소수는 이런 결론을 받아들이지 않는다. 제2차 세계대전 직후에 다른 많은 이들처럼 카가 견지한 견해, 즉 전시에 물가와 노동운동 양자에 대해 국가가 포괄적으로 통제한 것은 전후 사회의 항구적 특징이 될 것이라는 견해는 분명 틀린 것이었다. 하지만 내가 보기에 지금처럼 자유시장을 특히 강하게 강조하는 것은 서구의 발전에서 일시적인 단계일 뿐이다. 단기적인 이윤 추구에 지배되는 국제금융시장과 다국적기업 둘 다 변화 중인 세계의 경제적·인간적 요구를 충족시키지 못한다. 향후 수십 년 동안 다른 주요한 요인들도 자본주의에 영향을 미칠 것이다. 신흥 산업국 국민들은 이제 더는 자신들의 노동조건을 용인할 생각이 없다. 게다가 인구가 엄청 많은 저발전 세계의 대부분은 이미 사회적·경제적 위기에 빠져 있다. 그리고 세계은행과 국제통화기금이 제시한 처방은 환자들을 치료하지 못하고 있다. 더군다나 경제 성장에 따른 환경 위험 증대는 이미 초국가적 경제 계획의 맹아와 유사한 존재의 등장으로 이어지는 중이다. 국제기관과 사회 사이에 등장하는 새로운 관계 속에서, 계획과 시장은 긴장과 협력의 모습을 보일 테지만 이제 그것은 세계적 차원에서 벌어질 것이다. 이런 관점에서는 소비에트 실험이 세계사에서 차지하는 자리가 무척 다르게 보일 것이다.

대다수 독자들에게 이런 고찰은 공상적으로 보일지 모른다. 하지만 카가 살아 있었다면 아마 내 생각에 동조했으리라.

버밍엄대학에서

R. W. 데이비스(영국 버밍엄대학 러시아·동유럽연구센터 명예교수)

옮긴이의 말

E. H. 카의 인생은 크게 세 국면으로 나뉜다. 영국의 전형적인 보수 성향 중산층의 아들로 태어난 카는 모범생으로 대학을 졸업한 1916년에 외무부 하급 직원이 됐고, 1936년까지 20년 동안 외무부에서 일했다. 처음에는 볼셰비키에 적대적인 시각을 갖고 있었고, 레닌의 혁명 정부를 상대로 영국 등 서구 자본주의가 벌이는 무역 봉쇄를 시행하는 역할을 맡았다. 그렇지만 러시아 내전을 거치면서, 처칠을 필두로 한 대소비에트 강경파에 맞서 러시아 혁명 정부를 인정하고 그들과 공존해야 한다는 입장을 점차 갖게 됐다. 이러한 일종의 온건한 현실주의는 제1차 세계대전 종전부터 제2차 세계대전 발발까지를 살피며 국제정치에서 평화의 조건을 모색한 책인 《20년의 위기》(1939년)으로 집약된다.

1936년 외무부에서 사임한 뒤 웨일스대학에 잠시 몸담았다가, 제2차 세계대전 중인 1941~1945년에 《타임스》 부편집인으로 일했다. 이 시기에는 대공황 이후 결국 전쟁으로 폭발한 자본주의의 무질서함, 그리고 그와 대비되는 소련 계획경제의 성장을 목도하면서 정치적으로 점차 왼쪽으로 옮겨 갔다. 또 다른 전쟁을 막기 위해서는 온건한 사회주의적 유럽 연합을 건설해야 한다고 주장했다. 그렇지만 당시 카가 염두에 둔 사회주의는 권위주의와 사회민주주의가 결합된 다소 모호한 성격이었다.

카는 마르크스주의 자체에는 기본적으로 동의하지 않았지만, 대공황과 양차대전으로 점철된 자본주의 위기의 시대에 계획화와 전체주의에 호의적인 시각을 견지했다. 그 때문에 보수적인 기성 학계에서 왕따에 가깝게 배척당했다. 하지만 오히려 그것이 소비에트 러시아의 역사에 대한 연구와 집필에 몰두하는 계기가 됐다. 그 결과물이 1권이 나온 1950년부터 마지막 권이 나온 1978년까지 28년 동안 열네 권으로 펴낸 《소비에트 러시아의 역사》(1950~1978년)이다.

그 와중에 1955년 케임브리지에 자리를 잡은 뒤 반볼셰비키 역사학자들의 이념 공세에 계속 시달리던 카가 "당파적" 역사가인 자신을 옹호하면서 반격에 나서며 쓴 책이 《역사란 무엇인가》(1961년)이다. 경험적 사실에 매몰된 보수주의 역사학에 일침을 가하면서 역사학자는 필연적으로 시대와 사회의 일부이며, 오히려 그런 처지를 기꺼이 인정해야만 사실을 선택하고 해석하는 데서 상대적 객관성을 획득할 수 있다는 것이었다. 그리고 14권의 출간을 끝낸 직후인 1979년에 이 대작을 일반 독자용으로 간추린 것이 바로 이 책 《러시아 혁명》이다. 따라서 이 책에는 카가 30년 넘게 몰두한 러시아 혁명사 연구의 정수가 담겨 있으며, 그만큼 압축적인 서술은 독자에게도 어느 정도의 사전 지식과 집중력을 요구한다.

1917년 혁명이 일어나자마자 러시아 자체에서나 외부에서나 이 충격적인 사태를 파악하고 이해하려는 시도가 생겨났다. 초창기에 혁명을 현장에서 직접 경험한 이들이 목격담을 쓴 이래, 크게 세 가지의 시각에서 러시아 혁명을 바라보는 역사 서술이 있었다.

서구에서는 특히 제2차 세계대전 이후 냉전이 시작된 뒤로 보수 반공주의 역사학자들이 소련 사회를 이해하기 위한 토대로 혁명의 역사에 주목했다. 그런데 그들이 보기에, 혁명은 극소수 볼셰비키의 음모로 일어난 일종의 쿠데타였고, 대중의 지지를 얻지 못한 볼셰비키 세력은 체제 유지를 위해 일당 독재와 전체주의, 반대 세력에 대한 가혹한 탄압을 계속할 수밖에 없었으며, 그 때문에 결국 소련은 무너질 운명이었다. 이 학자들은 편견에 사로잡힌 나머지 기본적인 사실도 왜곡하기 일쑤였고, 무엇보다도 노골적인 선입견 때문에 객관적 현실을 외면했다. 《역사란 무엇인가》에서 "최근 10년 동안 영어 사용권 국가들에서 소련에 관해 쓰인 …… 글들 가운데 상당수는 상대방의 마음속에서 일어나고 있는 것을 가장 기본적인 수준에서조차 상상적으로 이해할 수 없었기 때문에 망가져 버렸"다고 카가 꼬집은 것이 바로 그들이다.

한편 마르크스주의자나 트로츠키주의자가 아닌 입장에서 이런 보수 반공주의에 반기를 들고 사실에 충실한 역사를 추구한 독보적인 인물이 카이다. 카는 소련 체제를 독특한 형태의 산업화·근대화 과정을 거치는 국가로 바라보며 내재적 접근을 한다는 점에서 두드러진다. 카의 연구는 두 가지 점에서 냉전적 시각의 주류 역사와 갈라선다. 무엇보다도 러시아 혁명이 볼셰비키의 음모적 쿠데타가 아니며, 오히려 19세기 말 이래로 끊임없이 자생적인 봉기와 반란을 일으킨 대중이 혁명의 주역이라고 본다. 10월 혁명에서 가장 적극적인 세력이었던 볼셰비키조차 끝까지 임시정부를 무너뜨리는 봉기를 주저했다는 사실이 이를 입증한다. 또한 카는 차르 체제는 스스로 개혁하지 못해서 자멸해 버렸고, 그것을 대체한 부르주아 민주주의 역시 대중의 끓어오르는 정치적·사회적 열망을 만족시킬 해법을 내놓지 못했기 때문에 무너질 운명이었다고 단언한다. 1917년 10월의 순간에 러시아 앞에 놓인 길은 사회주의뿐이었다는 것이다.

카는 누구보다도 충실하게 혁명의 역사를 추적하고 기록했지만, 좌우 어느 쪽에서도 받아 마땅한 만큼의 관심을 얻지 못했다. 광의의 수정주의 학파의 선구자라고 볼 수 있건만, 냉전의 한가운데서 어느 한쪽 편에도 서지 않았던 터라 많은 이들이 카의 방대한 저서를 제대로 읽지도 않았다.

다른 반대쪽에는 소련의 공식 혁명사가 있다. 스탈린 시대에 스탈린이 혁명에서 맡은 역할을 과대 포장하면서 생겨난 공식 혁명사는 소련 사회의 변화에 따라 여러 차례 굴곡과 변천을 겪었지만, 기본적으로 혁명의 과정을 필연성으로 옹호하는 성격이 강하다. 혁명 승리를 강조하고 체제의 정당성의 원천으로서 혁명을 계속 소환해야 했기 때문이다. 우리나라에서 러시아 혁명에 대한 관심이 가장 컸던 1980년대에 가장 널리 읽힌 혁명사도 브레즈네프 시대인 1969년 소련 사회과학원에서 대중용 역사책으로 펴낸 책을 번역한 《소련공산당사》이다.(1985~1992년에는 전 6권으로 출간됐고, 1987~1991년에는 《러시아혁명사》라는 제목으로 전 3권이 출간됐다.) 《러시아혁명사》로 나온 세 권은 도합 20만 부 가까이 팔렸다고 하니, 1980년대 후반 한국에서 러시아 혁명에 대한 관심과 열기가 어느 정도였는지 가늠이 된다. 카의 이 책 역시 1980년대에 출간된 적이 있지만, 당시에는 독자들의 관심을 많이 끌지 못했던 것 같다. 1980년대에 민주화를 열망했던 한국인들은 민중 운동의 이념적 근거와 실천적 지침을 찾기 위해 러시아 혁명을 읽었는데, 10월 혁명이 부딪힌 갖가지 딜레마와 한계를 냉정하게 정리한 카의 설명보다는 자랑스러운 승리의 역사를 열정적으로 서술하고 도식적인 혁명 방법론을 제시하는 소련 공식 역사서가 더 환영받은 것은 어찌 보면 당연한 일이었다. 그렇지만 그런 열렬한 관심은 1991년 소련이 붕괴하자 차가운 무관심으로 바뀌었다. 그런 의미에서 본다면, 오히려 혁명의 열기가 식은 지 오래인 지금에야 이 책의 진가를 음미할 수 있지 않을까?

1917년에서 시작해서 1929년으로 끝나는 서술은 혁명의 발발부터 전쟁과 내전, 전시공산주의, 신경제정책, 5개년 계획, 농업 집단화, 독재의 시작 등으로 이어지는 혁명 직후 10여 년의 기간을 다룬다. 혁명의 딜레마가 어떤 식으로든 처리되고 스탈린 독재의 기틀이 마련되면서 향후에 소련 체제가 나아갈 방향이 정해진 시점까지를 집중적으로 살펴본다. 애초에 혁명이 추구했던 이상이 내전과 식량난, 경제적·사회적 압력이라는 소비에트 체제의 생존 자체를 위협하는 장벽에 부딪히면서 전시공산주의와 신경제정책 등 혁명 전에는 미처 예상하지 못했던 정책이 실행되는 과정을 카는 집요하게 추적한다.

볼셰비키만이 아니라 당대의 모든 마르크스주의자들이 예상하고 기대했던 세계 혁명, 즉 선진자본주의 유럽의 동시 혁명이 감감무소식인 가운데, 오히려 러시아 혁명 정부는 유럽 각국 정부의 지원을 받는 백군의 공격에 시달렸다. 혁명 직후 벌어진 내전은 가뜩이나 어려운 경제를 더욱 피폐하게 만들었다. 이 책에서도 계속 등장하는 것처럼 곡물 수확이 풍작인지 흉작인지는 혁명의 생존 여부를 좌우할 정도로 소비에트 정부의 초미의 관심사였다. 그만큼 사회주의의 물질적 토대가 취약한 상황에서 공산당 지도부는 계속해서 딜레마에 맞닥뜨렸다.

카가 보기에, 이런 정치적·군사적 위협과 경제적 곤란에 대해 볼셰비키 지도자들은 저마다 다른 해법을 내세우며 이합집산을 했고, 논쟁의 결과로 당 중앙위원회에서 잇따라 내놓은 포고령과 정책이 혁명의 항로를 결정했다. 그런데 사회주의적 목표를 달성하기 위해 사용된 수단은 종종 "사회주의의 부정 그 자체"였다. 제헌의회 해산, 일당 국가로의 변신, 강제적 농업 집단화 등을 거치면서 혁명의 이상은 점점 변질됐다. 사회주의와 민주주의는 완전히 분리됐으며, 강제적 농업 집단화는 엄청난 비극을 초래하고 소련 사회에 지워지지 않는 상처를 남겼다. 카는 이 과정을 추적하면서 계속해서 질문을 던진다. 이런 결말은 혁명의 이상이 직접적으로 낳은 논리적 결과인가, 아니면 혁명의 이상의 배신인가? 배신이라면 누가 어떻게 배신한 것인가? 스탈린 독재 체제는 레닌이 추구했던 혁명의 연장선에 있는가? 아니면 레닌주의를 뒤엎은 결과인가? 카는 스탈린과 레닌의 연속성을 인정하면서도 레닌의 진정한 국제주의와 마르크스주의, 평등주의, 그리고 스탈린의 민족주의와 권력욕, 피상적인 사회주의를 구별한다.

소련 체제가 아직 건재하던 1979년에 카가 최종적으로 평가하는 것처럼, "혁명의 기록은 결함과 모호함으로 점철됐다. 하지만 혁명은 현대의 다른 어떤 역사적 사건보다도 세계 전체에 걸쳐 더 심대하고 지속적인 반향을 미치는 원천이었다." 현실의 사회주의가 생명을 다함에 따라 언뜻 보기에 이런 지속적인 반향 역시 잦아든 것 같다. 체제 경쟁의 상대이자 냉전의 적수가 사라진 세계에서 신자유주의로 변신한 자본주의는 거침없이 활개를 친다. 혁명 자체가 반향을 미치기보다는 혁명의 기억을 미연에 차단한다는 합의만 존재할 뿐이다.

올해로 100주년이 되지만, 러시아 혁명은 누구도 기념하지 않으며, 무관심과 냉대를 받을 뿐이다. 70여 년 동안 존재했던 사회주의 체제는 사라지면서 어떤 교훈을 남겼을까? 과연 러시아 혁명이 던진 질문이 아무 쓸모도 없는 걸까? 혁명이 건설하고자 했던 사회는 스스로 명을 다했지만, 그렇다고 해서 마치 혁명이 아예 일어난 적이 없던 것처럼 무시해도 되는 걸까? 러시아 혁명은 "'하층계급들'이 더 이상 옛날 방식으로 살기를 '원하지 않고', '상층계급들'이 더 이상 옛날 방식을 유지할 '수 없을' 때, 그리고 억압받는 계급들의 고통과

곤궁이 평상시보다 한층 더 극심해질 때, 혁명은 일어난다."는, 1915년 레닌의 예언이 고스란히 들어맞은 혁명이었다. 아무리 외면당한다 해도 러시아 혁명은 프랑스 혁명과 더불어 인간의 삶의 방식을 뿌리째 뒤흔든 사건이며, 오늘날 우리가 사는 세계를 심대하게 변형시켰다.

이 책에서 카는 감정과 교조를 배제하면서도 공감하는 방식으로 혁명의 성과와 오류를 기록한다. 냉정하고 공평하게 혁명의 세부적인 과정을 서술하는 이 책이야말로 흥분과 열정과 환멸, 저주와 비난과 무시가 가라앉은 지금 차분한 마음으로 펼쳐 들기에 어울리는 듯싶다. 마지막으로 무엇보다도 에드워드 액턴이 "수정 같이 명료한 문체"라고 극찬한 카의 글을 한국어로 제대로 옮겼는지 부끄러움이 앞선다.

2017년 7월 유강은

1917~1929년에 관해 더 읽을거리

Acton, E., *Rethinking the Russian Revolution*(Arnold, London, 1990).

Cohen, S., *Bukharin and the Bolshevik Revolution*(Wildwood, London, 1973).

Davies, R. W., *Soviet Economic Development from Lenin to Khrushchev*(CUP, Cambridge, 1998).

Davies, R. W., *Soviet History in the Yeltsin Era*(Macmillan/CREES, Basingstoke, 1997) : 러시아 문서보관소의 새로운 자료 활용.

Deutscher, I., *The Prophet Unarmed: Trotsky, 1921-1929*(OUP, London, 1959)[국역 : 아이작 도이처 지음, 한지영 옮김, 《비무장의 예언자 트로츠키》, 시대의창, 2017].

Fitzpatrick, S., *The Russian Revolution, 1917-1932*(OUP, London, 1982)[국역 : 쉴라 피츠페트릭 지음, 김부기 옮김, 《러시아 혁명》, 대왕사, 1990].

Lewin, M., *Russian Peasants and Soviet Power*(Allen and Unwin, London, 1968).

Read, C., *From Tsar to Soviets: the Russian People and their Revolution, 1917-1921*(UCL Press, London, 1996).

Service, R., *Lenin: a Biography*(Macmillan, London, 2000)[국역 : 로버트 서비스 지음, 정승현 옮김, 《레닌》, 시학사, 2001].

Siegelbaum, L., *Soviet State and Society between Revolutions, 1918-1929*(CUP, Cambridge, 1992).

찾아보기

E. H. 카 러시아 혁명

초판 1쇄 발행 | 2017년 7월 15일
초판 4쇄 발행 | 2023년 9월 18일

지은이 | E. H. 카
옮긴이 | 유강은

펴낸이 | 한성근
펴낸곳 | 이데아
출판등록 | 2014년 10월 15일 제2015-000133호
주소 | 서울 마포구 월드컵로28길 6, 3층 (성산동)
전자우편 | idea_book@naver.com
전화번호 | 070-4208-7212
팩스 | 050-5320-7212

ISBN 979-11-956501-7-0 (93920)

이 책은 저작권법에 따라 보호받는 저작물입니다. 무단 전제와 무단 복제를 금합니다.
이 책 내용의 일부 또는 전체를 이용하려면 반드시 저작권자와 출판권자의 동의를
얻어야 합니다.

이 책의 국립중앙도서관 출판사도서목록(CIP)은 e-CIP(http://www.nl.go.kr/ecip)와
국가자료공동목록시스템(http://www.nl.go.kr/kolisnet)에서 이용하실 수 있습니다.
(CIP 제어번호: CIP2017015441)

책값은 뒤 표지에 있습니다. 잘못된 책은 구입하신 곳에서 바꿔드립니다.